Z 33021

Dijon
1800-1803
Bacon, François
Œuvres

janvier   Tome 1

Z. 2410
E.

OEUVRES

DE

FRANÇOIS BACON,

CHANCELIER D'ANGLETERRE.

TOME PREMIER.

A PARIS,

CHEZ ANT. AUG. RENOUARD, LIBRAIRE,
RUE ANDRÉ-DES-ARCS, N°. 42.

OEUVRES

DE

FRANÇOIS BACON,

CHANCELIER D'ANGLETERRE,

TRADUITES PAR Ant. LASALLE;

Avec des notes critiques, historiques et littéraires.

TOME PREMIER.

A DIJON,

DE L'IMPRIMERIE DE L. N. FRANTIN.

AN 8 DE LA RÉPUBLIQUE FRANÇAISE.

PRÉFACE
DU TRADUCTEUR.

Que de maux je vois sur la terre!.... ces maux sont-ils sans remède? Non. » L'homme est malheureux, parce qu'il est foible ; et il est foible, parce qu'il ignore les moyens d'augmenter sa force ; en un mot, parce qu'il est ignorant. Car la force personnelle de chaque individu étant très limitée, il ne devient vraiment fort, qu'en s'appropriant, par la science, les forces extérieures : *l'homme ne peut qu'autant qu'il sait;* et les limites de sa science sont aussi les limites de son empire sur la nature. Mais cette foiblesse, effet de son ignorance et cause de ses maux, il ne doit l'imputer qu'à lui-même. L'univers est un vaste attelier, tout rempli d'instrumens, qui n'attendent, pour ainsi dire, qu'un coup d'œil du génie, qu'un peu d'attention et de méthode pour venir se placer dans la main de l'homme. Les forces de la nature sont éternelles ; elles sont par-tout ; elles sont toujours *là :* mais ce qui n'est pas toujours *là,* c'est un génie attentif et méthodique, qui sache observer leur action et l'imiter ; et ce qui manque à l'homme, pour entendre le langage de la nature, c'est moins l'attention, l'activité et la constance même, que la méthode, et sur-tout qu'une méthode sûre. Si un homme se flattoit de pouvoir, à l'aide de sa seule main, et sans le secours d'aucun instrument, tracer une ligne bien droite, ou décrire un cercle parfait, on le verroit, de cette main toujours incertaine, traçant d'abord une infinité de lignes irrégulières, les unes en deçà, les autres en delà du véritable trait, passer ensuite et repasser continuellement sur les mêmes points, manquant toujours le but ; ou si enfin il y parvenoit, il n'auroit aucun moyen pour s'en assurer : mais si on lui donnoit une règle et un compas, alors l'opération deviendroit si facile, qu'après y avoir réussi, il n'oseroit se glorifier de ce succès. Il en est de même de l'esprit humain : quand il est abandonné à lui-même, il va tâtonnant avec effort dans l'interprétation et l'imitation de la nature ; il se jette dans une infinité de fausses routes, qui aboutissent à autant d'opinions phantastiques, les unes en deçà, les autres en delà de la réalité des choses ; puis il passe et repasse continuellement par les routes qui l'ont déja trompé, manquant toujours la vérité, dont le cercle ou la ligne droite est la sensible et fidelle image ; et si quelquefois il parvient à la saisir, c'est presque toujours à son insu, faute d'une règle sûre pour se prouver à lui-même qu'il l'a saisie. Ainsi, l'unique moyen d'augmenter la puissance de l'homme, et de diminuer ses maux, en étendant ses connoissances, et leur donnant toute la solidité possible ; c'est de lui procurer un *nouvel instrument* (novum organum), une nouvelle machine pour diriger la marche de son esprit ; comme il s'en est fait pour régler les mouvemens de sa main ; en un mot, une méthode *sûre* et toujours la même. «

» A l'aide de cette *règle* ou de ce *compas*, les moindres esprits feront sans peine ce que le plus puissant génie, abandonné à lui-même, ne feroit qu'avec effort ; les sciences ne devront plus rien à la supériorité d'intelligence ; et tous les esprits devenant égaux, on n'observera plus entr'eux d'autre différence que celle qu'y mettront encore une volonté forte et le *pouvoir immense de la continuité d'action*. Le voyage sera plus long pour tous ; mais en allant moins vîte, on fera plus de chemin vers le but, et l'on sera toujours certain d'arriver. «

» Mais cette méthode que je cherche, est-elle à la portée de l'homme ? M'est-il possible à moi-même de la découvrir ?.... Oui, puisqu'on est quelquefois arrivé au but, il est une route qui y conduit, et la vraie méthode doit se tirer, *de ce qu'il y a de commun dans la marche de toutes les recherches qui ont réussi*..... Je l'apperçois : je vois même que Socrate, ainsi que Platon, Zénon et ses imitateurs, l'ont saisie dans certains cas ; mais on s'est lassé trop tôt *de chercher ce qui devoit diriger toutes les recherches :* cette méthode, qu'on a su appliquer à de petites définitions, qui ne sont rien moins que suffisantes pour nous procurer les choses définies, on n'a pas su la généraliser pour l'étendre sur toute la science humaine : on a associé les erreurs avec les vérités, combiné les mauvaises méthodes avec les bonnes : accouplé des relations fabuleuses avec les faits les mieux constatés ; mêlé les causes finales avec les causes physiques ; allié les principes les plus solidement appuyés sur l'expérience, avec des décisions magistrales, sur-tout avec celles de l'impérieux Aristote, le dictateur des scholastiques, qui aspiroit à la monarchie universelle dans le monde philosophique, qui vouloit asservir la physique et la nature humaine à sa logique ; ignorant trop qu'on ne peut commander à la nature qu'en lui obéissant ; que, pour apprendre à lire couramment le texte du souverain auteur, il faut *épeler* long-temps, avec une *docilité enfantine ;* dé-chiffrer les lettres, pour lire les syllabes; les syllabes, pour lire les mots ; et les mots, pour lire le volume entier. Enfin, on a marié le jargon barbare de l'école avec le langage sublime et simple de la vraie philosophie, et les graces de la nature avec les plus difformes enfans de l'art. Puis las de contestations et de fracas, rassasié de philosophes et de philosophie même, ne trouvant par-tout de fortes raisons que pour douter, et croyant impossible ce qui n'étoit que difficile, on est tombé dans le scepticisme. «

» Mais pour dégager de cette masse confuse et indigeste, le peu de connoissances réelles et solides qui s'y trouvent mêlées, il faudroit cent fois plus de jugement et de temps que pour recommencer tout le travail...... Eh bien ! effaçons tout cela, rayons le tout, nétoyons l'aire de l'entendement humain, et faisons de la mémoire une table rase, sur laquelle ensuite, avec une extrême lenteur, nous tracerons des lignes plus nettes et plus correctes. Car, si le trait primitif et fondamental est mauvais, avec quelque patience et quelque adresse que nous formions ensuite les traits accessoires qui viendront s'y attacher, la charpente étant mauvaise, la figure n'aura point de *tout-ensemble*, et ne sera la représentation exacte, ni du réel, ni du possible. Or, ce trait fondamental, la vraie charpente, la vraie base de la philosophie, ce sont des faits de toute espèce, choisis, constatés, circonstanciés, analysés avec soin, pris en différens sujets, variés dans le même sujet, vus, revus et vus encore, enfin rangés dans des tables coordonnées à notre but, c'est-à-dire à la recherche des causes, qui, une fois connues, enfanteront, par la méthode inverse, des légions de nouveaux faits, non pas de faits simplement *spéculatifs* et *stériles*, mais de *faits actifs et prolifiques*, je veux dire, de *moyens* et de *signes*. «

» Les faits de la première espèce une fois rassemblés, je n'en dédaignerai aucun, pour peu qu'il soit *instructif;* car les principes les plus solides sont ceux qui ont pour base les faits les plus communs : c'est quelquefois du fait, en apparence, le plus vil, que jaillit la plus vive lumière; et de même que le soleil, lorsque ses rayons pénètrent dans des lieux infects, ne contracte aucune souillure, l'œil du philosophe, lorsqu'il s'abaisse à observer des objets rebutans qui l'instruisent, n'en est point souillé. Enfin, loin de me laisser séduire comme *Atalante* par l'amour du gain, et de m'exposer, en m'arrêtant pour ramasser la pomme d'or, à perdre le prix de la course, l'œil toujours fixé sur le but, je m'attacherai moins aux *expériences fructueuses,* qu'à ces *faits lumineux,* qui pourront éclairer ma marche dans la recherche des causes. «

» Puis abandonnant aux scholastiques le *syllogisme,* dont la marche, supposant les principes déja connus ou vérifiés, ne peut m'être utile à moi qui les cherche, je m'en tiendrai à l'*induction*, non pas à cette puérile induction, qui procède par voie de *simple énumération*, et dont le moindre fait contradictoire détruit le résultat; mais à celle qui, à l'aide d'*exclusions* et de *réjections* bien faites, séparant les faits nécessaires d'avec les faits inutiles, réduit les premiers à un très petit nombre, et resserrant les véritables causes dans le plus petit espace possible, en rend ainsi la découverte plus facile. «

» De ces faits ainsi réduits, et toujours à la lumière de l'induction, je m'éleverai pas à pas, et avec une extrême lenteur, aux propositions particulières; de celles-ci, aux moyennes, en faisant de fréquentes pauses; enfin, des dernières, aux principes *généralissimes* et évidens de toute évidence, sur lesquels, appuyé comme sur une base inébranlable, je raisonnerai avec hardiesse, soit pour indiquer de nouvelles observations à faire, soit pour suppléer entièrement à l'observation, lorsqu'elle est impossible; et ayant commencé par le doute, je finirai par la certitude : en quoi je tiendrai le juste milieu entre la philosophie dogmatique des Péripatéticiens, qui commence par où il faut finir, et la philosophie vacillante des Sceptiques, qui finit par où il suffisoit de commencer. «

» Cependant, cette route étant fort longue, comme les rois et les chefs des républiques, dont l'approbation et l'assistance sont absolument nécessaires pour exécuter une si vaste et si dispendieuse entreprise, sont impatiens et exigeront des preuves *ostensibles* de son utilité, je tiendrai en réserve un petit nombre d'*expériences fructueuses* ou imposantes, qu'on se hâtera de me demander, et que je jetterai successivement à cet avide troupeau; afin de le déterminer, par ces petites découvertes d'une utilité sensible pour les plus foibles yeux, à attendre patiemment les grandes découvertes qui doivent être le fruit de celle des causes du premier ordre, et à se servir lui-même en me procurant les moyens de l'éclairer : car, pour frapper l'imagination du vulgaire et gagner aisément sa confiance, il suffit de servir ses passions ou d'exciter sa stupide admiration, en lui présentant de ces faits qui ne sont qu'un *concours extraordinaire de choses très ordinaires.* «

» I. Quand, ce long travail étant un peu avancé, il sera temps de le communiquer aux hommes, je publierai d'abord un ouvrage où je ferai, en quelque manière, la revue générale des arts et des sciences ; et où, distinguant avec soin ce qui reste à faire, de ce qui est déja fait, j'indiquerai aussi la manière de recommencer ce qui est mal exécuté, d'achever ce qui n'est que commencé, et de commencer ce qui n'est pas même ébauché ; énumération et indications qui seront précédées d'une espèce d'apologie, où je ferai voir que les reproches faits aux lettres, dérivent de trois sources ; savoir : le dédain et la présomption des politiques, qui déclarent les gens de lettres inhabiles à toutes les fonctions de la vie active, soit publique, soit privée, et qui se regardent comme trop riches de leur propre fonds, pour avoir besoin de recourir à des livres ; la jalousie et la défiance des théologiens, qui semblent craindre que la foi ne perde tout ce que gagnera la philosophie, et que le sceptre de l'opinion ne passe de la main du prêtre dans celle du philosophe : enfin, les erreurs mêmes des lettrés, par rapport au véritable but des lettres, à la méthode qu'on doit suivre dans la recherche de la vérité, et à la manière de l'exposer : reproches intéressés, auxquels il me sera facile de répondre, sans le secours des récriminations. En effet, attribuer aux lettres les erreurs ou les vices des lettrés, c'est imputer à l'outil la mal-adresse de l'ouvrier, ou au couteau, le crime de l'assassin. La seule précaution nécessaire pour donner aux hommes des connoissances, sans y mêler des vices, et pour prévenir l'abus qu'ils peuvent faire des sciences, c'est de leur enseigner d'abord celle qui apprend à faire un bon usage de toutes ; une étude sincère et soutenue de la nature ramène nécessairement à son auteur, puisqu'il est impossible d'étudier long-temps les loix du mouvement, sans se faire quelquefois cette question si naturelle : quel est donc l'être qui a donné le mouvement à tous les autres, et qui ne l'a point reçu ? On a vu, dans tous les âges et dans toutes les contrées, la politique, l'art militaire, les lettres et la philosophie fleurir aux mêmes époques, et les grands hommes, dans tous les genres, ont été contemporains, concitoyens, souvent même commensaux. Pour rappeller les gens de lettres à la nature et à la vérité, il suffit de les ramener au point d'où ils sont partis, à l'expérience, à l'observation, aux faits ; de leur apprendre à suivre, pour découvrir les vérités qui n'intéressent que leur orgueil ou leur curiosité, la route même que le besoin leur a tracée, pour inventer les choses vraiment nécessaires ; enfin, la meilleure méthode pour les instruire, est celle qu'on a suivie pour s'instruire soi-même, et le meilleur maître, c'est celui qui aide les disciples à inventer ce qu'il veut leur apprendre, et qui le réinvente avec eux, comme la meilleure manière de guider des voyageurs est de faire avec eux le voyage; car, si ce que vous savez, vous n'avez pu le découvrir que par l'expérience, apprenez-moi à faire ces expériences, et je saurai bientôt tout ce que vous savez; et quant aux vérités qu'on ne peut qu'entrevoir à l'aide du raisonnement, ce que nous ignorons, en ce genre, tenant toujours à ce que nous savons, il est toujours facile, à l'aide de comparaisons bien choisies et d'exemples familiers, de nous conduire pas à pas, de ce que nous savons à ce que nous ignorons. Ainsi la conséquence qu'il faut tirer des reproches faits aux lettres, et mérités, n'est pas qu'il faut en abandonner la culture; mais qu'il faut les cultiver autrement, les appliquer d'abord aux choses les plus nécessaires, et, dans chaque genre d'étude, tourner ses premiers et ses derniers regards vers la pratique. «

» En second lieu, quoique les faits doivent, dans l'exposition, comme dans l'invention, marcher avant les raisonnemens ; cependant je me hâterai de publier ma méthode inductive, sous le titre de *novum organum* (1), immédiatement après l'ouvrage où j'aurai fait l'apologie et le recensement des sciences ; car, si un accident imprévu me mettoit hors d'état d'exposer moi-même cette méthode, il se pourroit, vu la force des préjugés qui dominent aujourd'hui, que de long-temps aucun mortel n'eût assez de pénétration pour la saisir, ou assez de courage pour la suivre constamment après l'avoir saisie. Ce second ouvrage, je le diviserai en dix parties : la première sera destinée à nétoyer l'aire de l'entendement humain, c'est-à-dire, à dissiper tous les préjugés ; savoir : les pré-

---

(1) Ce titre fait allusion à l'organon d'Aristote.

jugés communs à toute l'espèce humaine, ceux qui sont propres à chaque individu, ceux qu'il tient de son commerce avec les autres, et des imperfections sans nombre de l'instrument de la communication des idées; enfin ceux qu'il doit aux méthodes trompeuses, aux sectes de philosophes ou de prêtres, aux maîtres de toute espèce qui, en instruisant leurs disciples, ne leur enseignent pas ce qu'ils doivent leur apprendre, ou l'enseignent mal, ou les empêchent de le découvrir d'eux-mêmes ; car, dans toutes ces écoles, on apprend plus à croire qu'à inventer, et à parler qu'à exécuter. Cette énumération et cette analyse des *préjugés* seront suivies de l'exposé de leurs *causes* et de leurs *signes*. Puis, de ces erreurs diverses, je tirerai autant de motifs d'espérance pour la découverte des *formes* ou *causes essentielles*, vu que ces erreurs mêmes non apperçues, sont la véritable cause qui a jusqu'ici rendu cette découverte impossible, et qui l'a fait juger telle. «

» La seconde partie sera subdivisée en deux sections : la première contiendra proprement l'exposé de notre méthode inductive, composée de certaines tables et de la méthode des *exclusions* ou *réjections*. Ces tables seront une sorte de mémoire artificielle ; on y trouvera des faits de toute espèce rangés dans un ordre facile à saisir, coordonnés à la recherche de telle ou telle *forme ;* par exemple, à celle de la *forme* de la *chaleur*, c'est-à-dire, de *ce qui constitue* cette qualité ou manière d'être, et que les scholastiques désignent par le mot *essence :* tables sur lesquelles l'esprit travaillera avec plus de facilité que sur l'assemblage d'idées, incohérent ou incomplet, que lui présenteroit la seule mémoire dénuée d'un tel secours. Car, prétendre faire, à l'aide de la simple méditation, la revue exacte et complette de tous les faits d'un même genre, dont la représentation est nécessaire pour découvrir une loi de la nature, c'est se flatter de pouvoir faire de tête les calculs les plus difficiles de l'astronomie, ce qui est impossible ; et dans la recherche des loix de la nature, comme dans l'application des loix humaines, les preuves écrites sont préférables à tout autre genre de preuves. «

» Ces faits, une fois assemblés et ordonnés, nous exclurons de nos tables toute manière d'être qui se trouve dans des sujets où la chaleur n'est pas, ou qui n'est pas dans ceux où se trouve la chaleur, ou qui est décroissante dans les sujets où croît la chaleur, ou enfin croissante dans ceux où la chaleur décroît. Puis nous chercherons dans le petit nombre de faits restans, *ce que tous ont de commun* ; et la *forme* de la *chaleur* sera ce qui, dans les sujets divers considérés dans le même temps, ou dans le même sujet considéré en différens temps, est *toujours présent, absent, croissant* ou *décroissant avec la chaleur*, et *proportionnellement*. «

» Dans la seconde section, j'indiquerai divers *genres de faits*, dont la considération peut *accélérer*, *faciliter* ou *assurer* la découverte de la *cause formelle*, ou *forme*; et les différens secours ou instrumens qu'on peut procurer aux sens, soit pour suppléer à la foiblesse des organes, et étendre les limites de l'observation, soit pour prévenir les illusions occasionnées par certaines sensations, et rectifier les premiers jugemens. «

» Mais, avant de me jeter dans tous ces détails, j'aurai soin de faire sentir en quoi précisément consiste l'utilité de cette découverte *des formes* à laquelle je tends avec un si grand appareil, et de montrer que cette connoissance est l'unique moyen d'étendre l'empire de l'homme sur la nature; car notre fastueuse physique n'est rien moins que ce qu'elle paroît; ce n'est qu'une sorte de *physiognomonie*. Quand j'applique tel *agent*, c'est-à-dire, un corps ayant telle apparence, à tel autre corps ayant telle autre apparence; j'obtiens tel effet. Mais en quoi précisément consiste l'action du premier, et le changement qu'il opère dans le dernier? Par quelle gradation de matière et de mouvement, ce changement s'opère-t-il? Quel assemblage d'élémens et de mouvemens constitue et l'agent et le patient, dans son premier état, dans celui par lequel il passe, et dans celui auquel il arrive? Voilà ce que j'ignore, et ce que pourtant il faudroit savoir pour exécuter quelque chose de grand. Par les petits moyens que me fournit notre physique superficielle, qui ne peut presque rien sur les corps, et qui ne fait, pour ainsi dire, qu'en gratter l'écorce; je pourrai bien produire, dans certains sujets et dans certains cas, l'effet désiré : mais si je savois en quoi précisément consiste cet effet, alors j'aurois bientôt découvert le moyen universel pour le produire dans tous les sujets, et dans tous les cas, à volonté : par exemple, si je savois en quoi précisément consiste la *chaleur* dans le corps qualifié de *chaud*, par quel méchanisme l'étincelle occasionne un vaste incendie, je serois peut-être en état de faire régner, dans un espace assez grand, la chaleur de l'été au milieu de l'hiver, et réciproquement. Il en seroit de même de toute autre qualité ou manière d'être. Si je connoissois *la texture intime* des différens corps, et la *marche graduelle* que suit la nature en les formant, je pourrois transformer un corps d'une espèce en un corps d'une autre espèce, et composer même de nouvelles espèces; je ferois en petit ce que la nature fait en grand, et réciproquement; je ferois en peu d'heures ou de jours, ce qu'elle n'exécute qu'à force de siècles; je ferois souvent ce qu'elle fait rarement; enfin, je ferois quelquefois ce qu'elle ne fait jamais. Toutes opérations qui ne paroîtront impossibles et chymériques qu'à ceux qui ne croient possible que ce qu'ils ont vu exécuté, et dont la raison ne sait rien voir au-delà de ce que leur œil a vu. Si les plus grands génies, s'étant concertés pour chercher les *formes*, ils n'eussent pu les découvrir, il seroit naturel de désespérer de cette découverte; mais c'est ce que jusqu'ici on n'a pas même tenté.

Ce qui, en ce genre, semble *impossible*, n'est que *difficile*; et ne peut être le fruit que d'une lente analyse. Pour découvrir *les formes intimes et essentielles des choses*, il faut faire de la nature une sorte d'*anatomie*, non à l'aide du feu matériel qui détruit l'assemblage qu'on veut observer, mais à l'aide du *feu divin*; c'est-à-dire, du génie qui, par le seul choix des observations, décompose les corps sans les toucher; observe attentivement ce que les hommes ordinaires voient continuellement sans l'observer, et qui, éclairé d'abord par l'expérience, puis par l'analogie, devine ensuite avec plus de justesse ce qu'il n'a jamais vu, qu'ils n'observent ce qu'ils voient tous les jours. Tout ce que la nature fait en petit et loin de nous, elle le fait en grand et près de nous; c'est par le visible qu'il faut juger de l'invisible. «

» Les 3e. 4e. 5e. 6e. 7e. 8e. et 9e. parties contiendront les accessoires de l'induction, c'est-à-dire, des règles pour la diriger, la faciliter, la rectifier, l'étendre, la limiter et l'appliquer aux sujets les plus intéressans. Dans la 10ᵉ. je donnerai *l'échelle ascendante et descendante* des principes; en y marquant non pas seulement trois degrés, comme je le faisois dans les premiers temps; ce qui seroit commettre cette même faute que je reproche aux autres philosophes; savoir: celle de s'élever, sans gradation, des faits particuliers aux principes les plus généraux, et de franchir d'un saut tout l'intervalle; mais en marquant entre ces échelons principaux, et encore si éloignés les uns des autres, un grand nombre de degrés plus rapprochés, à chacun desquels l'esprit devra faire une pause; degrés qui, pris ensemble, composeront *l'échelle ascendante* et *inductive*; par laquelle il s'élevera insensiblement des faits individuels aux principes généralissimes; principes qui, une fois découverts et établis, composeront par leur ensemble la *philosophie première*, ou le réservoir des principes communs à tous les arts et à toutes les sciences; puis ces principes développés par la *méthode synthétique*, et à l'aide de l'*échelle descendante*, dont tous les degrés correspondent à ceux de l'*échelle ascendante*, fourniront ainsi une infinité d'*explications* et d'*applications*. «

» 3°. *Viendra ensuite l'histoire naturelle* ; savoir : *l'histoire générale*, qui embrassera les *faits bruts* de toutes espèces, et quelques *histoires particulières* un peu plus circonstanciées. Dans quelques-unes des dernières, je commencerai à appliquer ma méthode *inductive*, et de temps en temps je m'éleverai un peu vers les principes ; afin que l'esprit ne se perde point dans cette multitude immense de faits variés, et qu'envisageant le but de temps à autres, il ne s'écarte point de la vraie route. Mais les matériaux dont je composerai cette histoire naturelle, ne seront point des faits simplement rares, singuliers, éclatans, bons pour amuser des oisifs et formant une sorte de spectacle ; mais des faits philosophiques, c'est-à-dire, propres pour dévoiler les loix de la nature et enrichir la pratique par cette découverte. Je n'exclurai de cette histoire ni les faits les plus connus, ni ceux qui me paroîtront à moi-même incroyables. Car un fait, quoique très connu, dont on n'a su tirer aucune indication, et qui peut néanmoins faciliter la découverte des causes, a besoin d'être revu. Et il se pourroit que tel fait qui me paroîtroit incroyable, ne me semblât tel qu'en conséquence d'un préjugé dont mes lecteurs seroient exempts. Mais je n'insérerai aucun fait douteux, sans indiquer les sources où je l'aurai puisé. Quant aux observations que j'aurai faites moi-même, je les énoncerai plus affirmativement, et je les décrirai avec assez d'exactitude pour que chacun puisse les répéter, et en vérifier par soi-même les résultats. «

» Dans la 4ᵉ. partie, afin de mettre, pour ainsi dire, sous les yeux, toute la marche de ma méthode inductive, et d'en donner un modèle dans chaque genre, je l'appliquerai à un grand nombre de sujets très intéressans et très variés. Cette partie je la désignerai par le nom d'échelle de l'entendement, soit pour rappeller les deux échelles ascendante et descendante, à l'aide desquelles l'entendement s'élève des faits particuliers aux principes les plus généraux, puis de ces principes descend vers de nouveaux faits particuliers, et qui peuvent être figurées par la double échelle du jardinier; soit pour faire entendre qu'un exemple bien choisi est comme une échelle, à l'aide de laquelle l'esprit s'élève plus aisément à l'intelligence d'une méthode; car le plus simple moyen pour apprendre aux autres à faire une chose, c'est de leur montrer la chose toute faite, ou mieux encore, de la faire en leur présence. «

» Dans la 5ᵉ. partie, je placerai ces inventions, utiles et ostensibles, qui seront comme autant de gages ou d'arrhes donnés au vulgaire; inventions qui me serviront seulement à gagner du temps. Comme elles seront dues, non à ma méthode lente et graduelle, mais à la marche précipitée qu'on suit ordinairement, je ne serai pas tenu d'en répondre ; et par cette raison, je les qualifierai d'*anticipations* de la *philosophie seconde,* c'est-à-dire de la pratique. Dans cette partie, je commencerai à développer quelques-uns des principes auxquels la seconde m'aura conduit, pour en déduire de nouveaux moyens et de nouveaux signes, et pour donner quelque idée de la sixième ; comme dans la troisième je me serai un peu élevé vers les principes, pour en saisir d'avance quelques-uns, et préparer à la quatrième, ou plutôt à la seconde, qui, dans l'ordre naturel, doit la suivre. «

» Enfin, la sixième partie, qui est comme le port auquel je tends par cette longue navigation, sera le développement régulier et complet des principes découverts ou vérifiés par la méthode inductive, exposée dans la seconde partie, et appliquée dans la quatrième, et j'y entrerai dans tous les détails de la pratique ; opération où je serai guidé par la portion *descendante* de la double échelle des principes, laquelle n'est, à bien des égards, que l'inverse de la partie *ascendante*, et que l'esprit ne peut suivre qu'en repassant par des degrés qui, sans être précisément les mêmes, sont situés sur les mêmes plans que ceux qu'il parcouroit en montant. On se convaincra, par les applications, utiles et variées, qui résulteront de ce développement, qu'une théorie certaine et une pratique sûre, du moins quant à leur exposé, ne diffèrent point essentiellement, que la science et la puissance ne sont au fond qu'une seule et même chose. Car aux *effets*, aux *causes*, et aux *principes* qu'envisage la *théorie*, répondent les *buts*, les *moyens* et les *règles* qui sont l'objet de la *pratique*. «

» En appliquant ma méthode à la physique, j'emploierai principalement deux espèces d'exemples : les uns intéressans pour le vulgaire, tels que *l'art de prolonger la vie humaine*, celui de *faire de l'or*, et celui de *prédire les variations*, *de l'atmosphère* pour prévenir les grandes disettes, les maladies, etc. les autres, intéressans pour les vrais physiciens, tels que la *lumière* et les *ténèbres*, le *chaud* et le *froid*, les *forces attractive* et *répulsive*, les trois plus grands sujets dont la philosophie puisse s'occuper. «

» Tout en exécutant mon grand ouvrage de la *restauration des sciences*, je prendrai moi-même la peine de traiter en détail quelques-uns des sujets que j'aurai indiqués dans la première partie, comme étant à suppléer ou à remanier, par exemple, et toujours dirigé par ma méthode, j'analyserai avec soin les opinions et les raisonnemens de ceux d'entre les philosophes anciens ou modernes, tels que Thalès, Anaximènes, Démocrite, Héraclite, Parménide, Empédocle, Télèse Napolitain, Gilbert Anglois, etc. qui ont osé hazarder des conjectures sur *les principes des choses* et sur le *système du monde*. Quoique ces philosophes semblent n'avoir pas connu le véritable objet des sciences, et se soient presque toujours écartés de la vraie route, ils n'ont pas laissé, en y revenant de temps à autres, de saisir des vérités utiles, qui peuvent conduire à ce but qu'ils n'avoient pas su voir, ou qu'ils perdoient si souvent de vue. Car c'est presque toujours en poursuivant des chimères, qu'on rencontre des réalités, et en cherchant une infinité de choses inutiles, qu'on n'a pas trouvées, on a trouvé bien des choses utiles qu'on ne cherchoit pas. «

» Je tenterai aussi d'expliquer quelques-unes des anciennes mythologies, sur-tout celle des Grecs, qui ne me paroît être qu'un composé d'allégories, les unes formant un corps, les autres, tout-à-fait incohérentes, et toutes servant de voiles à différens systêmes de physique ou de morale. Ces allégories furent embellies par les poëtes, puis les prêtres s'en emparèrent; ils en firent des *êtres*, ou des *dogmes*; et le peuple, au lieu d'user de la vérité cachée sous l'emblême, adora l'emblême, ou abusa de la vérité. De son erreur sur ce point, et de l'intérêt méthodique des prêtres, sont nées toutes les *fausses religions ;* elles ont fait à l'univers beaucoup de mal, et un peu de bien, qui a servi de prétexte ou de moyen pour faire le mal. Elles avoient été instituées pour *faire accroire* au peuple des vérités de pratique essentielles à son bonheur, et dont les *preuves* excédoient la mesure de son intelligence; elles n'ont servi qu'à l'opprimer. En expliquant ainsi la mythologie païenne, je donnerai une clef pour analyser la mythologie chrétienne; pour séparer, dans la masse confuse et indigeste du catholicisme et même du protestantisme, la véritable religion du Christ, laquelle (comme il le déclare lui-même avec une précision et une clarté qui dispense de tout commentaire) consiste uniquement dans l'amour de Dieu et du prochain, et dans des actions conformes à cette loi si douce et si précise; pour démêler, dis-je, cette partie pure et sublime, d'avec la partie dogmatique et superstitieuse que certains prêtres y ont ajoutée, pour se rendre nécessaires. A l'aide de cette clef, on distinguera aisément ce qui est vraiment *dogme* et *commandement*, de ce qui est simplement *figure*, *signe*, et de ce qui ne signifie rien du tout (1). «

» Ces explications et cette analyse se feront jour peu à peu; tôt ou tard elles parviendront au peuple, du moins en partie, et il perdra par degrés cette foi stupide, qui multiplie cent fois plus ses terreurs que ses espérances, qui perpétue sa servitude, et qui n'est utile qu'aux prêtres. Il n'invoquera plus l'auteur de son être, qu'en obéissant à ses loix, et en jouissant de ses bienfaits : il jeûnera moins, mais il saura mieux ce qu'il doit

---

(1) Le vrai christianisme, tel qu'il est exposé dans le développement du discours sur la Montagne, durera autant que l'homme; la nature même du cœur humain est le sol où il est planté : *être heureux, c'est aimer et se sentir aimé.* Mais ce christianisme diffère beaucoup de celui qu'on nous enseignoit; et comme l'a dit Rousseau, *pour sauver le tronc, il faut sacrifier les branches.*

faire; et dès qu'il le saura, ce trône mystérieux que le fer n'a pu ébranler, le ridicule le renversera, et la philosophie achevera ce qu'il aura commencé. «

» Il me paroît inutile de traiter la morale ex-professo, et impossible de donner sur cette matière un ouvrage complet, dont le fonds soit vraiment neuf; la théorie de cette science étant aussi avancée que la pratique l'est peu. Il n'y manque, à proprement parler, que des détails, et il est peut-être moins utile de les réunir en un corps, que de les traiter par parties détachées : une maxime bien frappée, bien amenée, sans le secours des divisions et des transitions, et même un peu isolée, est plus facile à appercevoir et à rappeller, que lorsqu'elle est comme perdue dans un corps immense de morale, qui épouvante la raison, accable la mémoire, et n'a peut-être d'autre effet pour notre instruction, que celui de ces énormes traités de géométrie dont on oublie les démonstrations et l'enchaînement, ne se rappellant que les énoncés des théorêmes ; ce qui suffit presque toujours dans la pratique. Dans tout genre ennuyeux, comme la morale raisonnée, et toutes choses égales d'ailleurs, le meilleur traité, c'est le plus court. Si la maxime que j'expose, est conforme à l'expérience du lecteur, il suffit de l'énoncer ; s'il n'a pas cette expérience, mes divisions ne la lui donneront pas, et ce ne seront pas des syllogismes qui l'engageront à faire les essais nécessaires pour l'acquérir. Le principal avantage de la méthode, c'est d'aider la mémoire ; mais ce qui peut aider la mémoire, ce ne sont pas ces méthodes artificielles qu'on suit dans la plupart des livres de morale, et qui n'ont rien de commun avec la marche des événemens et l'enchaînement des situations dans le cours ordinaire de la vie. La meilleure méthode, c'est celle qui met le lecteur en état de se rappeller le plus aisément chaque vérité dans les situations où elle est nécessaire. Ainsi le meilleur ordre est celui qui place chaque vérité de pratique immédiatement après la description, ou le tableau du mal le plus douloureux dont elle indique le remède; car, pour graver profondément dans la mémoire les notions ou les principes, le meilleur burin, c'est le plus aigu, c'est celui de la douleur. Mais, comme les maux ne se succèdent pas précisément de la même manière pour tous les individus, l'ordre qui répond à cette succession, n'est pas non plus le même pour tous. Les vérités que l'auteur le plus méthodique en ce genre associe dans un même chapitre, se séparent dans l'esprit de tout lecteur qui a rarement besoin de les considérer toutes ensemble; et celles que le lecteur a souvent besoin d'envisager toutes à la fois, s'associent naturellement dans son esprit, quoique l'auteur les ait séparées. Ainsi abandonnant toutes ces méthodes artificielles et arbitraires, je me contenterai de placer sous le même titre les maximes qui se rapportent au même sujet, chaque lecteur restant maître de placer les différens chapitres dans l'ordre qu'aura tracé pour lui l'enchaînement particulier de ses besoins. «

» Je donnerai aussi un essai d'histoire, prenant pour sujet la vie de Henri VII, le Tibère de notre isle, non moins dissimulé que le romain, mais plus perfide que cruel, et plus cupide que voluptueux : histoire où je tâcherai d'éviter le défaut de la plupart des historiens, sans en excepter Tacite, qui, uniquement occupés des événemens et des personnages les plus frappans, ne nous donnent point une idée assez complette des loix et de la constitution des empires, dont ils ne décrivent que les maladies et les convulsions, sans en montrer la véritable cause. Je serai obligé, pour me prêter un peu au goût de mon siècle et de mon pays, de semer dans cette histoire quelques-uns de ces *concetti* (antithèses affectées, jeux *de mots*, etc.), que les italiens ont *importés* dans notre isle, avec une infinité d'opinions, de cérémonies et de pratiques superstitieuses. Il vaut mieux violer, dans le style, quelques règles du goût, pour faire lire un ouvrage dont le fonds est utile, que de composer, en respectant toutes ces règles, un fort bel ouvrage que personne ne liroit; car un livre que ne lisent point ceux auxquels il est destiné, quelque bien écrit qu'il puisse être d'ailleurs, est un assez mauvais livre. La première règle du goût c'est de s'accommoder au goût de la nation pour laquelle on écrit; et ce n'est pas assez que le festin plaise aux cuisiniers, il faut sur-tout qu'il soit du goût des convives. Mais afin de contribuer moi-même à diminuer ce mauvais goût, auquel je suis forcé de déférer un peu, je prendrai un milieu entre le style qui plaît aujourd'hui, et celui qui plaira, lorsqu'ayant parcouru tout le cercle de ces ingénieuses bagatelles, on en sera dégoûté. «

» Enfin, dans un ouvrage qui aura pour titre : *la nouvelle Atlantide* (par allusion à celle de Solon et de Platon), pour montrer plus précisément ce que j'ai en vue, je donnerai, pour ainsi dire, un corps à mes idées, et je mettrai en action les diverses règles ou maximes de morale, de politique, de physique et de logique, répandues dans mes autres écrits. Je supposerai cette isle gouvernée par une constitution politique, fort analogue à celle de l'Utopie de Morus, l'un de mes prédécesseurs : constitution qui ne sera qu'une sorte de christianisme réalisé, mais dégagé de toute opinion superstitieuse, purifié de toute observance monacale, et égayé par des cérémonies et des fêtes semblables à celles du paganisme des Grecs, où les présens de la nature, les bienfaits de son auteur, les droits et les devoirs primitifs de l'homme, seront figurés par les vêtemens, les attributs, les gestes, l'ordre et tous les mouvemens des personnages mis en action ; par des types et des emblêmes de toute espèce. Dans la même isle, sera une sorte d'institut scientifique, composé en partie d'hommes entretenus aux dépens du trésor public, lesquels n'auront d'autre profession, d'autre occupation que la culture des sciences, des lettres et des arts, appliqués à l'utilité commune, et auxquels seront fournis gratuitement aussi les matériaux, instrumens, ouvriers, emplacemens nécessaires pour exécuter ce que j'aurai conseillé dans les différentes parties de *ma grande restauration des sciences*, et en partie de savans voyageurs, espèces de missionnaires de philosophie, destinés à parcourir toutes les contrées des deux continens, pour y porter toutes les découvertes utiles qui auront été faites dans l'isle, où réciproquement ils importeront toutes celles des autres nations ; mais avec des précautions à l'aide desquelles l'isle demeurera à jamais inconnue à ces nations, de peur qu'en apportant leurs connoissances dans notre isle, ils n'y importent des vices. «

» Comme dans ces différens écrits que je publierai successivement, je ne dirai que la vérité, sans flatter les passions humaines, je ne ferai point secte, j'aurai peu de disciples, et je serai d'abord froidement accueilli, sur-tout par les savans, dont je dévoilerai les erreurs, et que je forcerai, pour ainsi dire, à se remettre à l'*abc* (1). Parlant à un roi théologien et dévot, devant des prêtres tyranniques et soupçonneux, je ne pourrai manifester entièrement mes opinions ; elles heurteroient trop directement les préjugés dominans : obligé souvent de m'envelopper dans des expressions générales, vagues et même obscures, je ne serai pas d'abord entendu ; mais j'aurai soin de poser les principes dont ces vérités que je n'oserai dire, sont les conséquences éloignées, et tôt ou tard ces conséquences seront tirées. Par exemple, je n'exposerai pas ouvertement les droits de l'homme, ni les moyens violens ou perfides qui ont été successivement employés pour effacer jusqu'au souvenir de l'égalité primitive, asservir les nations, et perpétuer

---

(1) Ce mot est le titre d'un petit ouvrage, qui fait partie de ses œuvres.

leur servitude; parce qu'en rappellant trop tôt et trop clairement aux hommes tous leurs droits, on ne fait ainsi que les exciter à oublier leurs devoirs actuels, et avertir leurs tyrans de se fortifier. Avant de dénoncer les derniers, et d'offrir aux hommes la liberté, ou de les forcer, par une sainte violence, à l'accepter, il est bon de leur expliquer, avec un peu de netteté et de précision, ce que c'est que cette liberté qu'on leur offre, l'épée ou le livre à la main, de peur qu'ils ne la confondent avec la licence, qui est précisément l'opposé, et qu'ils ne s'imaginent qu'être libre, c'est avoir la faculté de s'affranchir de toute obligation, de retenir la part que chaque citoyen doit fournir dans la mise commune, de violer les propriétés les plus sacrées, d'égorger quiconque les contredit; en un mot, la faculté de jouir de tous les droits sans remplir aucun devoir, et en violant les loix mêmes qu'ils se seront faites. Mais en apprenant aux hommes à penser par eux-mêmes, à rappeller courageusement à l'examen toutes ces opinions, soit religieuses, soit politiques, dont il n'est pas permis de douter précisément, parce qu'il est impossible de les prouver, et qu'ils ont adoptées sur parole; je les mettrai ainsi en état de se dire à eux-mêmes, ce que je n'aurai osé leur dire publiquement. Car leur attention se portant d'abord vers ce qui les intéresse le plus; savoir, leurs droits, une fois rendus capables de les chercher eux-mêmes, ils les chercheront, et par conséquent ils les trouveront; ils les connoîtront un jour, et le lendemain ils apprendront à les défendre. «

» Ainsi, sans attaquer directement le trône ni l'autel, qui, aujourd'hui appuyés l'un sur l'autre, et reposant tous deux sur la triple base d'une longue ignorance, d'une longue terreur et d'une longue habitude, me paroissent inébranlables, tout en les respectant verbalement, je minerai l'un et l'autre par mes principes; car le plus sûr moyen pour tuer du même coup et le sacerdoce et la royauté, sans égorger aucun individu, c'est de travailler, en éclairant les hommes, à rendre à jamais inutiles et les rois et les prêtres, leurs flatteurs et leurs complices, quand ils désespèrent de devenir leurs maîtres (1). Ce sont des espèces de *tuteurs* nécessaires au peuple, tant qu'il est enfant et mineur : un jour finira cette longue minorité; et alors rompant lui-même ses lisières, il se ti-

---

(1) Ce qu'il dit dans ce passage, ne doit être appliqué qu'aux mauvais prêtres. Un bon prêtre est par état, *un professeur de morale, un médecin des ames, un officier de vertu* : les hommes de cette profession peuvent être utiles, pourvu qu'on les empêche de *faire corps, et d'envahir entièrement l'éducation de la jeunesse;* autrement la jeunesse sera élevée et l'état sera gouverné conformément à l'esprit de ce corps, c'est-à-dire à son intérêt; le royaume des cieux ne sera plus que le royaume des prêtres sur la terre; et le serviteur des serviteurs de Dieu, en se faisant humblement baiser les pieds par ses maîtres, sera de fait le roi des rois.

rera de cette insidieuse tutèle. Mais gardons-nous *d'émanciper trop tôt l'enfant robuste;* et tenons-lui les bras liés jusqu'à ce qu'il ait appris à faire usage de ses forces, de peur qu'il n'emploie sa main gauche à couper sa main droite, ou ses deux mains à se couper la tête. Nous avons encore besoin d'un gros vice pour contenir les petits (1), et nous ne saurions trop imiter la marche lente et mesurée de la nature, qui, en développant l'individu, fait croître en même temps ses forces et sa raison. «

» Si l'on tente d'affranchir, avant le temps, la nation angloise, les loix d'une république n'étant pas assez réprimantes pour des enfans bercés tour à tour par un despote et des prêtres, on ne fera qu'arroser avec du sang les vices qu'auront plantés de concert le sacerdoce et le despotisme : la nation régénérée dans

---

(1) Le peuple anglois est trop négociant pour ne pas vendre sa liberté ; il l'achetera toujours fort cher pour la revendre à bas prix.

ce sang, se portera à des excès qui se sentiront de cette horrible régénération; et ces vices que le despote, en fuyant, laissera derrière lui, l'auront bientôt rappellé (1). Ce seront d'autres formes et d'autres mots; mais ce seront les mêmes hommes, les mêmes vices irrités par une lutte pénible, enhardis par l'impunité; moins perfides, mais plus atroces. Dans la suite, il est vrai, ce sang même qui auroit été répandu, donnant un peu plus de sérieux à de frivoles esclaves, les guérissant de la peur du ridicule, par une peur plus grande, et les ramenant par force aux choses vraiment nécessaires auxquelles l'habitude du luxe et de la servitude les rendroit incapables d'être ramenés par raison, ils prêteroient enfin à ceux qui leur parleroient de leurs intérêts communs, presque autant d'attention qu'ils en donnent aujourd'hui à ceux qui leur parlent de leurs plaisirs;

---

(1) Cette espèce de prophétie fut justifiée par l'événement, un demi-siècle après.

et ce qu'ils auroient laissé dire en faveur de leur liberté, ils le feroient eux-mêmes, ou le laisseroient faire. «

» Mais cette route, bien que la plus courte, étant pavée de crânes humains, et couverte de boue détrempée de sang, qui peut souhaiter cette affreuse abréviation ? Avant d'entreprendre cette pénible marche vers la liberté, attendons qu'il soit jour; en attendant un peu, nous nous ferons un chemin plus facile, et nous n'aurons que la peine d'accepter ce qu'en nous pressant trop, il faudroit arracher. Plus la mesure de liberté à laquelle aspirera une nation, sera proportionnelle à sa mesure de vertu, et le progrès de son affranchissement, parallèle au progrès de sa raison, moins ses révolutions seront sanglantes, et plus le fruit en sera assuré. Homme de paix, par état et par goût, dois-je éveiller, dans le cœur de mes concitoyens, les passions féroces ? Non. Si le devoir du guerrier est de répandre, quoiqu'à regret, le sang de l'ennemi, pour épargner celui de ses concitoyens, le devoir du philosophe est de travailler à épargner le sang de l'ennemi même; car enfin le sang de l'ennemi est aussi du sang humain. Tout homme qui s'est mis dans la nécessité d'égorger ses semblables, ou de commander le meurtre, partage toujours un peu le crime qu'il punit; ainsi il est au moins coupable d'imprudence. S'il est forcé de les détruire, ou de commander leur destruction, c'est qu'il a manqué de génie pour découvrir les moyens d'épargner le sang, ou de zèle pour les conseiller, ou de talent pour les persuader. Par-tout où je vois une grande effusion de sang, je me dis : il y a là un but faux ou de fausses mesures. L'épée peut tout au plus commencer l'affranchissement universel; mais la raison et la vertu seules peuvent l'achever. «

» Les hommes ne seront vraiment libres que lorsqu'ils aimeront la liberté, sans en être amoureux : ils l'aimeront ainsi, lorsqu'ils sauront aussi bien ce qu'elle coûte, que ce qu'elle vaut : ils auront cette double connoissance lorsqu'ils seront éclairés ; et comme la lumière ira toujours en croissant, ils seront un jour vraiment libres. Un jour, par le bienfait de l'art typographique, de l'art nautique, de l'invention des postes, et de tous ces moyens de communication et de propagation qui éternisent toutes les découvertes, ou les portent en tous lieux, rendant commune à toutes les nations la sagesse de chaque nation, et propre à chacune la sagesse de toutes ; mais plus encore par un judicieux système d'éducation, et à l'aide d'une société de vrais philantropes qui répandront les vérités, mères de la liberté et de l'égalité, dans tous les rameaux de la grande famille du genre humain, sans en dédaigner aucun, employant, pour détromper les hommes, le moyen même si long-temps employé pour planter, propager et éterniser l'erreur ; par le concours de tous ces agens dont l'effort continu doit à la longue vaincre tous les obstacles, tous les abus de pouvoir seront dénoncés, tous les remèdes découverts, tous les droits connus et réclamés, tous les devoirs enseignés et aimés, tous les vrais besoins de l'homme universellement connus, tous les moyens, imaginés, communiqués, éprouvés; et alors enfin, par la force expansive de l'instinct social, et l'ascendant de la raison, complettement développés, l'opinion publique étant parfaitement mûre, s'opérera lentement une révolution paisible qui ne coûtera pas une seule goutte de sang. «

» Cette lente insurrection de la raison et de la vertu contre les préjugés et la double tyrannie qu'ils fortifient et qui les fomente, me paroît assurée. Je vois agir les causes qui la nécessitent dans l'avenir; et quoique je ne puisse déterminer le temps précis où elle aura lieu, la mesure de ces causes m'étant inconnue, je dois néanmoins la prévoir, la souhaiter, la préparer, et travailler invisiblement à en avancer l'époque. Le vrai moyen d'agir puissamment, c'est de cacher la main qui agit. Ainsi je me garderai de prédire ce grand événement, une telle prédiction pouvant y faire obstacle ; et je m'imposerai, sur ce dangereux sujet, le plus religieux silence, de peur d'ébranler les sociétés humaines jusques dans leurs fondemens. Mais ce que je ne dirai pas ouvertement, je l'indiquerai assez clairement, pour que, dans chaque nation et chaque siècle, les meilleurs esprits le devinent aisément; et tôt ou tard, dans un pays où la presse sera parfaitement libre (1), et la civili-

---

(1) Sous la monarchie, au mois de décembre 1788, la liberté de la presse fut accordée, sans restriction ; dans la république, elle a été plusieurs fois mise en question, ce qui est aussi conséquent que le reste : mais pour résoudre mûrement cette question, il nous semble qu'il faudroit la poser ainsi : la *presse doit-elle être esclave dans un pays libre?* Non, peut-on répondre : le moyen qui a servi pour conquérir la liberté, est encore nécessaire pour la conserver ; et si j'ai imprimé une opinion fausse ou nuisible, la liberté de la

sation plus avancée, il paroîtra quelque individu, instruit, comme moi, à l'école du malheur, accoutumé d'abord, par une profession active, à tourner ses vues vers la pratique; mais jouissant d'un plus grand loisir que moi, assez opiniâtre pour me lire jusqu'à ce qu'il m'ait

---

presse, en vous laissant maître de me réfuter complettement, vous donne aussi tout avantage sur moi, qui suis dans l'erreur, et elle ne seroit dangereuse que dans le seul cas où la monarchie ayant pour avocat un homme d'esprit, la république n'auroit pour défenseur qu'un sot, qui alors auroit une raison plausible pour gêner la presse, et même pour réfuter une conséquence embarrassante, en coupant la tête qui a posé le principe. Au reste, s'il m'est permis de hazarder une modeste conjecture sur ce sujet, je soupçonne que la plus sûre méthode pour *acquérir* la liberté de la presse, c'est de la prendre; car, si la république nous ôtoit ce que la monarchie nous a donné, nous aurions droit de le reprendre, et notre droit seroit fondé sur notre besoin. La liberté de la presse est le palladium de la liberté politique, et l'esclavage de la presse le palladium de la servitude : choisissez.

entendu ; et assez convaincu, par sa propre expérience, du pouvoir immense de la continuité de méditation, pour entreprendre de m'interpréter et d'achever quelquefois ma pensée ; car, dans l'interprétation, comme dans l'invention, la plus sûre méthode, pour trouver tout ce qu'on cherche, c'est de le chercher jusqu'à ce qu'on l'ait trouvé ; et l'unique secret, pour éclaircir les choses les plus difficiles, c'est de les méditer assez longtemps, pour découvrir leur analogie avec les plus faciles, et se mettre ainsi en état de les rendre à l'aide des expressions les plus familières. «

» Cependant, lorsque je considère la force presque irrésistible des préjugés aujourd'hui dominans, les insidieuses oppositions que j'aurai à vaincre, les difficultés sans nombre et sans cesse renaissantes de cette vaste et longue entreprise que j'ai osé concevoir, elle m'épouvante moi-même ; dix nations et dix siècles ne seront pas de trop pour l'exécuter ; à peine puis-je espérer de pouvoir l'ébaucher.

Mais il est une considération qui ranime mon zèle et mes espérances : comme je donne peu à l'opinion, et presque tout à la vérité, le temps qui la découvre de jour en jour, convaincra les hommes de plus en plus de la solidité de mes vues; à mesure qu'ils perdront leurs préjugés, ils reviendront à l'expérience, à moi, qui sans cesse les y ramène; ils adopteront ma méthode, ou plutôt celle de la nature; et, instruits par le seul maître qui ne trompe jamais, ils continueront ce que j'aurai commencé. «

Ainsi se parloit à lui-même le chancelier Bacon, à l'époque où, consacrant toutes les forces de son génie à l'utilité du genre humain, et prenant l'essor le plus hardi, il s'élançoit dans le vaste champ de la science humaine : ou, si l'on veut, au moment où, après y avoir fait quelques grands pas, et fait plus d'une fois l'épreuve de ses forces, il osa se tracer un plan, et s'imposer la loi de le suivre constamment. Chargé par le vœu général, et, en quelque manière, par le gouvernement, d'interpréter les ouvrages de ce grand homme pour ceux de nos concitoyens qui n'ont pas le loisir de l'étudier, nous avons dû, en commençant, nous identifier, pour ainsi dire, avec lui, afin de nous mieux pénétrer de son esprit. Mais nous mettre entièrement à sa place, seroit une indiscrétion d'autant plus grande, que, dans les préfaces qu'on va lire, sur-tout dans celle qu'il a placée en tête de sa *grande restauration des sciences*, il expose lui-même, avec autant d'étendue que de netteté, son but et l'ordre de ses moyens : préfaces qui renferment, à la vérité, presque toutes les propositions nécessaires pour le rendre intelligible ; mais où elles ne se trouvent pas en leur véritable lieu, et où il en manque d'autres, autant ou plus nécessaires, qu'il a fallu tirer des différentes parties de la collection. Ainsi ce préambule peut être de quelqu'utilité, notre rôle d'interprète comprenant celui de traducteur et celui de commentateur ; car encore vaut-il mieux être fatigué un instant par des demi-répétitions, et, en partant, bien savoir où l'on va, que d'avancer étourdiment dans cette carrière si longue, en laissant derrière soi des propositions mal comprises, et qui, mieux entendues, répandroient un grand jour sur le tout. Une attention nécessaire pour voyager avec moins d'incertitude dans un pays inconnu, c'est de s'en procurer la carte. Le chancelier Bacon a su faire des découvertes; mais une preuve qu'il n'a pas su en faire la carte, du moins pour le plus grand nombre, c'est la nécessité même où, après deux siècles presque révolus, nous sommes de le traduire et de le commenter. Il éclaire assez bien certaines parties de son ouvrage; mais c'étoit à l'entrée de la route qu'il falloit d'abord présenter le flambeau.

Plusieurs écrivains sont entrés dans d'assez grands détails sur *la vie active* et le personnel du chancelier Bacon; et comme il s'agit moins ici pour nous du rôle qu'il a pu jouer dans le monde, que de sa vie contemplative et philosophique, nous nous déterminons à renvoyer nos lecteurs aux ouvrages de ces historiens; ce que nous ferons d'autant plus volontiers, que nous osons quelquefois douter de ces inconcevables foiblesses qu'on lui reproche, et plus encore des crimes dont on l'accuse. Tout grand homme est calomnié, parce qu'il est homme, et sur-tout parce qu'il est grand. Il nous semble que tout ce qui le rabaisse, nous exhausse d'autant, et qu'en le qualifiant de nain, nous devenions des géans. Qui ne sait qu'un homme de lettres, pour peu qu'il se distingue, est toujours environné d'une cabale, composée d'un petit nombre de gens d'esprit ligués avec un grand nombre de sots, *leurs instrumens et leurs échos*, dont la jalouse crédulité est toujours vendue à la méthodique jalousie de leurs souffleurs, et dont la bouche est toujours prête à répéter un mensonge. Il est si facile de persuader une calomnie à un vil troupeau, qui souhaite qu'elle soit vraie. Il est si aisé de l'emporter sur une ame fière et élevée, dans ce genre de combat si honteux, où elle rougiroit de sa victoire, et de se prévaloir de sa noble insouciance. Et la postérité, entends-je dire, comptez-vous aussi pour rien son jugement? Or, celui qu'ont porté sur Bacon ses contemporains, a été confirmé par les deux siècles suivans. La postérité, répondrai-je, est aussi composée d'hommes, et par conséquent d'êtres, les uns crédules et envieux, les autres envieux et menteurs, croyant le mal, doutant du bien, se trompant eux-mêmes à dessein pour mieux tromper les autres, dont l'oreille, toujours ouverte aux accusations, est presque toujours fermée aux justifications. Pour juger, avec connoissance de cause, du caractère de Bacon, il faudroit avoir vécu avec lui, et être bien sûr de soi; il faudroit avoir apprécié, mesuré et nombré ses bonnes et ses mauvaises actions. Avez-vous ce compte, cette évaluation et cette mesure, ô censeurs! si sévères pour les autres, et si indulgens pour vous-mêmes ? Non. Eh bien ! au lieu d'accuser indiscrètement un grand homme, dont le cœur fut inconnu à ses contemporains, qui ne méritoient pas de le posséder, détournant nos regards de sa vie active, qui nous présenteroit des exemples, sinon mauvais, du moins d'une nature très douteuse, tournons-les vers sa vie philosophique, qui va certainement nous en offrir de meilleurs : en marchant avec un tel guide, nous ne pouvons nous égarer ; c'est le disciple de la nature et le maître de nos maîtres.

Il ne nous reste donc plus à parler que de notre traduction, et nous aurons à peu près rempli cet objet, lorsque nous aurons, I°. donné le prospectus de la collection complette des ouvrages de Bacon; II°. détruit ou du moins affoibli le préjugé qui a fait méconnoître la nature et l'objet des écrits de ce philosophe ; III°. montré en quoi principalement consiste la difficulté de cette traduction; IV°. motivé le grand nombre,

DU TRADUCTEUR.   lix

la forme, l'étendue et la distribution des notes; V°. indiqué la meilleure méthode pour rendre les écrits de Bacon utiles à la jeunesse française; VI°. désigné au public les personnes, les familles et les corps qui, soit directement, soit indirectement, ont contribué à l'exécution de notre entreprise.

I. PROSPECTUS.

De la dignité et de l'accroissement des sciences. . . . . 3 vol. in-8°.

Novum organum, ou indications sur la vraie manière d'interpréter la nature. . . . . . 2 vol.

Sylva sylvarum, ou histoire naturelle et générale, destinée à fournir des matériaux à la vraie philosophie, et à lui servir de base. . . . 3 vol.

Histoire de la vie et de la mort, ou art de prolonger la vie humaine. . . . . 1 vol.

Histoire des vents, ayant pour but la prédiction des saisons, températures particulières, etc. et la nouvelle atlantide. . . . . 1 vol.

De la sagesse des anciens, ou explication des anciennes mythologies; exposition et analyse des systèmes de Démocrite, Parménides, Empédocle, Télèse, etc. . . . . 1 vol.

Discours sincères, ou de l'intérieur des choses;

ou *mélanges de morale et de politique*. . . 1 vol.

Histoire de Henri VII, roi d'Angleterre. . 2 vol.

On voit qu'en général, dans cette distribution, nous plaçons la physique avant la morale, sa fille; les ouvrages propres à Bacon, avant ceux qui ne sont, à proprement parler, que des extraits bien digérés, et des analyses d'auteurs, anciens ou modernes; les plus connus avant ceux qui le sont moins. Enfin, les plus volumineux avant les plus petits, dont les uns, pour compléter certains volumes, seront joints aux ouvrages plus considérables de la même classe; et les autres, renvoyés à la fin de la collection, ou nous en formerons un ou deux volumes, en suivant la même distribution.

L'ordre philosophique sembloit exiger que nous publiassions l'histoire naturelle avant le *novum organum*; les *faits* devant marcher avant les raisonnemens, et tel étoit aussi notre premier dessein; mais le vœu souvent prononcé du plus grand nombre, qui depuis long-temps nous demande le *novum organum*, ouvrage qui jouit de la plus haute réputation, qui est à juste titre regardé comme le chef-d'œuvre de Bacon, et qu'il a, dit-on, transcrit douze ou treize fois de sa propre main, nous fait une loi de nous conformer à l'ordre qu'il a tracé lui-même.

II. Il est un préjugé nuisible et difficile à détruire, qui a long-temps éloigné des ouvrages de Bacon les traducteurs et les lecteurs même ; on s'est imaginé qu'ils sont tout remplis d'abstractions, de pensées, qui peuvent être vraies, mais qui, étant obscures et de peu d'utilité, ne méritent pas de fixer l'attention d'un lecteur judicieux : voilà le préjugé. La vérité est que l'ouvrage de la grande restauration, le seul qui ait donné lieu à cette conjecture si peu fondée, est écrit *ex professo*, contre la manie d'abstraire et de généraliser avant le temps. Que ce logicien du premier ordre (maître de Locke, de Newton, de Boërrhave, de Haller, de Condillac, etc. écrivains qui, dans les sciences de faits, nous rappellent sans cesse à l'expérience) veut qu'on demeure long-temps attaché aux faits, et qu'on ne s'élève que très lentement aux principes, comme on l'a vu dans le préambule, où je n'ai pu lui prêter que les opinions répandues dans ses écrits, et que tel est son mot, qui en montre parfaitement le véritable esprit : *avant de rien prononcer sur le droit, il faut être bien informé sur le fait ; et lorsque l'enquête est insuffisante, il faut renvoyer ses lecteurs et soi-même à un plus ample informé :* ce qu'il a d'autant plus droit de dire, que ce droit, il l'a acquis par le fait, en prêchant d'exemple lui-même. Mais comme ces allégations générales pourroient encore laisser quelque doute, il semble que, pour ôter toute incertitude sur ce point, ce que nous pouvons faire de mieux, soit de donner ici une énumération de titres de sujets traités, ou simplement touchés dans le premier et le troisième ouvrage; sujets qui ne font pas la cinquantième partie de la collection, mais dont les titres, pris au hazard, suffisent pour en donner une idée, et pour faire connoître le tour d'esprit de l'auteur.

Titres extraits du premier ouvrage.

Apologie des lettres et des lettrés.

Apophthègmes de César et d'Alexandre.

Avantage prodigieux d'un guerrier, jeune et instruit, sur d'ignorans et vieux capitaines, Xénophon, Alexandre, etc.

De l'influence morale et politique des lettrés.

Explication des fables de Pan, de Persée et de Bacchus.

Bases de la morale universelle.

Véritable objet de la logique et de la morale.

Manière d'écrire l'histoire, universelle ou particulière.

Sur le vrai but de la poésie.

Vrai but de l'éloquenc

Astronomie vivante, ou manière de traiter l'astronomie physique.

Esquisse de l'art de prolonger la vie humaine (chef-d'œuvre en ce genre.)

L'expérience lettrée, ou la *chasse de Pan*;

c'est-à-dire, art de tirer d'une seule expérience une infinité d'expériences nouvelles et de vues neuves.

La topique particulière, ou lieux communs sur la pesanteur et la légèreté ; modèle de toutes les recherches de cette nature.

Sur les fantômes et les illusions de l'entendement humain.

Les couleurs du bien et du mal, ou différences délicates des vertus et des vices, selon la qualité et la quantité.

Le pour et le contre, ou exercices de rhétorique sur quarante-sept sujets différens.

Sur la nature des biens et des maux, soit généraux, soit particuliers.

La géorgique de l'ame ou, de sa culture ; indications et vues sur la vraie manière d'instruire la jeunesse.

Explication de plusieurs paraboles de Salomon ; indication de leur sens moral ou politique.

L'art de faire fortune, ou d'établir promptement sa fortune et sa réputation.

L'art de reculer les limites d'un empire, ou le consul sous le harnois.

De la justice universelle, ou des sources du droit commun.

Titres extraits de l'histoire naturelle.

Procédés divers pour dessaler l'eau de la mer.

Autre pour augmenter la force de la poudre à canon.

Autre pour fixer le mercure et le rendre malléable.

Remède pour la goutte, éprouvé par l'auteur même, et qui, en vingt-quatre heures, fait cesser les douleurs.

Essai à faire pour changer l'eau en crystal.

Essais à faire pour donner aux animaux des formes extraordinaires.

Régime et substances alimentaires pour accélérer l'accroissement de la stature de l'homme et embellir sa forme.

Moyens pour empêcher les chiens et autres animaux domestiques de grossir.

Procédé pour conserver fort long-temps l'odeur et la couleur des roses et autres fleurs semblables.

Divers moyens pour rendre les chandelles et l'huile plus lentes à se consumer.

Pronostics pour prédire les grands froids, les grandes chaleurs, etc.

Moyens pour avoir des fleurs et des fruits dans l'arrière saison.

Essais pour donner aux plantes et aux arbres encore sur pied des propriétés médicales, différentes de leurs propriétés naturelles.

Observations sur le plaisir et l'acte de la génération.

Moyen principal de prolonger la vie humaine.

Moyens pour prévenir ou diminuer promptement la lassitude.

Moyens divers pour dégager le cerveau et entretenir la gaieté.

Procédé facile pour augmenter le poids de la laine.

Divers moyens pour augmenter la quantité de lait des vaches, brebis, chèvres, etc.

Greffe singulière sur un chou.

Expériences diverses pour vérifier les quatre espèces d'influences attribuées à la lune.

Expériences diverses pour s'assurer s'il y a, d'homme à homme, soit de près, soit à distance, une action indépendante des sens et des organes visibles (ce qui peut servir à vérifier les assertions des Mesméristes.)

Moyens pour faire dégénérer les plantes et changer une espèce en une autre.

Marche à suivre pour résoudre ces deux questions : est-il possible de convertir un métal en un métal d'une autre espèce; par exemple, l'argent ou le cuivre en or? et au cas que cette transmutation soit possible, par quel procédé peut-elle s'opérer?

Différentes espèces de ciment, qui deviennent, en peu de temps, aussi durs que la pierre.

Moyen fort simple pour guérir les blessures.

Moyens pour rendre la vigne plus féconde.

Différens moyens pour hâter la maturité des fruits et la rendre plus complette.

Moyens pour accélérer la germination, l'accroissement et la maturité des plantes en général.

Autres pour se procurer de plus gros fruits.

Autres pour avoir des fruits sans pepin ou sans noyaux.

Différens moyens pour rendre plus douce la saveur des fruits.

Effet singulier de la greffe d'une branche d'arbre à fruit par le petit bout.

Différentes espèces de greffes.

Différens moyens pour conserver les fruits, grains, semences, etc.

Procédé peu dispendieux pour multiplier les arbres à fruit.

Moyens pour avoir des arbres nains.

Procédé pour avoir, sur un même pied, des fleurs ou des fruits de différentes espèces.

Différens moyens peu connus pour se procurer par-tout des champignons.

Procédés de culture pour donner plus de qualité à la plante de tabac.

Différentes manières de préparer les terres à ensemencer.

Engrais de différentes espèces.

Préparations à faire subir aux grains avant de les semer.

Différentes substances à mêler avec le grain des semailles.

Procédé pour extraire des plantes, par voie d'infusion, les parties les plus délicates ou les plus grossières, à volonté.

Des différentes causes qui excitent l'appétit.

Différens moyens pour fortifier l'estomach.

Moyens pour prévenir l'excessif amaigrissement ou y remédier, et pour donner aux parties plus d'embonpoint.

Composition alimentaire de très facile digestion, à l'usage des enfans, des vieillards, des convalescens et des valétudinaires.

Art de choisir les alimens.

Moyens divers pour faciliter l'alimentation.

Manière de préparer le vin pour les personnes de constitution foible.

Autre moyen pour prévenir l'ivresse ou y remédier.

Moyen pour clarifier l'eau.

Différens signes pour connoître les meilleures eaux à boire.

Boissons composées avec le miel et le sucre.

Salutaires effets du fréquent usage du nître pris en petite quantité.

Procédés pour accélérer la fermentation des liqueurs servant de boissons, ou la renouveller.

Autres pour la rendre plus complette.

Différens moyens pour donner plus de qualité au vin, à la bière, etc.

Sur la manière de faire usage des bains.

Sur les salutaires effets des frictions de différente espèce.

Des différentes espèces de purgatifs, et de leurs différentes manières d'opérer.

Épreuves de différens genres, pour savoir si une habitation est salubre.

Moyens pour rafraîchir les appartemens durant l'été.

Fil médicinal, ou manière de graduer, de combiner et d'adoucir les remèdes.

Différens moyens pour arrêter le sang.

Autres pour faire cesser le hoquet.

Moyens pour exciter l'éternuement.

Topiques singuliers pour la fièvre et autres maladies.

Théorie des sensations et des passions ; leurs natures, causes, effets et signes extérieurs.

Procédés pour changer la couleur des plumes des oiseaux et des poils des animaux terrestres.

Nouveaux instrumens de musique, de différentes matières et de différentes formes, seuls ou combinés.

Sur la conversion de l'air en eau et de l'eau en air.

Différens moyens de produire, d'entretenir, d'augmenter et de diminuer le froid.

Différens moyens d'exciter ou d'accélérer la putréfaction.

Autres pour la retarder ou l'empêcher.

Des meilleures espèces de charbon.

Essais variés sur différentes substances tenues fort long-temps dans l'eau bouillante.

Manière de conserver les corps dans le mercure ; pourquoi ils s'y consolident.

Il n'est, je crois, dans ces sujets si variés, rien de très métaphysique, rien qui n'intéresse ou ne doive intéresser toutes les classes raisonnables de la société. Mais si, par ce mot de métaphysique, on entend l'art de former, de vérifier, de séparer ou d'unir les notions ; pour former, vérifier, développer ou appliquer les principes, on trouve en effet quelques préceptes, en ce genre, dans le *novum organum*, dont ils forment tout au plus la vingtième partie, cet ouvrage étant presque tout en exemples, comme tous les autres, et comme l'exige la méthode de Bacon. Il est extrêmement avare de préceptes ; et dans l'exposé de ces préceptes, avare de mots. Mais les difficultés résultantes de cette excessive précision, n'ont dû exister que pour nous ; et nous avons dû les lever presque toutes, à l'aide de notes très fréquentes, et sur-tout d'une sorte de commentaire placé sous ce passage que Diderot jugeoit si obscur, et dont l'obscurité un peu affectée allumoit sa bile, *naturam naturantem*, *fontem emanationis*, etc. commentaire où l'on reconnoîtra que la méthode inductive du novum organum n'est autre que cette méthode tout à la fois si sublime et si simple, qui dirigeoit le grand Newton dans son immortelle théorie *de la lumière composée*, ou *des couleurs*.

Mais Newton fut-il en cela disciple de Bacon? Je l'ignore; qui le sait? et que nous importe? La décision d'une telle question enrichiroit-elle notre esprit d'une vérité de plus? Non, sans doute. Ce qui nous importe réellement, c'est de bien entendre ces deux grands maîtres, afin d'être d'abord en état de les imiter, et d'apprendre ensuite d'eux-mêmes à n'imiter personne.

III. Nous ne devons pas occuper long-temps nos lecteurs des difficultés de toute espèce que présente à chaque instant le texte original, telles que la prodigieuse diversité des matières, les fautes qui fourmillent dans toutes les éditions, lesquelles diffèrent toutes les unes des autres, le peu d'ordre qu'on trouve quelquefois dans les raisonnemens de l'auteur, lorsqu'il procède par la voie synthétique, dont il nous paroît avoir ignoré le vrai méchanisme, pour l'avoir trop méprisée, et dont il médit sans cesse, tout en la suivant comme il peut, etc. etc. etc. De tels détails seroient peu intéressans, et ne tendroient qu'à faire valoir le traducteur. Mais nous devons exposer les raisons qui peuvent justifier les différens partis que nous avons été forcés de prendre relativement à l'expression, et d'abord au style proprement dit.

Outre les constructions embarrassées, la monotonie des transitions et des finales, la longueur immense de certaines phrases dans ce premier ouvrage, tout tissu de périodes assez mal organisées et renflées de deux ou trois parenthèses souvent plus grandes que la phrase fondamentale, et qui semblent autant de loupes ajoutées à un visage déja difforme (1). Outre ces imperfections, le style de Bacon est excessivement métaphorique ; il l'est en morale, en physique, et même en parlant des plantes d'un potager : il semble qu'il écrive des géorgiques, et veuille rivaliser avec Virgile. Il a fallu adoucir ces figures si déplacées, et même quelquefois les retrancher tout-à-fait ; non-seulement parce que notre goût très susceptible les repousse, mais aussi, mais surtout parce que trop souvent elles nuisent à la justesse et à la clarté. On n'emploie, en physique, un terme figuré qu'au moment où le terme propre ne se présente pas, parce que, trop pressé d'écrire, on ne lui a pas donné le temps de se présenter. A quoi nous devons ajouter que l'auteur n'étant qu'un très foible mathématicien,

---

(1) Les Anglais ont le mérite de nous avoir appris à penser, et nos grands écrivains celui de leur avoir appris à écrire, genre de mérite au moins égal, et plus grand peut-être ; car les vérités les plus utiles étant dans le monde depuis long-temps, comme l'a observé Paschal, et comme chacun peut s'en assurer par lui-même, il est clair que si elles y sont stériles, inactives et comme mortes, c'est parce qu'on n'a pas su les présenter, l'art d'écrire étant encore très nouveau parmi nous.

même relativement au temps où il a vécu, et n'ayant pas cette justesse d'expression que donne à la longue une étude un peu suivie de cette science si sévère, qui ne reçoit aucun terme impropre ou inutile, il a souvent des pensées bonnes en elles-mêmes, mais qui deviennent, par la manière dont il les exprime, de vrais paradoxes et presque des erreurs. Il a donc fallu encore ajouter ou retrancher quelquefois deux ou trois mots dans une période, pour lui faire dire précisément ce qu'il vouloit dire, et lui prêter les termes qu'il eût employés lui-même, s'il eût été plus familier avec le langage consacré. Nous avons dû penser que ce qu'on nous demande, c'est une traduction intelligible, et non un recueil d'énigmes dont il eût fallu à chaque instant donner le mot dans des notes qui eussent paru trop multipliées.

En second lieu, sa bizarre nomenclature présente quelquefois des difficultés si insurmontables, que, si nous n'eussions un peu compté sur l'indulgence de nos lecteurs, dont quelques-uns connoissent ces difficultés, et n'exigent pas de nous l'impossible, nous eussions entièrement renoncé à notre entreprise. Il forge quelquefois des mots d'autant plus inutiles, qu'aux idées qu'il y attache, sont attachés, dans sa langue, comme dans la nôtre, des mots suffisans pour les exprimer, et naturalisés par un long usage. Nous avons encore un peu diminué de cette barbarie de langage, en prenant un milieu entre sa langue et la langue philosophique, aujourd'hui reçue dans toute l'Europe. Car les savans des différentes nations de cette partie du monde, se parlant continuellement les uns aux autres, ils ont nécessairement, aux terminaisons près, un grand nombre de mots communs.

Quant aux mots qu'il a créés, pour désigner avec plus de précision les membres de ses divisions, nous avons cru devoir les respecter; et lorsqu'ils n'avoient point d'équivalens dans notre langue, nous avons imité sa hardiesse. Lorsqu'un sujet est divisé, par exemple, en quatre membres, si les trois premiers sont exprimés, chacun par un seul mot, c'est violer la loi de l'analogie et de la convenance, que d'employer trois ou quatre mots pour exprimer le quatrième. Il vaut mieux alors forger ce mot, sous condition de ne l'employer que pour cette division, et de se rallier à l'usage dans tout le reste du livre.

C'est sur-tout en traduisant Bacon, que nous avons senti combien notre langue est pauvre; et ce qui lui manque le plus, ce sont les *substantifs abstraits* et les *substantifs exprimant l'action*, ou plutôt *l'acte*; ce qui peut venir de ce que les *infinitifs actifs* ayant fait autrefois la fonction des substantifs de cette dernière espèce, en les dépouillant depuis de cette propriété, on n'a pas eu l'attention de les remplacer par autant de *noms substantifs*. Il seroit à souhaiter qu'un auteur, déja célèbre, et jouissant, à ce titre, d'une certaine autorité, s'exposât à des critiques passagères, pour nous faire, en ce genre, quelques présens bien nécessaires; mais c'est ce que nous n'avons pas dû faire dans un ouvrage tel que celui-ci. Car n'étant pas maîtres de préparer ces termes nouveaux, en les faisant précéder par des termes déja connus et très analogues qui en pussent faire naître l'idée dans l'esprit du lecteur, ou de les définir sans définition expresse, en les entourant de termes familiers qui les expliquassent, nous serions devenus si obscurs, qu'il eût fallu ensuite traduire notre traduction même dans une langue moins barbare.

Si nous aimions à bigarrer un livre de mots demi-grecs, demi-latins, l'histoire naturelle de Bacon nous eût offert une belle occasion de satisfaire ce goût assez commun; il n'eût fallu pour cela qu'un Linnée et des doigts vigoureux, pour transcrire ces mots énormes et les mots plus énormes encore qui les accompagnent : nous n'en avons rien fait. Ce n'est pas que nous n'ayons un profond respect pour l'érudition, et même, au besoin, pour les érudits, dont quelques-uns, feuilletés par une main exercée, peuvent tenir lieu d'un assez gros dictionnaire. Mais nous respecterions encore davantage le bon-sens d'un traducteur, qui, en n'employant, autant qu'il lui seroit possible, que le langage vulgaire, rendroit ainsi intelligible pour tous ce qu'il écrit sur des choses dont tous ont besoin ; et ce que nous respectons en ce genre, nous le prendrons pour modèle. Ces termes sans doute ne sont pas nobles ; mais il nous paroît encore plus ignoble de parler pour n'être pas entendu, et d'attacher sa gloire à des mots. C'est une petite ressource qu'il faut laisser à ces écrivains stériles et infortunés, qui, n'ayant pas la faculté de produire par eux-mêmes des idées neuves, et qui néanmoins voulant absolument créer quelque chose, sont réduits à inventer des mots, et se donnent ainsi une sorte d'existence. D'après cette règle, préférable à celles de l'orgueil scientifique, nous laisserons aux plantes très connues, qui ont des noms très connus aussi, ces noms mêmes que le vulgaire leur a donnés. Et nous emprunterons de la langue savante les noms de celles qui, étant plus rares, ou moins à l'usage du grand nombre, n'en ont point encore dans la langue commune; car nous n'écrivons point pour les savans, qui n'ont pas besoin de nous ; mais pour les ignorans nos semblables, et dont le goût, aussi peu formé que le nôtre, ne s'accommode pas aisément d'un livre français qui parle grec. Au reste, pour bien apprécier notre travail, il ne faudroit pas juger, d'après les règles imperceptibles du goût le plus raffiné, ce dont la seule raison doit être juge. L'esprit qui compose, traduit ou juge de tels écrits, doit être *mâle* comme le genre.

Nous aurions beaucoup d'autres observations plus importantes à faire, soit sur le texte original, soit sur la traduction; mais il nous a paru plus convenable de les distribuer dans des notes placées au-dessous des passages auxquels elles s'appliquent le mieux.

IV. J'ai éclairci par des notes tous les endroits de cet ouvrage où l'auteur traite des sujets dont il ne doit plus être question par la suite. Quant à ceux qui, n'étant ici que touchés en passant, doivent être traités plus amplement dans d'autres parties de la collection, et qui, par la même raison, exigent des notes plus étendues, j'ai cru devoir renvoyer les éclaircissemens qui les regardent, aux volumes où l'auteur les traite *ex-professo*. Si le lecteur est arrêté un instant par telle de ces difficultés que je ne lève point dans cette première partie, il doit passer outre; ce premier ouvrage de Bacon n'étant, à proprement parler, qu'une classification des sciences, où il sème quelques vues générales sur chacune, et où l'auteur, changeant à chaque instant de sujet; un passage mal entendu n'empêche point d'entendre les suivans.

Mais, lorsqu'il s'arrête sur un sujet, je m'arrête aussi ; et à mesure qu'il multiplie les obscurités, je multiplie, en même proportion, les éclaircissemens.

Au reste, notre dessein, dans ces notes assez fréquentes, n'est pas toujours uniquement d'éclaircir le texte original ; c'est quelquefois aussi de défendre une vérité précieuse qui s'y trouve attaquée par des raisonnemens qui nous paroissent défectueux ; d'établir plus fortement une vérité importante qui n'y est que très foiblement prouvée ; de généraliser une vérité particulière qui mérite de l'être ; de combattre une opinion qui nous paroît fausse ou dangereuse ; quelquefois enfin nous profitons de l'occasion pour placer quelques-unes de nos propres vues : tant de personnes nous y ont invités, que si nous nous sommes quelquefois un peu écartés du principal objet, notre faute ne sera pas tout-à-fait sans excuse.

V. Les ouvrages du chancelier Bacon forment un vaste répertoire de connoissances en tout genre. C'est une sorte d'encyclopédie, ou du moins c'en est le germe ; il paroît même que c'est dans cette riche collection de vues, sur-tout dans ce premier ouvrage, que les premiers encyclopédistes ont pris l'idée de celui qui porte ce nom. Rien ne seroit plus propre que les écrits de ce philosophe, pour meubler richement la tête d'un jeune homme dont l'esprit a quelque étendue. Mais il faudroit y faire un choix, et séparer de cette masse immense les idées imposantes, mais hazardées, les erreurs, les préjugés même; car il eut nécessairement quelques-unes de ceux de son siècle et de son pays. Il seroit donc à souhaiter qu'avec ces précautions, dans chaque ville de la grandeur de celle-ci (Semur), un homme instruit et judicieux se chargeât de lire publiquement à la jeunesse les écrits de Bacon, et formât, pour remplir cet objet, une espèce de cours. Au lieu de la laisser s'appésantir sur cette foule de livres que leur *trivialité* même a rendus *classiques*, et où l'on ne trouve rien à reprendre, parce qu'on n'y trouve rien à louer, ce seroit faire beaucoup plus pour son instruction, que de l'exercer de bonne heure à penser en grand par de fréquens entretiens avec le grand maître que nous allons interpréter. Ce n'est pas moins aux esprits qu'aux personnes qu'il faut appliquer cette maxime si rebattue dans la théorie, et si souvent oubliée dans la pratique : *dis-moi qui tu hantes*, etc. Combien d'esprits destinés par la nature à prendre l'essor le plus élevé, restent au-dessous du médiocre, pour avoir vu trop mauvaise compagnie; et le principal fruit de ce commerce avec un esprit supérieur, n'est pas seulement de tirer de lui telles connoissances positives, mais aussi, et plus encore, d'apprendre à fixer et soutenir son attention; à dégager son esprit des viles entraves de l'habitude; à tout considérer avec ses propres yeux; à découvrir, avec l'œil de sa raison, ce que l'œil du corps n'apperçoit pas; à s'élancer de l'étroite limite du réel dans le champ immense du possible; à agrandir la sphère de ses sentimens; en élevant ses pensées; en un mot, à tout voir par soi-même; et à voir en grand; à n'employer que ses propres forces et à les employer toutes. Car, comme l'a observé M. de Buffon, *l'on n'a de forces qu'en proportion qu'on en exerce;* et quoiqu'un grand homme, par cela seul qu'il est homme, soit, comme nous, sujet à se tromper, néanmoins, comme il se trompe en grand, ses erreurs mêmes nous apprennent à voir ainsi. La véritable cause de nos erreurs, est moins de voir mal, que de ne pas voir assez, et de juger avant d'avoir assez vu.

VI. Qu'il nous soit permis, en finissant, de donner quelque chose au sentiment de la gratitude, et de faire connoître au public le zèle généreux des personnes, des familles et des corps, qui ont facilité l'exécution de notre entreprise, soit par des secours directs, soit par des exhortations quelquefois nécessaires, soit en favorisant les études préparatoires.

A *Paris.* D'abord le gouvernement, qui nous a envoyé deux gratifications à titre d'encouragement, et des éloges encore plus encourageans; puis les citoyens *Garat*, François-Neufchâteau, Grégoire, La Bonardière, Silvestre, Mathieu, Pêche, La Saudraie, Charles Dumont, Modeste Gence, Denis, Morin, Mercier, Roussel, etc.

Dijon. Le département, depuis trois ans.

A *Semur.* Tous les fonctionnaires publics, depuis six ans; les citoyens Brachet, Gueneau-Daumont, de Brain, Berthier, Menassier (actuellement juge de paix), Gueneau-Monbeliard, Barbuot, Lêtre (médecin), Raymond père et fils, Creusot, Vernisy, Brusard, Joly, Mollerat, Finot, Hugot, etc. je devrois dire même tous les habitans, qui, depuis six ans, se sont comme entendus pour nous procurer la tranquillité et la liberté d'esprit nécessaires dans un genre de travail qui ne souffre presque point d'interruption.

A *Rome.* Braschi, Giardil, la maison Frangipani, Calandrelli (correspondant de Dalembert), Scarpellini, Nuvoletti, Orlandi, Alborghetti, Pampinoni, Castelli, etc.

Cette énumération, qui choque un peu les règles du goût, ne paroîtra trop longue qu'au petit nombre de ceux qui préfèrent l'élégance à la vertu. D'autres seront moins sévères; le sentiment qui l'a dictée, et qui m'est commun avec eux, la rendra excusable à leurs yeux.

TABLE DES CHAPITRES.

TOME Ier.

Annonce de l'auteur............Page 1
Épître dédicatoire................7
Préface de l'auteur, ou introduction à la grande restauration des sciences............11
Distribution de l'ouvrage............37
Sujets de ces différentes parties.........38

LIVRE Ier.

De la dignité et de l'accroissement des sciences..............37-236

LIVRE II.

CHAP. Ier. Division générale de la science humaine en histoire, poésie et philosophie ; division qui se rapporte aux trois facultés de l'entendement, mémoire, imagination, raison : que la même division convient à la théologie. 237

Chap. II. *Division de l'histoire en naturelle et civile, ecclésiastique et littéraire, laquelle est comprise sous l'histoire civile. Autre division de l'histoire naturelle en histoire des générations, des praeter-générations, et des arts.* 267

Chap. III. *Division de l'histoire naturelle, relativement à son usage et à sa fin, en narration et induction. Que la fin la plus importante de l'histoire naturelle, est de prêter son ministère à la philosophie, et de lui servir de base; ce qui est la véritable fin de l'induction. Division de l'histoire des générations en histoire des corps célestes; histoire des météores; histoire de la terre et de la mer; histoire des grandes masses ou congrégations majeures; et histoire des petites masses ou congrégations mineures.* 285

Chap. IV. *Division de l'histoire civile en ecclésiastique; histoire littéraire; et cette histoire civile qui retient le nom de genre. Que l'histoire littéraire nous manque. Préceptes sur la manière de la composer.* 290

Chap. V. *De la dignité et de la difficulté de l'histoire civile.* 296

Chap. VI. *Première distribution de l'histoire civile en mémoires, antiquités et histoire complette.* 299

TABLE DES CHAPITRES. lxxxiij

CHAP. VII. *Division de l'histoire complette en chroniques, vies et relations. Développement de ces trois parties.* 303

CHAP. VIII. *Division de l'histoire des temps en histoire universelle et histoire particulière. Avantages et inconvéniens de l'une et de l'autre.* 317

CHAP. IX. *Seconde division de l'histoire des temps en annales et en journaux.* 320

CHAP. X. *Seconde division de l'histoire civile en pure et en mixte.* 323

CHAP. XI. *Division de l'histoire ecclésiastique en histoire ecclésiastique spéciale, histoire prophétique et histoire de Némésis.* 327

CHAP. XII. *Des appendices de l'histoire, lesquels envisagent les paroles des hommes comme l'histoire elle-même, considère leurs actions. Leur division en épîtres et en apophthegmes.* 332

CHAP. XIII. *Du second des principaux membres de la science; savoir, de la poésie. Division de la poésie en narrative, dramatique et parabolique. Trois exemples de la poésie parabolique.* 335

Premier exemple de la philosophie selon les paraboles antiques, dans les sciences naturelles. De l'univers représenté par la fable de Pan. . 345

Second exemple de la philosophie selon les paraboles antiques, en politique. De la guerre figurée par la fable de Persée. 376

Troisième exemple de la philosophie selon les paraboles antiques, en morale. De la passion, figurée par la fable de Bacchus. 390

TOME SECOND.
LIVRE III.

CHAP. I. *Division de la science en théologie et philosophie. Division de la philosophie en trois doctrines, qui ont pour objet, Dieu, la nature et l'homme. La philosophie, première constitude, mère de toutes les sciences.* 1

CHAP. II. *De la théologie naturelle, et de la doctrine qui a pour objet les anges et les esprits; doctrine qui est un appendice.* 17

CHAP. III. *Division de la philosophie naturelle en théorique et pratique. Que ces deux parties doivent être séparées, et dans l'intention de celui qui les traite, et dans le corps même du traité.* 24

CHAP. IV. *Division de la science spéculative de la nature, en physique spéciale et métaphysique; la physique ayant pour objet la cause efficiente et la matière; et la métaphysique considérant la cause formelle et la cause finale. Division de la physique en doctrine sur les principes des choses, doctrine sur la structure de l'univers, ou le système du monde, et doctrine sur la variété des choses. Division de la doctrine sur la variété des choses en science des* abstraits *et science des* concrets. *La distribution de la science des* concrets *est renvoyée à ces mêmes divisions que reçoit l'histoire naturelle. Division de la science des* abstraits *en science des* modifications de la matière *et science des* mouvemens. *Deux appendices de la physique particulière ; savoir : les* problèmes naturels, *et les* opinions des anciens philosophes. *Division de la* métaphysique *en science des* formes, *et science des* causes finales. . . . 26

CHAP. V. *Division de la science active de la nature en méchanique et en magie ; deux sciences qui répondent aux deux parties de la spéculative ; savoir : la méchanique, à la physique ; et la magie, à la métaphysique. Épuration du mot de magie. Deux appendices de la science active ; savoir : l'inventaire des richesses humaines, et le catalogue des polychrestes.* . 98

CHAP. VI. *De la grande appendice de la philosophie naturelle, tant spéculative que pratique, c'est-à-dire, les mathématiques ; qu'elles doivent plutôt être placées parmi les appen-*

dices, que parmi les sciences substantielles. Division des mathématiques en pures et en mixtes. 110

LIVRE IV.

Division de la doctrine sur l'homme en philosophie de l'humanité et philosophie civile. Division de la philosophie de l'humanité en doctrine sur le corps humain, et doctrine sur l'ame humaine. Constitution d'une doctrine générale de la nature, ou de l'état de l'homme. Division de la doctrine de l'état de l'homme en doctrine de l'homme individu, et doctrine de l'alliance de l'ame et du corps. Division de la doctrine de l'homme individu en doctrine des misères de l'homme et doctrine de ses prérogatives. Division de la doctrine de l'alliance en doctrine des indications et doctrine des impressions. Attribution de la physiognomonie et de l'interprétation des songes à la doctrine des indications. 122

LIVRE V.

Chap. I. *Division de la doctrine sur la destination et les objets des facultés de l'ame humaine, en logique et morale. Division de la logique en art d'inventer, de juger, de retenir et de transmettre.* 227

TABLE DES CHAPITRES. lxxxvij

CHAP. II. *Division de l'inventive en inventive des arts et inventive des argumens. Qu'il nous manque la première de ces deux parties qui tient le premier rang. Division de l'inventive des arts en expérience guidée et nouvel organe. Esquisse de l'expérience guidée.* 234

CHAP. III. *Division de l'invention des argumens en provision oratoire et en topique. Division de la topique en générale et particulière. Exemple de la topique particulière dans la recherche sur la pesanteur et la légèreté.* . 284

CHAP. IV. *Division de l'art de juger en jugement par induction et jugement par syllogisme. On agrège le premier au nouvel organe. Seconde division du jugement par syllogisme, en réduction directe et réduction inverse. Seconde division de cette seconde partie en analytique et en doctrine des critiques. Division de la doctrine des critiques en réfutation des sophismes, critique de l'herménie et examen critique des images ou fantômes. Division des fantômes en fantômes de tribu, fantômes de caverne et fantômes de commerce. Appendice sur l'art de juger, lequel a pour objet l'analogie des démonstrations avec la nature de chaque sujet.* 307

CHAP. V. *Division de l'art de retenir, en doctrine des adminicules de la mémoire, et doctrine de la mémoire même. Division de la doctrine de la mémoire en prénotion et emblême.* . . 336

LIVRE VI.

CHAP. I. *Division de la tradition en doctrine sur l'organe du discours, doctrine sur la méthode du discours, et doctrine sur l'embellissement du discours. Division de la doctrine sur l'organe du discours, en doctrine sur les marques des choses, sur la locution et sur l'écriture; parties dont les deux dernières constituent la grammaire et en sont les deux divisions. Division de la doctrine sur les signes des choses, en* hiéroglyphes *et* caractères réels. *Seconde division de la grammaire en littéraire et philosophique. Aggrégation de la* poésie, *quant au* mètre, *à la doctrine sur la locution. Aggrégation de la doctrine des* chiffres *à la doctrine sur l'écriture.* 344

CHAP. II. *La doctrine sur la méthode du discours est constituée comme une partie principale et substantielle de la traditive ; on la qualifie de prudence de la traditive. Dénombrement des divers genres de méthodes, avec leurs avantages et leurs inconvéniens.* 380

TOME III.

CHAP. III. *Des fondemens et de l'office de la rhétorique; trois appendices de la rhétorique, qui n'appartiennent qu'à l'art de s'approvisionner; savoir: les teintes du bien et du mal, tant simple que comparé; le pour et le contre, et les petites formules du discours.* 1

Exemples des couleurs du bien et du mal apparent, tant absolu que comparé.

SOPHISME 1. *Ce que louent et vantent les hommes, est un bien; et ce qu'ils blâment et critiquent, est un mal.* 14

Réfutation. . . . . Ibid.

SOPHISME 2. *Ce qui est, pour les ennemis mêmes, un sujet d'éloge, est un grand bien; et ce qui est, pour les amis mêmes, un sujet de critique, est un grand mal.* 16

Réfutation. . . . . Ibid.

SOPHISME 3. *Ce dont la privation est bonne, est, par cela même, un mal; et par la même raison, ce dont la privation est mauvaise, est, par cela même, un bien.* 18

Réfutation. . . . . Ibid.

SOPHISME 4. *Ce qui est voisin du bon ou du mau-*

vais, est, par cela même, bon ou mauvais. Ce qui est éloigné du bon, est mauvais ; et ce qui est éloigné du mauvais, est bon. 19

Réfutation. 20

SOPHISME 5. *L'homme à qui ses concurrens, et le parti auquel les autres partis défèrent unanimement le second rang (tandis que chacun réclame le premier pour soi-même), paroît l'emporter sur les autres. Car c'est par intérêt que chacun s'arroge la première place ; au lieu qu'en assignant la seconde, on a égard à la vérité et au mérite.* 22

Réfutation. . . . . Ibid.

SOPHISME 6. *Toute chose qui, dans son plus haut degré, et même dans son excès, est meilleure qu'une autre, doit-elle être regardée comme meilleure dans tous ses degrés ?* . . 24

Réfutation. 25

SOPHISME 7. *Ce qui conserve une chose en son entier, est bon ; ce qui est sans retraite, est mauvais; car ne pouvoir se tirer d'une affaire où l'on est engagé, est un genre d'impuissance, et la puissance est un bien.* 26

Réfutation. 28

SOPHISME 8. *Toute disgrace qu'on s'attire par sa faute, est plus grande que celle qui vient de la faute d'autrui.* 29

TABLE DES CHAPITRES. xcj

 Réfutation. 31

Sophisme 9. *Le degré de la privation semble plus grand que celui de la diminution; et par la raison des contraires, le degré d'une chose qui commence, paroît plus grand que celui de son accroissement.* 34

 Réfutation. 35

Sophisme 10. *Ce qui se rapporte à la vérité, est plus grand que celui qui ne se rapporte qu'à l'opinion. Or, la manière et le signe des choses qui ne tiennent qu'à l'opinion, consistent en ce que si l'on ne se croyoit vu, on ne les feroit pas.* 41

 Réfutation. 43

Sophisme 11. *Ce qu'on a acquis par son propre travail et sa propre vertu, est un plus grand bien; ce qu'on doit aux bienfaits d'autrui, ou à la faveur de la fortune, est un moindre bien.* 44

 Réfutation. 46

Sophisme 12. *Ce qui est composé d'un grand nombre de parties divisibles, paroît plus grand que ce qui a peu de parties, et se rapproche davantage de l'unité; car tout ce que l'on considère par parties, semble plus grand. Ainsi, la pluralité des parties porte avec elle une idée de grandeur. Or, cette pluralité de parties fait encore plus d'effets, lorsque ces parties sont sans ordre; car ce désordre fait que tout semble indéfini, et que l'on ne peut l'embrasser.* . 49

Réfutation. 51

Exemples du pour et du contre.

1. Noblesse. . pag. 58
2. Beauté. 60
3. Jeunesse. . . . 61
4. Santé. 62
5. Une épouse et des enfans. 63
6. Richesse. . . . 64
7. Honneurs. . . . 66
8. Du commandement et du pouvoir. . . 67
9. Louanges, estime 68
10. La nature. . . . 70
11. La fortune. . . 71
12. La vie. 72
13. Superstition. . . 73
14. Orgueil. 75
15. Ingratitude. . . 77
16. Envie. 78
17. Impudicité. . . 79
18. Cruauté. 80
19. Vaine gloire. . 81
20. Justice. 82
21. Courage. . . . 83
22. Tempérance. . . 84
23. Constance. . . 86
24. Magnanimité. . 87
25. Science, contemplation. 88
26. Les lettres. . . 89
27. Promptitude. . 91
28. De la discrétion. 92
29. La facilité. . . 93
30. La popularité. . 94
31. Du babil. . . . 95
32. Dissimulation. . 96
33. L'audace. . . . 97
34. Manières, petites attentions, affectations. 99
35. Plaisanterie. . 100

36. L'amour.... 101
37. L'amitié.... 103
38. Adulation. . Ibid.
39. Vengeance... 104
40. Innovation.. 105
41. Les délais... 108
42. Préparatifs... 109
43. S'opposer aux com-
mencemens.... 110
44. Des conseils vio-
lens........ 111
45. Soupçon..... 112
46. Les paroles de la
loi......... 113
47. Pour les témoins con-
tre les preuves.. Ibid.

Exemples des petites formules. 114

Chap. IV. *Deux appendices généraux de la traditive; savoir: la critique, et l'art d'instruire la jeunesse.* 118

LIVRE VII.

Chap. I. *Division de la morale en doctrine du modèle, et géorgiques de l'ame. Division du modèle, c'est-à-dire, du bien en bien absolu, et bien comparé. Division du bien absolu en bien individuel et bien de communauté.* . 133

Chap. II. *Division du bien individuel ou personnel en bien actif et bien passif. Division du bien passif en bien conservatif et bien perfectif. Division du bien de communauté en offices généraux et offices respectifs.* 156

Chap. III. *Division de la doctrine de la culture de l'ame en doctrine des différences caractéristiques des ames, doctrine des affections et doctrine des remèdes* 184

LIVRE VIII.

CHAP. I. *Division de la science civile en doctrine sur l'art de traiter avec les autres; science des affaires et science du gouvernement ou de la république.* 221

CHAP. II. *Division de la science des affaires en doctrine sur les occasions éparses, et l'art de se pousser dans le monde. Exemple de la doctrine sur les occasions éparses, tiré de quelques paraboles de Salomon. Préceptes sur l'art de s'intriguer.* 233

Exemple de cette portion de la doctrine des occasions éparses, *tiré de quelques exemples de Salomon.* 239

PARABOLE 1. *Une douce réponse rompt la colère.* . . . . Ibid.

Explication. . . . . Ibid.

PARABOLE 2. *Le serviteur prudent commandera au fils insensé, et il partagera l'héritage entre les frères.* 241

Explication. . . . . Ibid.

PARABOLE 3. *L'homme sage, s'il s'amuse à quereller avec l'insensé, soit qu'il s'irrite ou qu'il badine, ne trouvera point de repos.* . . . 242

Explication. . . . . Ibid.

TABLE DES CHAPITRES.

Parabole 4. *Gardes-toi de prêter l'oreille à tous les propos qu'on peut tenir, de peur d'entendre ton serviteur disant du mal de toi.* . . 243

    Explication. . . . . Ibid.

Parabole 5. *La pauvreté arrive comme un voyageur, et l'indigence comme un homme armé.* 245

    Explication. . . . . Ibid.

Parabole 6. *Celui qui instruit un railleur, se fait tort à lui-même; et celui qui reprend un impie, se fait une tache.* 246

    Explication. . . . . Ibid.

Parabole 7. *Le fils sage est pour son père un sujet de joie; et le fils insensé, un sujet d'affliction pour sa mère.* 247

    Explication. . . . . Ibid.

Parabole 8. *La mémoire du juste sera accompagnée d'éloges; mais le nom de l'impie tombera en pourriture avec lui.* 248

    Explication. . . . . Ibid.

Parabole 9. *Celui qui met le trouble dans sa maison, ne possédera que des vents.* . . . 249

    Explication . . . . Ibid.

Parabole 10. *La fin du discours importe plus que le commencement.* 250

    Explication. . . . . Ibid.

PARABOLE 11. *De même qu'une mouche morte donne une mauvaise odeur au parfum le plus suave, la moindre sottise a le même effet par rapport à un homme distingué par sa sagesse et par sa réputation.* 252

Explication. . . . . Ibid.

PARABOLE 12. *Les railleurs sont le fléau de la cité; mais les sages détournent les calamités.* 254

Explication. . . . . Ibid.

PARABOLE 13. *Le prince qui prête une oreille facile aux paroles du mensonge, n'aura que de méchans serviteurs.* 256

Explication. . . . . Ibid.

PARABOLE 14. *Le juste a pitié de l'animal qui le sert; mais la pitié pour les méchans est cruauté.* 258

Explication. . . . . Ibid.

PARABOLE 15. *L'insensé lâche toute son haleine, mais le sage réserve quelque chose pour l'avenir.* 261

Explication. . . . . Ibid.

PARABOLE 16. *Si l'esprit de celui qui a la puissance s'élève contre toi, n'abandonne pas ton poste; car le traitement remédiera aux grandes erreurs de régime.* 264

TABLE DES CHAPITRES. xcvij

Explication. 264

PARABOLE 17. *Le premier qui plaide, a toujours raison; puis vient l'autre partie, et l'on informe contre elle.* 267

Explication. . . . . Ibid.

PARABOLE 18. *Celui qui nourrit trop délicatement un serviteur dès sa jeunesse, le trouvera rebelle par la suite.* 268

Explication. 269

PARABOLE 19. *Avez-vous vu un homme expéditif dans sa besogne; cet homme-là se tiendra debout devant les rois, et il ne sera pas de ceux qu'on distinguera le moins.* 269

Explication. 270

PARABOLE 20. *J'ai vu tous ceux qui vivent et qui marchent sous le soleil, quitter le prince régnant, pour se ranger auprès de celui qui étoit près de lui succéder.* 271

Explication. - 272

PARABOLE 21. *Il étoit une cité petite et mal peuplée, un grand roi vint l'attaquer; il combla les fossés; il fit une circonvallation, et toutes les dispositions nécessaires pour un siège furent achevées. Il se trouva dans cette ville un homme tout à la fois pauvre et sage, qui la sauva par*

TABLE DES CHAPITRES.

sa sagesse ; mais ensuite cet homme pauvre, personne ne s'en souvint plus. 273

Explication. . . . . Ibid.

PARABOLE 22. *La voix du paresseux est semblable à une haie d'épines.* 274

Explication. 275

PARABOLE 23. *Celui qui, dans un jugement, regarde au visage, ne fait pas bien ; et cet homme, pour une bouchée de pain, abandonne la vérité.* 275

Explication. 276

PARABOLE 24. *Un homme pauvre calomniant d'autres pauvres, est semblable à une pluie violente qui amène la famine.* 276

Explication. 277

PARABOLE 25. *L'homme juste succombant devant l'impie, c'est la fontaine qu'on trouble avec le pied ; c'est le filet d'eau corrompu.* 278

Explication. . . . . Ibid.

PARABOLE 26. *Gardez-vous d'être l'ami d'un homme colère, et de marcher avec un homme furieux.* 279

Explication. 280

PARABOLE 27. *Celui qui tait vos fautes, recherche votre amitié ; mais celui qui les rappelle, sépare les alliés.* 281

TABLE DES CHAPITRES. XCIX

Explication. 281

PARABOLE 28. *Dans tout travail utile est l'abondance ; mais où se trouve beaucoup de paroles, se trouve presque toujours l'indigence.* . . 282

Explication. . . . . Ibid.

PARABOLE 29. *Une censure franche et ouverte vaut mieux qu'une amitié qui se cache.* 283

Explication. . . . . Ibid.

PARABOLE 30. *L'homme prudent se contente de bien peser toutes ses démarches ; l'insensé a recours aux rubriques.* 285

Explication. . . . . Ibid.

PARABOLE 31. *Ne te pique pas d'être trop juste et plus sage qu'il ne faut ; pourquoi vous laisser ainsi emporter tout d'un coup ?* . . . 287

PARABOLE 32. *Fournis au sage l'occasion, et tu verras croître la sagesse.* 289

Explication. . . . . Ibid.

PARABOLE 33. *Celui qui aujourd'hui loue son ami à voix haute, sera pour lui demain, en se levant, une cause de malédiction.* 290

Explication. . . . . Ibid.

PARABOLE 34. *De même qu'on voit son visage dans le miroir des eaux, de même aussi le cœur humain est visible pour les hommes prudens.* 292

Explication. 292

Doctrine sur l'art de se pousser dans le monde.

CHAP. III *Les divisions de la doctrine* sur l'art de commander, *ou sur* la république, *sont ici omises. On se contente de frayer la route à deux choses à suppléer ; savoir :* l'art de reculer les limites d'un empire, *et la* doctrine qui a pour objet la justice universelle, *ou les sources du droit : exemples de l'un et de l'autre.* . 368

LIVRE IX.

Les divisions de la théologie inspirée sont ici omises ; on se contente de frayer la route à trois sujets, qui sont regardés comme étant à suppléer; savoir : la doctrine sur le légitime usage de la raison humaine dans les choses divines ; la doctrine des degrés d'unité dans la cité de Dieu ; *enfin,* les émanations des écritures. 471

ANNONCE
DE L'AUTEUR.

FRANÇOIS DE VERULAM

Expose ici son but et son plan ; il a pensé que la connoissance de l'un et de l'autre importoit à ses contemporains et à la postérité.

Certain que l'entendement humain se suscitoit à lui-même des difficultés, et qu'il ne savoit point user, avec assez de modération et de dextérité, de ces ressources très réelles que la nature a mises à la portée de l'homme ; que de cette source dérivent l'ignorance d'une infinité de choses et les maux sans nombre qu'elle traîne à sa suite ; il a pensé qu'il falloit faire tous ses efforts pour restaurer entièrement, s'il étoit possible, ou du moins pour améliorer ce commerce que la science établit entre l'esprit et les choses ; commerce auquel il n'est presque rien de comparable sur la terre, ou du moins dans les choses terrestres. Or, d'espérer qu'en abandonnant l'esprit à lui-même, les erreurs qui ont déja pris pied, ou qui pourront s'établir dans toute la suite des temps, pussent se corriger naturellement et par la force propre de l'entendement humain, ou par les secours et les adminicules de la dialectique, un tel espoir eût été sans fondement ; d'autant plus que ces premières notions que l'esprit reçoit, qu'il serre, qu'il entasse, pour ainsi dire, avec tant de négligence et de facilité, et d'où naissent tous les autres inconvéniens ; que ces notions, dis-je, sont vicieuses, confuses, extraites des choses sans une méthode fixe, et que, soit dans les secondes notions, soit dans les suivantes, il ne règne pas moins de caprice et d'inconstance. Ainsi tout cet appareil scientifique dont la raison humaine fait usage dans l'étude de la nature, n'est qu'un amas de matériaux mal choisis et mal assemblés, et ne forme qu'une sorte de monument pompeux et magnifique, mais sans fondement. Car, tandis qu'on admire et qu'on vante les forces imaginaires de l'esprit humain, on néglige, on perd ses forces réelles, du moins celles qu'il pourroit avoir si on lui procuroit des secours convenables, et qu'il sût lui-même se rendre docile et obéissant aux choses, au lieu de leur insulter, comme il le fait dans son audacieuse foiblesse. Restoit donc à recommencer tout le travail, en recourant à des moyens plus réels ; à entreprendre une totale *restauration* des sciences, des arts, en un mot de toutes les connoissances humaines ; enfin à reprendre l'édifice par les fondemens, et à le faire reposer sur une base plus solide. Or, quoiqu'une telle entreprise, au premier coup d'œil, semble infinie et paroisse excéder la mesure des forces humaines, néanmoins qu'on ose essayer, et l'on y trouvera plus d'avantages réels et de stabilité que dans tout ce qu'on a fait jusqu'à présent. Car du moins ce que nous proposons ici a une fin ; au lieu que cette marche qu'on suit ordinairement dans les sciences, n'est qu'une sorte de tournoiement perpétuel, d'agitation sans fin et sans terme. Il n'ignoroit pas non plus dans quelle solitude se trouve quiconque forme une telle entreprise, combien ce qu'il a à dire est difficile à persuader et semble incroyable. Cependant il n'a pas cru devoir s'abandonner soi-même, ni renoncer à son dessein, avant d'avoir tenté et parcouru la seule route qui soit ouverte à l'entendement humain. Après tout, ne vaut-il pas mieux tenter une entreprise qui peut avoir un terme, que s'embarrasser, avec des efforts et une ardeur inutiles, dans une route sans issue ? Car les deux voies de la contemplation sont presque en tout semblables à ces deux voies de l'action, dont on a tant parlé. Elles leur ressemblent en ce que l'une, d'abord escarpée et difficile, débouche dans un pays découvert ; au lieu que l'autre, qui présente, au premier coup d'œil, un terrein dégagé et une pente douce, aboutit à des lieux inaccessibles et à des précipices. Or, comme rien ne lui paroissoit plus incertain que le temps où de telles idées tomberoient dans l'esprit de quelqu'autre ; déterminé principalement par ce motif que jusqu'ici il n'a trouvé personne qui ait appliqué son attention à de telles pensées, il s'est décidé à publier, le plutôt possible, ce qu'en ce genre il lui a été permis d'achever. Et ce n'est point l'ambition qui le fait se hâter ainsi, c'est la seule inquiétude ; c'est afin que, s'il lui survenoit quelqu'un de ces accidens auxquels tout mortel est sujet, il restât du moins quelque indication de l'entreprise qu'il a embrassée dans sa pensée, et qu'il subsistât quelque monument de ses louables intentions, de son zèle pour les vrais intérêts du genre humain. Il a jugé, sans contredit, tout autre objet d'ambition fort au-dessous de celui qu'il a eu en main. Car, ou ce dont il s'agit n'est rien du tout, ou c'est quelque chose de si grand, que, sans y chercher d'autre fruit, il doit se contenter du mérite même de l'avoir entrepris.

ÉPÎTRE DÉDICATOIRE

DE L'AUTEUR,

A notre sérénissime prince et souverain JACQUES Ier. *roi de la Grande-Bretagne, de France et d'Irlande.*

Votre majesté pourra peut-être m'accuser de larcin, pour avoir dérobé à ses affaires le temps qu'exigeoient de telles spéculations. Je n'aurois alors rien à répondre ; car le temps est de ces choses qu'on ne peut restituer, si ce n'est peut-être que ce temps que j'ai dérobé à vos affaires, pourroit être rendu à la mémoire de votre nom et à la gloire de votre siècle, en supposant toutefois que ce que je propose soit de quelque prix. Ce sont du moins des choses neuves, absolument neuves quant à leur genre même ; mais copiées d'après un très vieux manuscrit, d'après l'univers même et la nature de l'esprit humain. Pour moi, je l'avoue ingénument, si j'ose estimer cet ouvrage, c'est plutôt comme un fruit du temps, qu'à titre de production du génie. Car tout ce qui peut s'y trouver d'étonnant, c'est que quelqu'un ait pu en avoir la première idée, et que des opinions si accréditées aient pu à tel point lui paroître suspectes. Le reste n'en est qu'une conséquence. Mais il est sans contredit une sorte de hazard, je ne sais quoi de fortuit, non pas seulement dans les actions et les discours des hommes, mais dans leurs pensées même. Et par ce mot de *hazard*, dont je fais usage, je veux dire que, s'il se trouve ici quelque chose de vraiment bon, c'est à l'immensité de la munificence et de la bonté divine, et au bonheur de votre temps qu'il faut l'attribuer. Or, ce temps dont je parle, vivant, je l'ai servi avec tout le zèle dont je suis capable ; et, après ma mort, peut-être, ce flambeau que j'allume dans les ténèbres de la philosophie, pourra éclairer la marche de la postérité. Mais à quel temps, plutôt qu'à celui du plus sage des rois, est due cette régénération, cette *restauration* des sciences? Il me reste à faire une demande qui n'est pas indigne de votre majesté, et qui n'est pas le point le moins essentiel dans ce que je propose; c'est que vous, qui, en tant de choses, nous retracez Salomon, par la gravité de vos jugemens, la sérénité de votre règne, l'élévation de vos sentimens, enfin par l'étonnante variété des livres que vous avez composés, vous daigniez, pour avoir avec lui un trait de ressemblance de plus, donner vos ordres pour choisir et rassembler les matériaux d'une histoire naturelle et expérimentale, vraie, sévère, dépouillée de tout luxe de style, uniquement destinée à servir de base à la philosophie, telle enfin que nous la décrirons en son lieu; afin qu'après tant de siècles, la philosophie et les sciences cessant de porter sur le vuide, et d'être, pour ainsi dire, aériennes, elles reposent enfin sur les solides fondemens d'une expérience bien constatée et suffisamment variée. Pour moi, j'ai fourni l'instrument; mais quant à la matière, il faut la puiser dans les choses même. Daigne l'Être suprême conserver votre majesté. Tel est le vœu de son très dévoué et très obéissant serviteur,

FRANÇOIS VERULAM,
Chancelier.

PRÉFACE DE L'AUTEUR,

OU

Introduction à la grande restauration des sciences.

Les hommes nous paroissent n'avoir bien connu ni leurs forces ni leurs richesses, mais se former une trop haute idée des dernières, et présumer trop peu des premières. Et c'est ainsi qu'attachant un prix insensé aux connoissances acquises, ils ne cherchent rien de plus ; ou que, se méprisant eux-mêmes plus qu'ils ne doivent, ils s'épuisent dans des bagatelles, au lieu d'éprouver leurs forces dans ce qui mène le plus directement au vrai but. Aussi les sciences ont-elles, en quelque sorte, leurs colonnes fatales, leur *Non-plus-ultrà*, les hommes n'étant excités ni par le désir ni par l'espérance à pénétrer plus avant. Or, comme une des plus grandes causes d'indigence est de se croire dans l'abondance, et qu'en se fiant trop au présent, on ne pense guère à se ménager de vraies ressources pour l'avenir ; il est à propos et même nécessaire qu'avant d'entrer en matière, nous détruisions, et cela franchement et sans détour, cette excessive admiration qu'on prodigue aux choses déja inventées ; afin que les hommes, une fois détrompés à cet égard, cessent de s'exagérer à eux-mêmes ou de vanter leur abondance ou leur utilité. Car, si l'on considère d'un peu près toute cette prétendue variété de connoissances qu'on croit répandues dans les livres ; productions dont les arts et les sciences sont si fiers, qu'y trouvera-t-on ? d'éternelles répétitions de la même chose, tout au plus un peu diversifiée par la manière de la traiter, mais dont l'invention s'étoit saisie depuis long-temps ; ensorte que cette abondance qu'au premier coup d'œil on croyoit y voir, se réduit, tout examiné, à bien peu de chose. Voyons actuellement ce qu'il faut penser de leur utilité. Toute cette prétendue sagesse que nous avons puisée chez les Grecs, n'est en quelque sorte que l'enfance de la science; et elle a cela de commun avec les enfans, qu'elle est fort propre pour babiller ; mais que, faute de maturité, elle est inhabile à la génération : elle est très féconde en disputes, et très stérile en effets. Ensorte qu'on peut appliquer à l'état actuel des lettres ce que la fable nous raconte de Scylla, qu'elle avoit le visage et la physionomie d'une jeune fille ; mais qu'au-dessous de la ceinture, elle étoit environnée de monstres qui aboyoient avec un bruit terrible : de même les sciences auxquelles nous sommes accoutumés, offrent certaines généralités spécieuses qui flattent au premier coup d'œil. Mais vient-on ensuite aux détails et aux applications, qui sont comme les parties de la génération, pour en tirer des fruits et des œuvres ; alors s'élèvent les disputes bruyantes, on n'entend plus que leur aboiement : c'est à quoi elles aboutissent ; c'est là tout ce qu'elles enfantent. De plus, si de telles sciences n'étoient absolument mortes, eût-il été possible qu'elles restassent ainsi durant plusieurs siècles comme clouées presque à la même place, et qu'elles ne présentassent aucun accroissement digne du genre humain ; et cela au point que non-seulement l'assertion demeure assertion, mais même que la question demeure question; que toutes ces disputes, au lieu de résoudre les difficultés, ne font que les nourrir et les fixer, et que le tableau de la succession et de la tradition des sciences ne représente que les personnages d'un maître et d'un disciple ; au lieu de celui d'un inventeur et d'un homme qui ajoute quelque chose de notable aux découvertes de son prédécesseur. Cependant nous voyons que le contraire a lieu dans les arts méchaniques, lesquels, comme s'ils étoient pénétrés d'un certain esprit vivifiant, croissent et se perfectionnent de jour en jour ; assez grossiers et presque onéreux, presque informes dans les premiers inventeurs, puis enrichis par degrés de nouveaux moyens et de nouvelles facilités: et cela au point qu'on voit les désirs même languir ou changer d'objet plus promptement que ces arts n'arrivent à leur perfection ou à leur plus haut période. La philosophie, au contraire, et les sciences intellectuelles, semblables à des statues, sont encensées et adorées, mais demeurent immobiles. De plus, si quelquefois elles fleurissent dans leur premier auteur, elles ne font ensuite que dégénérer. Car une fois que les hommes se sont coalisés pour s'assujettir à l'opinion d'un seul (comme autant de sénateurs *pédaires* (1)), ils n'ajoutent plus rien au corps même des sciences; mais, semblables à autant d'esclaves, ils se met-

---

(1) Espèces de sénateurs romains, d'un ordre inférieur, qui ne donnoient point leur suffrage verbalement; mais qui n'opinoient, pour ainsi dire, que des *pieds*, en passant du côté de ceux dont ils adoptoient l'opinion.

tent à la suite de certains auteurs, pour leur servir de cortège et de décoration. Et qu'on ne vienne pas nous dire que les sciences croissant peu à peu, arrivent enfin à une sorte *d'état* (1), et qu'alors enfin, comme ayant fourni leur carrière, elles fixent en quelque manière leur domicile dans les ouvrages d'un petit nombre d'auteurs; que, ne pouvant plus rien découvrir de meilleur, ce qu'on put faire de mieux, ce fut de cultiver et d'orner ce qui étoit déja inventé. Eh plût à dieu que les choses se fussent passées ainsi! Mais voulons-nous parler avec plus de vérité et d'exactitude? Disons que tout cet esclavage scientifique n'est autre chose qu'un effet de l'audace d'un petit nombre d'hommes, et de la mollesse, de l'inertie des autres. Car une fois que les sciences ont été cultivées et traitées par parties avec assez de soin, tôt ou tard s'élève quelque esprit plus

---

(1) Terme de médecine, qui signifie le *maximum*, le plus haut point d'une maladie.

hardi qui sait se rendre agréable et se faire un nom par des méthodes abbréviatives, par des simplifications, et qui du moins, quant à l'apparence, forme un corps d'art, mais qui, au fond, ne fait que dénaturer les productions des anciens : or, ce genre de service ne laisse pas d'être agréable à la postérité, parce qu'il abrège le travail ; on est sitôt las d'une étude soutenue, et si prompt à se débarrasser d'une nouvelle recherche ! Que si quelqu'un, s'en laissant imposer par le consentement unanime et invétéré, le regardoit comme une sorte de jugement rendu par le temps, qu'il sache que rien n'est plus trompeur et plus foible que cette raison sur laquelle il s'appuie. Car d'abord nous ignorons, en très grande partie, ce qui, dans les arts et dans les sciences, a pu être mis au jour et publié en différens temps et en différens lieux : encore moins savons-nous ce que chacun a pu tenter et projeter dans le secret. Ainsi ni les enfans du temps ni ses avortons ne se trouvent tous dans les funestes. Et il ne faut pas non plus s'exagérer l'universalité de cet assentiment ni sa durée ; car bien qu'il y ait différentes formes de polices, l'état des sciences n'en doit avoir qu'une seule. Cette forme est, fut et sera toujours populaire. Or, qu'est-ce qui a cours auprès du peuple? Ce sont les doctrines contentieuses et bruyantes, ou celles qui ont de belles formes et peu de fonds, qui sont telles, en un mot, qu'elles doivent être pour surprendre son assentiment ou flatter ses passions. Ainsi nul doute que les esprits sur-tout n'aient, dans chaque âge, souffert une sorte de violence, lorsque des hommes d'une intelligence et d'une pénétration au-dessus du commun, et néanmoins uniquement occupés de leur réputation, se sont bassement soumis au jugement de leur siècle et de la multitude. C'est pourquoi, s'il y eut jamais quelques spéculations plus serrées et plus exactes, elles furent ballotées et éteintes par le vent des opinions vulgaires; en-sorte que le temps, semblable à un fleuve, voiture jusqu'à nous les choses légères et enflées, coulant à fond celles qui ont plus de poids et de solidité. De plus, ces auteurs mêmes qui ont usurpé une sorte de dictature dans les sciences, et qui prononcent sur tout avec tant de confiance, ne laissent pas, lorsque de temps en temps ils reviennent à eux-mêmes, de se répandre en plaintes sur la subtilité de la nature, sur l'obscurité des choses, sur la complication des causes, enfin sur la foiblesse de l'esprit humain; et pour se plaindre ainsi, ils n'en sont pas plus modestes, aimant mieux s'en prendre à la commune condition des hommes et des choses, que confesser leur propre foiblesse. De plus, presque tous ont cela de commun, que ce à quoi leur art ne peut atteindre, ils ne manquent pas, d'après les règles de cet art même, de le déclarer impossible. Eh comment l'art pourroit-il être condamné dans ce procès? il est lui-même juge et partie. Aussi ne s'agit-il pour eux que de mettre leur ignorance à couvert et de lui épargner un affront. Telle est à peu près l'idée qu'on doit se faire de ces sciences qui nous ont été transmises et qui sont aujourd'hui en vogue ; elles sont aussi stériles en effets que fécondes en disputes. Rien de plus tardif et de plus languissant que leurs progrès. Elles ont un air d'embonpoint dans leur tout, mais rien de plus maigre que leurs parties ; ce n'est qu'un fatras de maximes populaires suspectes à leurs auteurs même. Aussi a-t-on grand soin de les remparer avec un certain artifice et de les étaler avec une certaine adresse. Il y a plus : parlons-nous de ceux qui ont résolu d'essayer leurs forces, de s'appliquer sérieusement aux sciences et de reculer leurs limites ? ceux-là mêmes n'ont osé s'éloigner des routes battues et puiser aux sources mêmes des choses ; mais ils s'imaginent avoir fait quelque chose de grand, s'ils ont pu y ajouter et y greffer un peu du leur ; considérant avec une sorte de prudence qu'ils pourront tout à la fois se donner une apparence de modestie, par leur déférence aux opinions reçues ; et par ces additions, une apparence de liberté. Mais tandis qu'on respecte ainsi les opinions et les usages, toutes ces précautions pour garder le milieu, tournent au grand préjudice des sciences; car il est rarement donné de pouvoir tout à la fois admirer les autres et les surpasser. Il en est de cela comme des eaux qui ne s'élèvent jamais au-dessus de leur source. Aussi les hommes de cette trempe corrigent-ils certaines choses; mais ils avancent peu les sciences : leurs progrès sont en *mieux* et non en *plus*. Ce n'est pas qu'il n'y ait eu assez de personnages qui, prenant un essor plus hardi, se sont cru tout permis, et qui, s'abandonnant à toute l'impétuosité de leur génie, ont su, en abattant et ruinant tout ce qui étoit devant eux, se frayer un chemin à eux-mêmes et à leurs opinions : mais, au fond, qu'avons-nous gagné à tout ce fracas, nous qui voyons qu'ils visoient moins à étendre la philosophie et les arts par les œuvres et les effets, qu'à changer les systêmes reçus et à faire prédominer leur opinion ? efforts qui n'étoient rien moins qu'utiles, attendu qu'entre les erreurs opposées, les causes d'illusion sont presque communes. Que s'il s'en est trouvé qui, n'étant esclaves ni de leurs propres opinions ni de l'opinion d'autrui, mais partisans de la seule liberté, ont assez ardemment aimé la vérité, pour souhaiter que les autres la cherchassent avec eux ; ceux-là sans doute ont eu des intentions assez louables ; mais leurs efforts ont été impuissans, car ils paroissent ne s'être attachés qu'aux probabilités ; emportés par le tourbillon des argumens, ils n'ont fait que tournoyer dans un cercle ; et s'étant permis de chercher la vérité par toutes sortes de voies, ils se sont relâchés de cette sévérité qu'exigeoit l'étude de la nature ; il ne s'en est trouvé aucun qui ait fait, dans les choses mêmes et dans l'expérience, un séjour suffisant. D'autres, au contraire, qui se sont abandonnés aux flots de l'expérience, au point d'en être devenus presque de purs artisans méchaniques, ne laissent pas, tout en y restant attachés, de suivre une sorte de méthode vagabonde, et ne militent pas pour elle d'après des règles fixes. Ce n'est pas tout : la plupart d'entr'eux se proposent je ne sais quels buts mesquins, croient avoir fait quelque chose de grand, lorsqu'ils ont pu faire telle ou telle découverte ; genre d'entreprise aussi mince que peu judicieux, vu que, lorsqu'on veut connoître la nature d'une chose, ce n'est pas dans cette chose même qu'on est le plus sûr de la découvrir et qu'on la voit le mieux ; et, après avoir laborieusement varié leurs expériences, ils ne peuvent se reposer sur ce qu'ils ont trouvé ; ils trouvent toujours quelqu'autre chose à chercher. Mais une méprise sur-tout qu'il ne faut pas oublier, c'est que ceux qui ont fait preuve de quelque industrie à faire des expériences, n'ont pas manqué de courir d'abord à certains procédés qu'ils avoient en vue, s'efforçant de les saisir avant le temps. Je veux dire qu'on a cherché les expériences *fructueuses* et non les expériences *lumineuses*; loin d'imiter cet ordre qu'a suivi Dieu même, qui, le premier jour, ne créa que la lumière, consacra un jour entier à ce seul travail, et ce jour-là ne produisit aucun ouvrage grossier, mais ne s'abaissa que les jours suivans aux œuvres de cette espèce. Quant à ceux qui ont fait jouer le premier rôle à la dialectique, et qui se sont flattés d'en tirer des secours effectifs, ils ont, à la vérité, assez vu que l'entendement humain, abandonné à lui-même, doit être tenu pour suspect. Mais il s'en faut de beaucoup que le remède soit aussi fort que le mal, et il n'est pas lui-même exempt de mal. Car, bien que cette dialectique qui est en vogue, soit d'un très bon service dans les arts et dans les affaires civiles, toutes choses qui roulent sur les discours et les opinions, néanmoins il s'en faut de beaucoup qu'elle puisse saisir ce que la nature a de plus subtil; et en s'efforçant d'embrasser ce qu'elle ne saisit point, elle sert plutôt à établir et à fixer les erreurs, qu'à frayer le chemin à la vérité (1).

Mais, pour résumer en peu de mots ce que nous avons dit, il ne paroît pas que les hommes aient beaucoup gagné à faire fonds dans les sciences sur leur propre industrie, ou à les recevoir sur la foi d'autrui; vu principalement qu'il est peu de fonds à faire sur les méthodes et les expériences déja connues. Car l'édifice de cet univers est, par sa structure, une sorte de labyrinthe pour l'entendement humain qui le contemple; labyrinthe où se présentent de tous côtés tant de routes incertaines, tant de similitudes trompeuses de signes et de choses, tant de nœuds, de tours et de retours qui se croisent en tous sens et qui s'em-

---

(1) Car cette logique, comme il le dit ailleurs, apprend tout au plus à déduire de principes quelconques des conséquences légitimes; non à former ou à vérifier ces principes; elle les suppose et ne les examine point.

barrassent les uns dans les autres. Or, c'est à la lumière incertaine des sens, lumière qui tantôt brille et tantôt se cache, qu'il faut faire route à travers les forêts de l'expérience et des faits particuliers. Il y a plus : ceux qui se donnent pour guides, comme nous l'avons dit, ne sont pas moins embarrassés que les autres, et ne font qu'augmenter le nombre des erreurs et de ceux qui se trompent. Parmi tant de difficultés, il faut désespérer du jugement humain, soit quant à la force qui lui est propre, soit quant à un heureux hazard qui le feroit rencontrer juste ; car il n'est ni supériorité de génie, ni chance heureuse, quelque nombre de fois qu'elle se répète, qui puisse surmonter de telles difficultés. Il nous faut un fil pour diriger notre marche ; il nous faut tracer la route toute entière depuis les premières perceptions des sens jusqu'aux principes. Et qu'on ne prenne pas ce que nous disons ici en ce sens, que, depuis tant de siècles, il n'y auroit eu absolument rien de fait ;

car nous ne sommes pas trop mécontens de ce qu'on a inventé jusqu'ici ; et nul doute que les anciens, dans tout ce qui peut dépendre du génie et d'une méditation abstraite, n'aient été des hommes admirables. Mais de même que, dans les premiers siècles, les hommes n'ayant que l'observation des étoiles pour se diriger dans leurs navigations, ils ne pouvoient que ranger les côtes de l'ancien continent, ou, tout au plus, traverser les mers méditerranées et de peu d'étendue; et que, pour pouvoir traverser l'océan et découvrir les régions du nouveau monde, il a fallu d'abord inventer la boussole, et y trouver un guide plus fidèle et plus certain ; de même aussi ce que jusqu'ici on a inventé dans les arts et les sciences, il suffisoit de l'usage, de la méditation, de l'observation, du raisonnement, pour le découvrir, attendu que ces connoissances-là sont assez voisines des sens, et presque immédiatement subordonnées aux notions communes. Mais, pour pouvoir aborder aux parties les plus reculées et les plus cachées de la nature, il faut absolument découvrir et adopter une manière plus sûre et plus parfaite de mettre en œuvre l'entendement humain.

Pour nous, sans contredit, animés d'un éternel amour de la vérité, nous nous sommes lancés courageusement dans des routes incertaines et difficiles où il falloit marcher seul. Appuyés et faisant fonds sur l'assistance divine, nous nous sommes aussi fortifiés contre la violence des opinions qui se présentoient devant nous comme autant d'armées rangées en bataille, contre nos propres et secrettes irrésolutions, contre les scrupules de toute espèce, enfin contre l'obscurité des choses, contre ces nuages et ces fantômes qui voltigeoient dans notre esprit, afin de nous mettre une fois en état de procurer à nos contemporains et à la postérité des secours plus effectifs et plus assurés. Et si, dans cette nouvelle route, nous avons fait quelques pas, la seule méthode qui nous ait frayé le chemin, n'est autre que ce soin même que nous avons d'humilier, sincèrement et autant qu'il est nécessaire, l'esprit humain; car tous ceux qui, avant nous, se sont appliqués à l'invention des arts, contens de jeter un coup d'œil sur les choses, sur les exemples et l'expérience, comme si l'invention n'étoit qu'une certaine manière d'imaginer, se sont hâtés d'invoquer, en quelque manière, leur propre esprit, afin qu'il leur rendît des oracles. Quant à nous, qui nous tenons modestement et perpétuellement dans les choses mêmes, et ne nous éloignons des faits particuliers qu'autant qu'il est nécessaire pour que les images et les rayons des choses puissent se réunir dans l'esprit, comme ils se réunissent au fond de l'œil, nous donnons peu aux forces et à la supériorité du génie. Or, cette méthode, si humble, que nous suivons dans l'invention, nous la suivons aussi dans l'exposition; car on ne nous voit pas, par de fastueuses réfutations, ou par d'ambitieux appels à l'antiquité, ou en usurpant une certaine autorité, ou encore en nous couvrant du voile d'une obscurité mystérieuse, nous efforcer de donner à nos inventions un certain air imposant, une sorte de majesté ; toutes choses qui ne seroient pas bien difficiles à trouver, pour qui seroit plus jaloux de donner de l'éclat à son nom, que de faire briller la vérité aux yeux des autres ; on ne nous voit point, dis-je, faire violence ou tendre des piéges aux jugemens humains ; et ce que nous n'avons point encore fait à cet égard, notre dessein n'est pas non plus de le faire par la suite. Mais nous rappellons les hommes aux choses mêmes et aux vrais rapports qui les unissent, afin qu'ils voient eux-mêmes ce qu'ils possèdent, ce qu'ils doivent corriger, ajouter et mettre à la masse. Quant à nous, si, dans le cours de cet ouvrage, l'on nous voit de temps à autre pécher par excès de crédulité, ou sommeiller quelque peu, ou relâcher de notre attention, ou manquer de force en chemin et interrompre notre recherche, la manière nue et franche dont nous présentons les choses, a du moins cet avantage, que nos erreurs sont faciles à appercevoir et à ôter, avant qu'elles puissent teindre plus profondément la masse de la science, et que, par la même raison, nos travaux sont faciles à continuer. Par ce moyen, nous croyons marier à jamais et d'une manière aussi stable que légitime, la *méthode empyrique* et la *méthode rationelle*, méthodes dont le divorce malheureux et les fâcheuses dissonances ont troublé tout dans la famille humaine. Ainsi, comme le succès de notre entreprise ne dépend nullement de notre volonté, nous adressons à Dieu en trois personnes nos très humbles et très ardentes supplications (1), afin qu'abaissant ses regards sur les misères du genre humain et sur le pélerinage de cette vie,

---

(1) Ce n'est pas sans quelque répugnance que nous traduisons cet *oremus*; mais le public a demandé Bacon tel qu'il est, et nous avons obéi.

qui se réduit à si peu de jours et assez malheureux, il daigne dispenser, par nos mains, ses nouveaux bienfaits à la famille humaine. Nous souhaitons de plus que les choses humaines ne nuisent pas aux choses divines, et que le fruit de la peine que nous prenons pour frayer la route des sens, ne soit pas de faire naître une certaine incrédulité, et de répandre une certaine obscurité dans les esprits par rapport aux divins mystères; mais que plutôt, avec un entendement pur, dégagé d'idées phantastiques, purgé de vanité, et qui n'en soit pas moins soumis ; que, dis-je, totalement asservi aux oracles divins, on donne à la foi ce qui appartient à la foi ; qu'enfin ayant évacué le poison de la science que le serpent a fait couler dans les esprits, et qui les enfle, nous n'ayions point l'ambition d'être plus sages qu'il ne faut, et que, sans passer jamais les limites prescrites, nous cultivions la vérité dans un esprit de charité.

Ces vœux une fois prononcés, nous tournant vers les hommes, nous avons encore quelques avertissemens salutaires à leur donner, et quelques demandes assez justes à leur faire. Le premier avertissement que nous leur donnerons (et nous les en avons déja priés) c'est de maintenir leur sens dans le devoir par rapport aux choses divines. Car le sens, en cela semblable au soleil, dévoile la face du globe terrestre, mais c'est en voilant celle du globe céleste. Cependant qu'ils prennent garde, en évitant cet excès, de donner dans l'excès contraire; et ils y donneront sans contredit, pour peu qu'ils s'imaginent que l'étude de la nature est divisée dans quelques-unes de ses parties en vertu d'une espèce d'interdit. Car ce n'est pas cette science pure et sans tache à la lumière de laquelle Adam imposa aux choses leurs noms tirés de leurs propriétés; ce n'est pas cette science-là qui a été le principe et l'occasion de sa chûte; mais le désir ambitieux de cette science impérative qui se fait juge du bien et du mal, et cela en vue de se révolter contre Dieu et de s'imposer des loix à soi-même. Telle fut la *cause* et le *mode* de sa tentation. Mais quant à ces sciences qui contemplent la nature, voici ce que prononce la philosophie sacrée : *La gloire de Dieu est de cacher son secret, et la gloire d'un roi est de le trouver :* comme si la nature divine se plaisoit à ce jeu innocent des enfans, lesquels se cachent afin qu'on ne les trouve qu'après les avoir long-temps cherchés; et qu'elle souhaitât, en vertu de son indulgence et de sa condescendance pour les hommes, que l'ame humaine le jouât avec elle : enfin nous souhaitons que tous les hommes ensemble soient avertis de ne point perdre de vue la véritable fin de la science, et sachent une fois qu'il ne faut point la rechercher comme une sorte de passetemps, ou comme un sujet propre pour la dispute, ou pour mépriser les autres, ou en vue de son propre intérêt, ou pour se faire une réputation, ou pour augmenter sa puissance, ou par tout autre motif de cette espèce ; mais pour se rendre utile, et pour l'appliquer aux usages de la vie : nous souhaitons enfin qu'ils la perfectionnent et la dirigent par l'esprit de la charité ; car c'est la soif de la puissance qui a causé la chûte des anges, et la soif de la science qui a causé celle des hommes. Mais la charité ne peut pécher par excès, et jamais, par elle, ange ou homme ne fut en danger.

Or, nos demandes se réduisent aux suivantes; nous ne disons rien de nous-mêmes : quant à ce dont il s'agit, nous demandons que les hommes ne le regardent point comme une *opinion*, mais comme une *œuvre*, et qu'ils tiennent pour certain que notre désir n'est nullement de jeter les fondemens de telle secte et de tel système, mais ceux de l'utilité et de la grandeur humaine. Nous demandons encore que les hommes, consultant leur véritable intérêt et se dépouillant de tout esprit de parti, tendent uniquement au bien commun ; que, tirés par notre secours de toutes ces fausses routes et délivrés de tous les obstacles qu'ils y eussent rencontrés, ils prennent part eux-mêmes au travail qui reste à faire. De plus, nous les engageons à tout espérer, à ne point se faire une fausse idée de notre *restauration*, en se la figurant comme quelque chose d'infini et la croyant au-dessus des mortels, vu qu'au fond elle est la fin et le terme d'une erreur qui n'en eût point eu; et que, n'oubliant point la foiblesse humaine et notre mortalité, loin de nous flatter qu'une telle entreprise puisse s'achever dans le cours de la vie d'un seul homme, nous la léguons à d'autres, afin qu'ils la continuent. Nous souhaitons enfin qu'ils ne cherchent point des sciences orgueilleuses dans les *cassetins* de l'esprit humain, dans le petit monde de l'homme, mais qu'ils les cherchent modestement dans le monde majeur. Or, rien ordinairement n'est plus vaste que les choses vides; au lieu que les choses solides sont plus resserrées et occupent moins d'espace.

Enfin, de peur qu'on ne veuille tirer

avantage contre nous des risques mêmes de l'entreprise, nous nous croyons fondés à demander que les hommes considèrent jusqu'à quel point, sur cette assertion qu'il nous faut soutenir (pour peu que nous veuillions être d'accord avec nous-mêmes), ils se croient en droit d'opiner et de porter leur jugement. Il est clair que tout ce produit de la raison humaine, produit précoce, anticipé, extrait des choses au hazard et beaucoup trop tôt, nous le rejetons quant à l'étude de la nature, comme quelque chose de trop inégal, de trop peu méthodique et de mal organisé, et l'on ne doit pas exiger que nous nous en rapportions au jugement de ce qui est soi-même appellé en jugement.

DISTRIBUTION DE L'OUVRAGE

EN SIX PARTIES.

1°. Divisions des sciences.
2°. *Novum organum*, ou indications sur l'interprétation de la nature.

3°. Phénomènes de l'univers, ou histoire naturelle et expérimentale devant servir de base à la philosophie.

4°. Echelle de l'entendement.

5°. Vestibule, ou anticipations de la philosophie.

6°. Philosophie seconde, ou science active.

Sujets de ces différentes parties.

Le soin de tout exposer avec autant de franchise et de clarté qu'il est possible, fait partie de notre dessein; car la nudité de l'ame est, en tout temps, comme celle du corps le fut autrefois, compagne de l'innocence et de la simplicité. Ainsi nous commencerons par exposer l'ordre et le plan de cet ouvrage.

Nous le diviserons en six parties. La première présente le sommaire de cette partie de la science dont le genre humain est déja en possession. Nous avons cru devoir ainsi nous arrêter un peu sur les acquisitions déja faites, afin de perfectionner plus aisément les découvertes, et de frayer le chemin à de nouvelles inventions ; car nous sommes également jaloux de cultiver les parties déja connues et de faire de nouvelles acquisitions. Cette méthode tend aussi à faciliter la persuasion, et elle est conforme à cette maxime : *L'ignorant ne reçoit point les paroles de la science, si l'on ne commence par dire ce qu'il recèle au fond de son cœur.* Ainsi ranger, pour ainsi dire, les côtes des différentes sciences et des différens arts, et y importer telle ou telle chose utile, c'est ce que nous ne manquerons pas de faire comme en passant. Cependant les divisions dont nous faisons usage dans la distribution des sciences, sont de telle nature, qu'elles n'embrassent pas seulement les choses *déja inventées* et connues, mais aussi les *choses omises*, quoique nécessaires. Car, le globe intellectuel, ainsi que le globe terrestre, offre des pays cultivés et des régions désertes. Ainsi on ne doit pas être étonné que nous nous écartions des divisions reçues ; car les additions, en variant le tout, varient aussi ses parties et leurs divisions. Or, les divisions reçues ne conviennent qu'à la totalité des sciences reçues, qu'à leur état actuel.

Quant aux choses que nous indiquerons comme *omises*, nous ne nous contenterons pas de proposer de simples titres, des sommaires concis de ce qui peut manquer ; mais, pour peu que le sujet que nous aurons rangé dans cette classe, soit de quelqu'importance ou enveloppé de quelque obscurité, et tel que nous ayons lieu de craindre qu'on ne saisisse pas aisément ce que nous avons en vue et la nature de l'ouvrage que nous embrassons dans notre pensée, nous aurons soin continuellement de donner quelques préceptes sur la manière de traiter un ouvrage de cette nature ; et ce qui est beaucoup plus, une partie de l'ouvrage même et de notre propre composition, afin d'aider en chaque chose et de nos conseils et de notre travail : car nous croyons qu'il n'importe pas seulement à l'utilité des autres, mais même à notre réputation, d'empêcher qu'on ne pense que nous n'avons qu'une notion superficielle de ce que nous proposons, et que tous ces regrets que nous témoignons par rapport aux parties omises que nous souhaitons de pouvoir saisir, se réduisent à de simples vœux. Le fait est qu'elles sont de nature à être à la disposition des hommes, pour peu qu'ils ne s'abandonnent pas eux-mêmes, et que nous sommes, relativement à ces différens objets, en possession d'une méthode certaine et bien éprouvée. Car, loin de nous contenter de mesurer les régions à la manière des augures, et seulement pour prendre les auspices, nous entrons nous-mêmes dans les routes que nous montrons aux autres, étant jaloux de nous rendre utiles à titre de guides.

Telle est donc la première partie de l'ouvrage.

Ayant une fois traversé la région des arts anciens, nous aiderons l'entendement à passer au-delà. C'est pourquoi nous traiterons, dans la seconde partie, de cette doctrine qui apprend à faire un usage plus méthodique et plus parfait de sa raison : méthode dont l'effet sera (autant toutefois que le comporte la foiblesse et la mortalité humaine) d'élever l'entendement, d'étendre ses facultés, de le rendre capable de percer les obscurités de la nature et de gravir ses sentiers les plus escarpés. Or, cet art que nous proposons et auquel nous donnons ordinairement le nom *d'interprétation de la nature*; cet art, dis-je, est une sorte de logique, quoiqu'il y ait une différence infinie entre celle-ci et la science à laquelle on donne ordinairement ce nom; car cette logique vulgaire fait bien profession de destiner et de procurer à l'entendement des secours et des appuis, et c'est ce que les deux logiques ont de commun; mais elles diffèrent principalement en trois choses ; savoir : quant au but même, puis quant à l'ordre des démonstrations, enfin quant à la manière de commencer la recherche.

En effet, la fin de la science que nous proposons, n'est pas d'inventer des argumens, mais des arts; non des choses conformes aux principes, mais les principes même; non des probabilités, mais des indications de nouveaux procédés. Ainsi les intentions et les vues étant différentes, les effets ne doivent pas non plus être les mêmes. Car *là*, ce qu'on se propose de vaincre et de lier, pour ainsi dire, par la dispute, c'est son *adversaire: ici*, c'est la *nature;* et c'est par les *œuvres* qu'on tend à ce but.

Or, la nature et l'*ordre* des démonstrations même s'approprie à une telle fin; car dans la logique vulgaire, tout le travail a pour objet le *syllogisme*. Quant à l'*induction,* à peine les dialecticiens paroissent-ils y avoir pensé sérieusement; ils ne font que toucher ce sujet en passant, se hâtant d'arriver aux formules qui servent dans la dispute. Quant à nous, nous rejetons toute démonstration qui procède par la voie du syllogisme, parce qu'elle ne produit que de la confusion, et fait que la nature nous échappe des mains. En effet, quoiqu'il soit hors de doute que deux choses qui s'accordent dans le moyen terme, s'accordent aussi entr'elles (ce qui a une sorte de certitude mathématique), cependant il y a ici de la supercherie, en ce que le syllogisme est composé de propositions ; les propositions, de mots, et que les mots sont les signes et comme les *étiquettes* des notions. Si donc les notions même de l'esprit, qui sont comme l'ame des mots et comme la base de tout l'édifice, sont vagues, extraites des choses au hazard, ou par une fausse méthode ; si elles ne sont pas bien déterminées et suffisamment circonscrites ; si enfin elles pechent de mille manières, dès-lors croule tout l'édifice. Ainsi nous rejetons le syllogisme, et cela non-seulement quant aux principes par rapport auxquels eux-mêmes n'en font aucun usage, mais même quant aux propositions moyennes que le syllogisme parvient sans contredit à déduire et à enfanter bien ou mal ; mais qui sont tout-à-fait stériles en œuvres, éloignées de la pratique, et incompétentes quant à la partie active des sciences ; car, bien que nous laissions au syllogisme et aux démonstrations si fameuses et si vantées de cette espèce, leur juridiction dans les arts populaires qui roulent sur l'opinion, attendu que nous ne changeons rien dans cette partie, néanmoins s'il est question de pénétrer dans la nature des choses, nous faisons par-tout usage de l'induction, tant pour les *mineures* que pour les *majeures* ; et nous pensons que c'est l'induction qui est vraiment cette forme qui garantit les sens de toute erreur, qui suit de près la nature, qui est voisine de la pratique, et va presque s'y mêler.

Ainsi l'ordre de la démonstration est aussi tout-à-fait opposé à la marche ordinaire ; car jusqu'ici l'on s'y est pris de telle manière, que des sensations et des faits particuliers, on saute tout d'un coup aux principes les plus généraux, comme à des pôles fixes autour desquels puissent rouler les disputes, et que de ces principes-là, on déduit tous les autres à l'aide des propositions moyennes; méthode sans contredit très expéditive, mais précipitée, incapable de nous conduire dans les voies de la nature, mais tout-à-fait favorable et appropriée aux disputes : au lieu que, selon nous, il faut faire germer les axiômes insensiblement par une marche tellement graduée, qu'on n'arrive qu'en dernier lieu aux principes généraux. Or, ces principes, très généraux, ne seront point des généralités purement idéales, mais des principes bien déterminés; tels en un mot que la nature les avouera pour siens, et qu'ils sympathiseront avec les choses mêmes.

Quant à la forme même de l'induction et au jugement qu'elle doit diriger, c'est là sur-tout que nous devons faire les plus grands changemens; car cette induction dont parlent les dialecticiens, et qui procède par voie de simple énumération, est quelque chose de puérile; elle ne conclut que précairement : elle est exposée à être renversée par le premier exemple contradictoire qui peut se présenter ; elle n'envisage que les choses les plus familières ; enfin, elle est sans issue.

Mais, dans les vraies sciences, nous avons besoin d'une induction qui soit capable d'analyser l'expérience, de la décomposer, et qui conclue nécessairement à l'aide des *exclusions* et des *réjections* (1) convenables. Que si ce jugement banal des dialecticiens a exigé tant de travaux, et exercé de si grands génies, que sera-ce donc de cet autre jugement, qui ne se tire pas simplement du fond de l'esprit humain, mais des entrailles même de la nature ?

Et ce n'est pas encore tout ; car de plus nous consolidons, nous baissons davantage les fondemens des sciences, et nous reprenons de plus haut le commencement de la recherche que les hom-

---

(1) On verra dans le *novum organum*, ce qu'il entend par ces mots d'*exclusion* et de *réjection*.

mes ne l'ont encore fait ; soumettant à l'examen ces choses mêmes, que la logique vulgaire reçoit sur la foi d'autrui. En effet, les Dialecticiens empruntent des sciences particulières, les principes de ces mêmes sciences; de plus, ils ont une sorte de vénération pour les notions premières de l'esprit ; enfin, ils se reposent sur les informations des sens bien disposés. Quant à nous, nous avons statué que la véritable logique devoit entrer dans les différentes provinces des sciences avec de plus grands pouvoirs que ceux dont leurs principes sont revêtus ; qu'elle doit forcer ces principes putatifs à rendre des comptes, et à montrer jusqu'à quel point ils peuvent se soutenir. Quant à ce qui regarde les notions premières, de tout ce que l'entendement abandonné à lui-même va entassant, il n'est rien que nous ne tenions pour suspect ; et nous ne le ratifions en aucune manière, à moins qu'il n'ait soutenu une nouvelle épreuve, et qu'on ne prononce d'après cette nouvelle vérification. Il y a plus : nous discutons en mille manières les informations du sens même ; car il n'est pas douteux que les sens sont trompeurs : cependant ils indiquent eux-mêmes leurs erreurs ; mais ces erreurs sont, pour ainsi dire, sous la main : au lieu que les indices qui servent à les reconnoître, sont tirés de fort loin. Or, le sens commet deux espèces de fautes, ou il nous *abandonne*, ou il nous *trompe*; car, en premier lieu, il est une infinité de choses qui échappent aux sens très bien disposés et débarrassés de tout obstacle ; et cela,

Ou par la subtilité de tout le corps de l'objet ;

Ou par la petitesse de ses parties ;

Ou par la grandeur de la distance ;

Ou encore par l'extrême lenteur, ou même l'extrême vîtesse des mouvemens ;

Ou par la trop grande familiarité de l'objet ;

Ou par toute autre cause.

Il y a plus : lors même que le sens a saisi son objet, rien de moins ferme que ses perceptions; car le témoignage et l'information du sens ne donne qu'une *relation à l'homme*, et non une *relation à l'univers* (1); et c'est se tromper grossièrement, que de dire que le *sens est la mesure des choses*.

Ainsi, c'est pour remédier à ces inconvéniens, que nous avons rassemblé de toutes parts des secours pour les sens, en prêtant notre ministère avec toute l'ardeur et toute la fidélité dont nous étions

---

(1) Une sensation, occasionnée par un objet extérieur, n'est au fond que la perception de l'ébranlement produit par cet objet dans l'organe du sens. Ainsi, à proprement parler, cette sensation ne nous informe immédiatement que de notre propre état; et tout ce qu'elle nous apprend ensuite par les réflexions qu'elle fait naître, c'est qu'il existe hors de nous quelque chose qui nous affecte de telle manière, c'est-à-dire, qui a tel rapport avec nous. Or, toutes nos connoissances sont originaires des sens. Ainsi toute la science humaine n'est que relative; et ce que nous appellons le rapport de deux objets entr'eux, n'est que le rapport qu'ont entr'elles les relations qu'ils ont avec nous.

capables, afin de pouvoir remédier aux *déficits* par des *substitutions*, et aux *variations* par des *rectifications*. Et ces remèdes, ce n'est pas des *instrumens* que nous les tirons, mais des *expériences*; car la subtilité des expériences est infiniment plus grande que celle du sens, fût-il même aidé des instrumens les plus parfaits. Nous parlons d'expériences qui aient été imaginées avec sagacité, et appropriées, d'après les règles de l'art, au but que nous nous proposons ici. Ainsi nous ne donnons pas beaucoup à la perception immédiate et propre des sens; mais nous amenons la chose à tel point, que le sens ne juge que de l'expérience, et que c'est l'expérience qui juge de la chose même. Ainsi, ces sens dont nous parlons, et dont il faut tout tirer dans l'étude de la nature (à moins qu'on ne veuille extravaguer), nous croyons nous être portés, à leur égard, pour de religieux ministres, et pour interprètes de leurs oracles avec quelque sorte d'habileté : ensorte que cet hommage, cette espèce de culte que les autres se piquent de rendre aux sens, il me semble que c'est nous qui le leur rendons réellement. Tels sont les moyens que nous avons préparés pour saisir la lumière de la nature et la répandre sur les objets : moyens qui par eux-mêmes pourroient suffire, si l'entendement étoit plus uni, mieux applani et semblable à une table rase. Mais les esprits étant si remplis d'inégalités, qu'il nous manque absolument une surface bien nette et bien unie pour recevoir les vrais rayons des choses, nous sommes dans une sorte de nécessité de chercher encore un remède à cet inconvénient.

Les fantômes dont l'esprit humain est préoccupé, sont ou étrangers, ou innés. Quant aux fantômes *étrangers*, c'est des systèmes et des sectes philosophiques, ou des mauvaises formes de démonstrations qu'ils ont émigré et sont venus s'établir dans les esprits. Mais les fantômes *innés* sont inhérens à la nature de l'entendement même, qui est beaucoup plus enclin à l'erreur que le sens. Car les hommes ont beau se complaire en leurs propres pensées; ils ont beau rester toujours en admiration et presque en adoration devant l'esprit humain, il n'en est pas moins certain que, de même qu'un miroir inégal fléchit et altère les rayons des objets en raison de sa figure et de sa coupe; de même aussi l'esprit humain, lorsqu'il est soumis à l'action des choses par l'entremise des sens, en formant ou ruminant ses notions, mêle d'assez mauvaise foi à la nature des choses, greffe, pour ainsi dire, sur elle sa propre nature.

Or, ces deux premières espèces de fantômes sont assez difficiles à écarter. Quant à ceux de la dernière espèce, il est tout-à-fait impossible de les chasser entièrement. Reste donc à les indiquer, ces fantômes; à marquer cette force qui tend des embûches à l'esprit humain; à la prendre, pour ainsi dire, sur le fait, de peur qu'après avoir détruit les anciennes illusions, de nouveaux rejetons d'erreur ne pullulent en vertu de la mauvaise complexion de l'esprit humain, et que, tout examiné, pour dernier résultat, au lieu d'extirper ces erreurs, on n'ait fait que les changer ; mais, afin qu'au contraire il soit décidé, arrêté à jamais, que l'entendement ne peut juger que par le moyen de l'induction et de sa véritable forme. Ainsi cette doctrine, dont le but est de nétoyer l'entendement, comprend trois censures ou critiques ; savoir : censure des philosophies, censure des démonstrations, censure de la raison naturelle de l'homme. Ces différens points, une fois expliqués, et quand nous aurons vu nettement ce que comportent la nature des choses et la nature de l'esprit humain, nous pourrons sans doute nous flatter d'avoir en quelque sorte marié l'esprit humain à l'univers, sous les auspices de la bonté divine : et s'il est permis de faire leur épithalame, et d'y joindre un vœu, puisse cette union produire une race d'inventions et de ressources de toute espèce, capable d'adoucir et de dompter, en quelque manière, les nécessités et les misères humaines! Telle est donc la seconde partie de cet ouvrage.

Or, notre dessein n'est pas seulement de montrer et de tracer la route, mais encore d'y entrer nous-mêmes : ainsi la troisième partie de notre ouvrage embrasse *les phénomènes* de l'univers, c'est-à-dire les expériences de toute espèce ; une histoire naturelle, en un mot, qui soit de nature à pouvoir servir de base à la philosophie. Car eût-on trouvé une méthode de démonstration, une manière d'interpréter la nature, assez parfaite pour garantir l'esprit humain de toute erreur, de toute chûte, elle n'en seroit pas plus suffisante pour lui fournir la matière première de la science ; mais quant à ceux dont le dessein n'est pas de *conjecturer*, de faire les *devins*, mais d'*inventer*, de *savoir*, qui ne se contentent pas de rêver des mondes imaginaires, espèces de singes du grand, mais dont le dessein est de pénétrer dans la vraie nature de ce monde que voilà, et de le disséquer pour ainsi dire, ceux-là doivent tout puiser dans les choses mêmes. Or, ce travail-là, cette recherche, cette espèce de promenade dans l'univers, il n'est aucune force de génie, aucune méthode d'argumentations qui puisse y suffire et tenir lieu des faits, non pas même quand les esprits de tous les hommes, parfaitement d'accord entr'eux, concourroient à un tel dessein : il faut donc se procurer une telle histoire, ou renoncer tout-à-fait à l'entreprise. Mais, jusqu'à ce jour, les hommes se sont, à cet égard, conduits de telle manière, qu'il n'est nullement étonnant que la nature ne se soit pas laissé approcher.

Car, en premier lieu, l'information des sens même est trompeuse et insuffisante ; l'observation, paresseuse, inégale, et une sorte de jeu de hazard ; la tradition, vaine et composée de bruits populaires ; la pratique, toute attachée à la main d'œuvre et toute servile ; la méthode expérimentale, aveugle, stupide, vague et ne marchant que par bonds ; enfin, l'histoire naturelle, superficielle et pauvre ; rien de plus vicieux que les matériaux qu'ils ont fournis à l'entendement pour les sciences et la philosophie.

Puis tous ces raisonnemens subtils qu'on fait après coup pour éplucher tout cela, ne sont qu'un remède appliqué trop tard et quand tout est déja désespéré ; ils ne réparent nullement le mal et n'ôtent pas les erreurs. Si donc il reste quelque espoir de progrès et d'accroissement, il ne peut naître que d'une sorte de *restauration* des sciences.

Or, une opération de cette espèce doit commencer à l'histoire naturelle, mais à une histoire d'un genre et d'un appareil tout-à-fait nouveau ; car, lorsqu'on manque d'images, à quoi sert de polir le miroir ? Il faut donc commencer par préparer à l'entendement une matière, et non pas seulement lui préparer des secours effectifs. Et, c'est encore en cela que notre logique diffère de la logique qui est en usage ; savoir : par sa fin ou son office, par sa masse et son ensemble; enfin, par la finesse de son tissu, et même par son choix, par sa constitution appropriée à ce qui doit suivre.

1°. Le véritable avantage de notre histoire naturelle n'est pas d'amuser les spectateurs par la variété des objets qu'elle met sous les yeux, ni d'encourager par l'utilité présente de certaines expériences; mais d'éclairer notre marche dans la recherche des causes, et de donner, en quelque manière, *le premier lait à la philosophie :* car, bien que nous nous attachions principalement aux *œuvres*, à la partie *active* des sciences, cependant nous savons attendre la moisson; nous ne nous hâtons pas de cueillir de la mousse, et pour nous servir d'une expression proverbiale, de moissonner notre bled en herbe; car nous savons que les vrais axiômes, une fois découverts, traînent après eux des légions de procédés nouveaux, et les présentent non *un à un*, mais par *poignées*. Quant à cette ardeur puérile qui porte à vouloir saisir avant le temps certains nouveaux procédés comme autant de gages, nous la condamnons absolument, la regardant comme la pomme d'Atalante, qui n'est bonne que pour retarder notre course (1). Tel est donc l'office de notre histoire naturelle.

Quant à la manière de la composer, l'histoire que nous projetons n'est pas seulement celle de la nature, libre, dégagée de tout lien, et telle qu'elle est, lorsqu'elle coule d'elle-même, et exécute son œuvre sans obstacle; telle qu'est l'histoire des corps célestes, des météores, de la terre et de la mer, des minéraux, des plantes, des animaux; mais bien plus celle de la nature liée et tourmentée, c'est-à-dire, de la nature telle qu'elle se

---

(1) L'entreprise que propose ici Bacon, entreprise vaste et dispendieuse, exige de grands moyens; et ces moyens, pour les obtenir, on est forcé de jeter en avant quelques procédés utiles; car les hommes ne donnent rien pour rien, et la plupart ne savent pas attendre.

trouve, lorsque, par le moyen de l'art, et par le ministère de l'homme, elle est chassée de son état, pressée et comme forgée. C'est pourquoi nous faisons entrer dans notre histoire toutes les expériences des arts méchaniques, toutes celles dont se compose la partie active des arts libéraux ; enfin, toutes celles d'où résultent une infinité de pratiques, qui ne forment pas encore proprement un corps d'art, et cela autant que la recherche nous a été possible, et que ces expériences vont à notre but. Il y a plus, s'il faut tout dire, peu touchés de l'orgueil de certaines gens, et peu séduits par les belles apparences, nous nous occupons plus spécialement de cette partie, et nous en attendons plus de secours que de celle dont nous parlions d'abord, attendu que la nature se décèle mieux par les vexations de l'art, que lorsqu'elle est abandonnée à elle-même, et laissée dans toute sa liberté.

Et non content de former l'histoire des corps, nous avons cru que ce soin et cette exactitude dont nous nous piquons, nous faisoient une loi de former aussi à part une histoire des *qualités elles-mêmes*, je veux dire de celles qui peuvent être regardées comme *cardinales* dans l'univers, et qui constituent proprement les forces primordiales de la nature, et qui sont comme ses premières *passions* et ses premiers *désirs*. Telles sont la *densité*, la *rarité*, le *chaud* et le *froid*, la *consistance* et la *fluidité*, la *gravité* et la *légèreté*, et un assez grand nombre d'autres semblables.

Que si nous venons à parler de la finesse du tissu, qu'on sache que nous rassemblons un certain genre d'expériences beaucoup plus délicates et plus simples que celles qui se présenteroient d'elles-mêmes ; car nous tirons de l'obscurité, et mettons au grand jour des choses, que tout autre qu'un homme qui marche à la recherche des causes, par une route constante et toujours la même, ne se seroit jamais avisé de chercher ; ensorte qu'on voit clairement que ce n'est pas pour elles-mêmes qu'on les a cherchées, mais qu'elles sont relativement aux choses et aux œuvres, ce que les lettres de l'alphabet sont par rapport aux discours et aux mots ; lettres qui par elles-mêmes sont inutiles, et qui sont pourtant les élémens de tout discours.

Or, dans le choix des narrations, nous croyons avoir mieux servi les hommes que ceux qui jusqu'ici se sont occupés de l'histoire naturelle; car nous n'y faisons rien entrer dont nous n'ayons été nous-mêmes témoins oculaires, ou du moins que nous n'ayons bien examiné, et nous ne recevons rien qu'avec une sévérité qui ne se dément jamais ; ensorte que nous ne rapportons rien qui tienne du merveilleux, aucun fait exagéré, et toutes nos relations sont dépouillées de faste, purgées de vanité, et parfaitement pures. Il y a plus, nous notons et proscrivons nommément tous ces mensonges reçus et si vantés, qui, par une négligence très étonnante, ont eu cours durant tant de siècles, et se sont invétérés ; afin qu'ils ne fassent plus obstacle aux sciences. Quelqu'un a observé très judicieusement que les fables, les contes superstitieux, et toutes ces sornettes dont les nourrices bercent les enfans, et qu'elles regardent comme un badinage, ne laissent pas de dépraver très sérieusement leur esprit ; c'est cette raison-là même qui éveille notre sollicitude : nous craignons que dès le commencement, et lorsque nous manions et gouvernons, pour ainsi dire, l'enfance de la philosophie, en traitant l'histoire naturelle, elle ne s'accoutume à des futilités. Ainsi, dans toute expérience nouvelle et un peu délicate, quoique certaine et bien vérifiée, du moins à ce qu'il nous semble, nous n'avons pas laissé de décrire avec clarté la manière dont nous nous y sommes pris pour la faire ; afin qu'ayant bien considéré notre procédé et notre résultat, d'autres voient plus aisément ce qu'il peut s'y glisser d'erreur et s'y attacher de faux, et qu'ils s'évertuent eux-mêmes pour trouver des épreuves plus sûres et plus délicates, s'il s'en trouve de telles. En un mot, nous semons par-tout des avertissemens, des doutes, des précautions, chassant et réprimant tous les fantômes par une sorte de religion et d'exorcisme.

Enfin, comme nous ne savons que trop combien l'expérience et l'histoire émoussent l'esprit le plus aigu, combien il est difficile, sur-tout aux esprits sans vigueur ou préoccupés, de se familiariser, dès le commencement, avec la nature, nous ne manquons pas d'ajouter nos observations comme autant de premiers essais par lesquels l'histoire semble se tourner, se pencher un peu vers la philosophie, et y donner un coup d'œil ; afin que ces premières vues tiennent lieu aux hommes de garantie, qu'ils ne seront pas toujours détenus dans les flots de l'histoire ; et qu'à l'époque où nous en viendrons à l'œuvre même de l'entendement, toutes choses se trouvent plus sous la main. Or nous nous flattons qu'à l'aide d'une histoire naturelle telle que celle dont nous donnons l'idée, nous ouvrons une route sûre et commode vers la nature, et que nous fournissons à l'entendement une matière de bon choix et bien préparée.

Or, après avoir fortifié l'entendement par des secours et des appuis bien effectifs, et avoir, en quelque manière, rassemblé l'armée des œuvres divines avec le choix le plus sévère, il paroît qu'il ne nous reste plus qu'à mettre la main à la philosophie même. Cependant, sur une entreprise aussi difficile et exposée à tant de doutes, il est encore un avertissement que nous devons faire précéder, soit pour répandre plus de lumière sur ce qui doit suivre, soit pour en faire usage dans cet instant même.

Le premier point, c'est de proposer des exemples de recherche et d'invention selon notre marche et notre méthode, et présentés dans quelques sujets, mais en choisissant les sujets les plus dignes d'attention et ceux qui diffèrent le plus entre eux, afin qu'on ne manque pas d'exemples dans chaque genre. Or, nous ne parlons pas ici de ces exemples qu'on ajoute à chaque précepte et à chaque règle pour l'éclaircir; car c'est dans la seconde partie que nous avons abondamment fourni des exemples de cette espèce : mais nous voulons dire des *types*, des *modèles* proprement dits, qui montrent tout le procédé, la marche continue, l'ordre que l'esprit doit suivre, en inventant, dans certains sujets remarquables et variés, et qui le mettent comme sous les yeux. En effet, nous voyons qu'en mathématiques, lorsque la figure est sous les yeux, la démonstration devient claire et facile ; au lieu que, sans ce secours, tout paroît enveloppé et plus subtil qu'il ne l'est en effet. C'est pourquoi nous avons consacré aux exemples de cette espèce la quatrième partie de cet ouvrage, qui n'est au fond que l'application particulière et développée de la seconde.

Quant à la cinquième partie, nous n'en faisons usage que pour le moment, et jusqu'à ce que le reste soit achevé. C'est une sorte d'à-compte dont il faut se contenter jusqu'à ce qu'on ait fait fortune; car nous ne courons pas à notre but si aveuglément, que nous négligions ce qui se rencontre d'utile sur notre chemin. Ainsi la cinquième partie sera composée de ce que nous avons pu nous-mêmes inventer, vérifier ou ajouter; et cela non pas d'après nos préceptes et notre méthode d'interprétation, mais d'après cette marche même que suivent les autres dans la recherche et l'invention. En effet, comme, d'après le soin que nous avons de nous familiariser continuellement avec la nature, ce que nous attendons de nos méditations, surpasse infiniment tout ce que nous pourrions espérer des seules forces de notre esprit; ces premières observations peuvent être regardées comme autant de tentes placées sur notre route; et où l'esprit, tendant à des connoissances plus certaines, puisse, en attendant, se reposer quelque peu. Néanmoins nous déclarons que nous ne prétendons point répondre de ces choses-là mêmes qui n'ont point été inventées ou vérifiées par la vraie méthode d'interprétation. Or, quant à cette suspension de jugement dont nous usons sur ce point, elle ne doit rien avoir de choquant dans une doctrine qui n'affirme pas simplement qu'on ne peut rien savoir ; mais seulement qu'on ne peut rien savoir sans un certain ordre et une certaine méthode, et qui cependant détermine certains degrés de certitude, pour aider le travail et faciliter la pratique, jusqu'à ce que l'explication des causes fournisse un point d'appui. Car ces écoles-là mêmes qui professoient purement et simplement l'*Acatalepsie*, n'étoient en rien inférieures à celles qui tranchoient sur tout avec le plus de hardiesse. Cependant ces mêmes écoles ne procuroient point de secours aux sens et à l'entendement, comme nous le faisons, mais elles ôtoient toute espèce de croyance et d'autorité ; ce qui est bien différent et presque opposé.

Enfin, la sixième partie de notre ouvrage, à laquelle les autres sont subordonnées, et dont elles ne sont que les ministres, dévoile cette philosophie que la méthode pure et légitime de recherche, que nous avons commencé par enseigner, prépare, enfante et constitue; mais, d'achever cette dernière partie et de la conduire à sa fin, c'est une entreprise qui est au-dessus de nos forces et qui passe nos espérances. Quant à nous, nous pouvons peut-être nous flatter d'en avoir donné un commencement qui n'est pas à mépriser; mais, quant à sa fin, c'est de la fortune du genre humain qu'il faut l'attendre; fin qui peut-être sera telle que, dans l'état présent des choses et des esprits, les hommes pourroient à peine l'embrasser et la mesurer par leur pensée ; car il ne s'agit pas ici d'une simple félicité contemplative, mais de l'affaire du genre humain, de sa fortune, de toute cette puissance qu'il peut acquérir par la science active. En effet, l'homme, interprète et ministre de la nature, ne conçoit et ne réalise ses conceptions qu'en proportion qu'il sait découvrir de l'ordre de la nature, soit par l'observation, soit par la réflexion; il ne sait et ne peut rien de plus ; car il n'est point de force qui puisse relâcher ou rompre la chaîne des causes ; et si l'on peut vaincre la nature, ce n'est qu'en lui obéissant : ainsi ces deux buts, la science et la puissance humaine, coïncident exactement dans les mêmes points ; et si l'on manque les effets, c'est par l'ignorance des causes.

L'essentiel est de ne jamais détourner des choses les yeux de l'esprit, et de recevoir leurs images précisément telles qu'elles sont; car Dieu sans doute ne permettroit pas que nous donnassions pour une copie fidelle du monde, un pur rêve de notre imagination. Espérons plutôt que, moyennant sa faveur et sa bonté, nous serons en état d'écrire l'Apocalypse et la véritable vision des vestiges et des caractères que l'auteur des choses a imprimés dans ses créatures.

Daigne donc, ô père de toute sagesse, qui donnas à la créature les prémices de la lumière visible, et qui, mettant la dernière main à tes œuvres, fis briller sur la face humaine la lumière intellectuelle, daigne favoriser et diriger cet ouvrage, qui, étant parti de ta bonté, doit retourner à ta propre gloire! Toi, lorsque tu tournas tes regards vers l'œuvre que tes mains avoient opérée, tu vis que tout étoit bon; mais l'homme, lorsqu'il se tourne vers l'œuvre de ses mains, voit que tout n'est que vanité et tourment d'esprit, et ne trouve aucun repos. Si donc nous arrosons de nos sueurs l'œuvre de ta main, tu daigneras nous rendre participans de ta vision et de ton sabbat. Daigne fixer dans nos cœurs ces sentimens si dignes de toi, et dispenser à la famille humaine de nouvelles aumônes, par nos mains et par les mains de ceux à qui tu auras inspiré d'aussi saintes intentions.

DE LA DIGNITÉ
ET
DE L'ACCROISSEMENT
DES SCIENCES.

LIVRE PREMIER.

Sous l'ancienne loi, monarque plein de bonté, on distinguoit des offrandes volontaires et des sacrifices journaliers : les derniers étoient prescrits par le rituel ; les premiers étoient le fruit d'une pieuse allégresse. Je pense que les sujets doivent quelque chose de semblable à leurs souverains ; je veux dire que chacun ne leur doit pas seulement le tribut de son emploi, mais de plus, des gages de son amour. Or, j'ose espérer que je ne manquerai pas au premier de ces devoirs. Quant au second, j'ai été quelque peu embarrassé sur le choix que j'avois à faire; et, tout examiné, j'ai cru devoir préférer un sujet qui se rapportât plutôt à l'excellence de votre personne, qu'aux affaires de votre couronne.

Pour moi, en m'occupant fréquemment de Votre Majesté comme je le dois, et oubliant, pour un instant, vos vertus et les dons de votre fortune, je suis frappé du plus grand étonnement, lorsque je considère en vous ces facultés que vous possédez au degré le plus éminent, et que les philosophes qualifient d'intellectuelles; je veux dire, cette étendue de génie qui embrasse tant et de si grandes choses, cette tenue de mémoire, cette vivacité de conception, cette pénétration de jugement; enfin, cet ordre et cette facilité d'élocution qui vous distinguent. Toutes ces grandes qualités me rappellent sans doute ce dogme de Platon: *que la science n'est autre chose qu'une réminiscence; que l'ame humaine, rendue à sa lumière native que la caverne du corps avoit comme éclipsée*, con-

noît naturellement toutes les vérités :
c'est ce dont, sans contredit, l'on voit un exemple frappant dans Votre Majesté, dont l'esprit est si prompt à prendre feu à la plus légère occasion qui l'excite, et à la moindre étincelle de la pensée d'autrui qui vient à briller ; car, de même que l'écriture dit du plus sage des rois, qu'il eut *un cœur semblable au sable de la mer*, dont la masse est immense, et dont néanmoins les parties sont si déliées ; c'est ainsi que l'Être suprême a doué Votre Majesté d'une complexion d'esprit admirable, qui, tout en embrassant les plus grands objets, saisit aussi les plus petits, et n'en laisse échapper aucun ; quoique, dans l'ordre naturel, il paroisse très difficile, ou plutôt impossible, qu'un même instrument exécute les plus grands et les moindres ouvrages. Quant à votre élocution, elle me rappelle ce que Tacite dit de César Auguste : Auguste, dit-il, eut cette éloquence naturelle et soutenue qui sied à un prince. Certes, si nous y faisons bien attention,

toute diction laborieuse ou affectée, ou trop imitative, quelques beautés qu'elle puisse avoir d'ailleurs, a je ne sais quoi de servile, et qui ne sent pas son homme libre; mais quant à votre diction, elle est toute royale, coulant comme de source, et néanmoins, comme l'exige l'ordre naturel, distribuée en ses ruisseaux, pleine de douceur et de facilité; telle, en un mot, que, n'imitant qui que ce soit, elle est elle-même inimitable. Et comme dans les choses qui concernent soit votre royaume, soit votre maison, la vertu semble rivaliser avec la fortune; les mœurs les plus pures, avec la plus heureuse administration; vos espérances d'abord si patiemment et si sagement contenues, avec l'heureux événement qui vous a mis si à propos au comble de vos vœux; la sainte foi du lit conjugal, avec la belle lignée qui est l'heureux fruit de cette union; un amour pour la paix, si religieux et si convenable à un prince chrétien, avec une disposition toute semblable dans les princes vos voisins;

qui tous conspirent si heureusement au même but : ainsi on voit s'élever entre les éminentes facultés de votre entendement, une sorte d'émulation et de rivalité, dès qu'on vient à comparer celles que vous ne devez qu'à la nature et qui sont en vous comme infuses, avec les richesses de l'érudition la plus variée et la connoissance d'un grand nombre d'arts; avantages que vous ne devez qu'à vous-même. Et il ne seroit pas facile de trouver, depuis l'ère chrétienne, un autre monarque qu'on pût comparer à Votre Majesté pour la culture et la variété des lettres divines et humaines. Parcoure qui voudra la suite des rois et des empereurs, il sera forcé d'être de mon sentiment. Communément les rois croient avoir fait quelque chose de grand, si, en ne cueillant que la fleur de l'esprit des autres, ils peuvent ainsi avoir une teinte de chaque genre de connoissances, et s'attacher quelque peu à l'écorce de la science ; ou enfin s'ils savent tout au moins aimer les Lettrés et les avancer.

Mais un roi, et un roi né tel, avoir puisé aux sources de l'érudition, en être lui-même une source, c'est ce qui tient presque du miracle. Et ce qu'on admire de plus dans Votre Majesté, c'est que, dans ce trésor de votre esprit, les lettres sacrées se trouvent réunies avec les lettres profanes; ensorte que, semblable à Hermès le Trismégiste, une triple gloire vous distingue; savoir : la puissance du roi, l'illumination du prêtre, et la science du philosophe. Ainsi, comme vous l'emportez de beaucoup sur tous les autres souverains par ce genre de mérite qui est proprement à vous, il est juste que non-seulement il fasse le sujet de l'admiration du siècle présent, ou que la lumière de l'histoire le fasse connoître à la postérité; mais encore qu'il soit gravé sur quelque solide monument qui puisse tout à la fois manifester la puissance d'un grand roi, et retracer l'image d'un monarque si éminemment savant.

Ainsi, pour revenir à mon dessein, je n'ai trouvé aucun présent plus digne de vous qu'un traité tendant à ce but. Un tel sujet se divise naturellement en deux parties. Dans la première, qui est la moins essentielle, et que pourtant nous n'avons garde d'oublier tout-à-fait, nous traiterons de l'excellence et de la dignité des sciences et des lettres en toutes circonstances, et en même temps du mérite de ceux qui, avec autant d'intelligence que d'ardeur, travaillent à leur avancement. Quant à la dernière partie, qui est la plus importante, elle exposera ce qu'en ce genre on a fait et terminé jusqu'ici; elle touchera de plus les parties qui paroissent avoir été *omises* et avoir besoin d'être *suppléées*. A l'aide de ces indications, quoique je n'ose mettre à part et choisir moi-même tel ou tel objet, pour le recommander spécialement à Votre Majesté, je puis du moins, en faisant passer sous vos yeux un si grand nombre d'objets et si variés, éveiller vos pensées royales, et vous exciter à fouiller dans les trésors de votre propre esprit, et à en tirer, d'après l'impulsion de votre propre magnanimité et la direction de votre propre sagesse, ce qui s'y trouve de meilleur, pour reculer les limites des sciences et des arts.

A l'entrée de la première partie, pour nétoyer le chemin, et comme pour commander le silence, afin que ces témoignages que nous rendons de la dignité des Lettres, puissent, malgré le murmure des objections tacites, se faire entendre aisément, j'ai résolu de commencer par délivrer les Lettres de l'opprobre et du mépris dont l'ignorance s'efforce de les couvrir: l'ignorance, dis-je, qui se montre et se décèle sous plus d'une forme ; savoir : dans la jalousie des Théologiens, dans le dédain des Politiques, et dans les erreurs même des Lettrés. J'entends les premiers dire que la science est de ces choses qu'il ne faut adopter qu'avec mesure et avec précaution ; que le trop grand désir de savoir fut le premier péché de l'homme et la cause de sa chûte; qu'aujourd'hui même je ne sais quoi de vénéneux qu'y a glissé le serpent tentateur, y demeure attaché, vu que partout où elle entre, elle occasionne une enflure. La *science enfle*, disent-ils; Salomon lui-même témoigne qu'il est de ce sentiment, lorsqu'il dit : *la composition des livres est un travail sans fin : la grande lecture est l'affliction de la chair;* et ailleurs : *avec une grande sagesse se trouve toujours une grande indignation ; qui augmente sa science, augmente ses douleurs* (1). St. Paul, ajoutent-ils, nous donne le même avertissement, en disant : *ne nous laissons point abuser par une vaine philosophie :* bien plus, disent-ils encore, l'expérience même atteste que les plus savans hommes ont été les coryphées de l'hérésie ; que les siècles les plus savans ont été enclins à l'athéisme ; ils disent enfin que la contemplation des causes secon-

---

(1) Il découvre plus d'ennemis qu'il ne peut convertir en amis, et plus de maux auxquels il ne peut remédier.

des déroge à l'autorité de la cause première.

Mais qu'il est facile de montrer la fausseté de cette assertion, et de faire voir combien elle est mal fondée! En effet, qui ne voit que ceux qui parlent ainsi, oublient que ce qui causa la chûte de l'homme, ce ne fut point cette science naturelle, pure et première-née, à la lumière de laquelle, lorsque les animaux furent amenés devant l'homme dans le paradis, il leur imposa des noms analogues à leur nature; mais cette science orgueilleuse du bien et du mal, dont il eut l'ambition de vouloir s'armer pour secouer le joug de Dieu et ne recevoir de loi que de lui-même? Or, certes il n'est point de science, quelque grandeur, quelque volume qu'on puisse lui supposer, qui enfle l'esprit, attendu que rien ne peut l'emplir, encore moins le distendre, sinon Dieu même et la contemplation de Dieu. Aussi Salomon, parlant des deux principaux sens qui fournissent des matériaux à l'invention

(la vue et l'ouïe), nous dit-il : *l'œil ne se rassasie point de voir, ni l'oreille, d'entendre.* Que s'il n'y a point de réplétion, il s'ensuit que le contenant est plus grand que le contenu (1). Car c'est l'idée qu'il nous donne de la science elle-même et de l'esprit humain, dont les sens sont comme les émissaires, par ces mots qu'il place à la fin de son calendrier, de ses éphémérides, où il marque le temps de chaque chose, concluant ainsi : *Dieu a tout ordonné, pour que chaque chose fût belle en son temps :* il a gravé aussi dans leur esprit l'image du monde même; *cependant l'homme ne peut concevoir entièrement l'œuvre que Dieu exécute depuis le commencement*

---

(1) Cette conclusion nous paroît aujourd'hui fort ridicule. Mais comme ce principe, *que le contenant doit être plus grand que le contenu,* étoit très familier aux Scholastiques; il y avoit alors dans une telle conclusion autant de convenance et d'à-propos, qu'il y en auroit peu aujourd'hui. D'ailleurs, ce n'est ici qu'une ironie, et il se joue en les battant avec leurs propres armes.

jusqu'à la fin; paroles par lesquelles il fait entendre assez clairement que Dieu a fait l'ame humaine semblable à un miroir capable de réfléchir le monde entier ; n'ayant pas moins soif de cette connoissance, que l'œil n'a soif de la lumière ; et non-seulement curieuse de contempler la variété et les vicissitudes des temps, mais non moins jalouse de scruter et de découvrir les immuables décrets et les loix inviolables de la nature. Et quoiqu'il semble insinuer, par rapport à cette souveraine économie de la nature, qu'il désigne par ces mots : *l'œuvre que Dieu exécute depuis le commencement jusqu'à la fin,* que l'homme ne peut la découvrir, cependant cela n'ôte rien à l'entendement humain, et ne doit s'entendre que des obstacles que rencontre la science, tels que la courte durée de la vie, le peu d'accord des études, la manière infidelle et inexacte de transmettre les sciences, et une infinité d'autres inconvéniens qui enlacent l'industrie humaine. Car ailleurs il nous apprend assez clairement qu'aucune partie de l'univers n'est étrangère aux recherches de l'homme, lorsqu'il dit : *l'esprit de l'homme est comme le flambeau de Dieu*, flambeau à l'aide duquel il découvre les secrets les plus intimes. Si donc telle est l'immense capacité de l'esprit humain, il est manifeste que nous n'avons rien à redouter de la *quantité* de la science, quelque grande qu'elle puisse être, ni lieu de craindre qu'elle occasionne quelque enflure ou quelque excès ; et que, s'il est quelque danger à redouter, c'est seulement de la part de la *qualité*, laquelle, quelque foible que puisse être la dose, ne laisse pas, si on la prend sans antidote, d'avoir je ne sais quoi de malin, de vénéneux pour l'esprit humain et qui le remplit de vent. Cet antidote, ce parfum, qui, mêlé avec la science, la tempère et la rend très salubre, c'est la charité. C'est même ce que l'apôtre joint au passage déjà cité, en disant : *la science enfle, mais la charité édifie* : à quoi se rapporte également bien ce qu'il dit ailleurs : *quand je parlerois toutes les langues des anges et des hommes, si je n'ai la charité, je ne suis plus qu'un airain sonnant, qu'une cymbale retentissante.* Non que ce soit quelque chose de si grand de parler les langues des anges et des hommes; mais parce que, si tous ces talens sont séparés de la charité, et ne sont pas dirigés vers le bien commun du genre humain, ils produiront plutôt une vaine gloire, que des fruits solides. Quant à ce qui regarde la censure de Salomon, relativement à l'excès dans la lecture ou la composition des livres ; le tourment d'esprit qui résulte de la science, et cet avertissement de St. Paul, *de ne nous pas laisser abuser par une vaine philosophie;* si on prend ces passages dans leur véritable sens, ils marquent très distinctement les vraies limites où la science humaine doit être circonscrite, de manière cependant qu'il lui est libre d'embrasser la totalité de la nature des choses, sans que rien la restreigne ; car ces limites sont au nombre de trois :

1°. Ne plaçons pas tellement notre félicité dans la science, que l'oubli de notre mortalité se glisse dans notre ame.

2°. Ne faisons pas un tel usage de la science, qu'elle ne produise pour nous que de l'inquiétude, au lieu de cette tranquillité d'ame qu'elle doit produire.

3°. N'espérons pas de pouvoir, par la seule contemplation de la nature, atteindre à la parfaite intelligence des mystères divins.

Quant au premier point, Salomon s'explique très clairement dans un autre passage du même livre, lorsqu'il dit : *j'ai assez compris que la sagesse est aussi éloignée de la folie, que la lumière l'est des ténèbres : le sage a des yeux à la tête ; l'insensé va errant dans les ténèbres ; mais en même temps j'ai appris que la nécessité de mourir est commune à tous deux.* Quant au second point, il est certain qu'aucune anxiété, aucun trouble d'esprit ne résulte naturellement de la science, si ce n'est accidentellement ; car toute science et toute admiration (qui est le germe de la science), est agréable par elle-même; mais lorsque nous en déduisons des conséquences qui, appliquées avec peu de justesse à nos propres affaires, engendrent de lâches terreurs ou des désirs immodérés, alors enfin naît ce tourment et ce trouble d'esprit dont nous parlons; car c'est alors que la science n'est plus une *lumière sèche*, comme l'exigeoit cet Héraclite si obscur, lorsqu'il disoit : *lumière sèche, excellent esprit*, elle n'est désormais qu'une lumière humide, et comme trempée dans les humeurs des passions.

La troisième règle demande une discussion un peu plus exacte, et ce ne seroit pas assez de la toucher en passant; car, s'il est quelque mortel qui, de la seule contemplation des choses sensibles et matérielles, espère tirer assez de lumières pour dévoiler la nature, ou la volonté divine, voilà l'homme qui *se laisse abuser par une vaine philosophie*. En effet, la contemplation de la nature, quant aux créatures elles-mêmes, produit la science; mais quant à Dieu, l'admiration seulement, qui est une sorte de science mutilée. Aussi est-ce un mot d'un grand sens que celui de ce Platonicien, qui a dit *que le sens humain ressemble au soleil qui dévoile le globe terrestre, mais en voilant le globe céleste et les étoiles.* C'est ainsi que les sens manifestent les choses naturelles, et couvrent d'un voile les choses divines; et c'est par cette raison même que, dans ce petit nombre des plus savans, quelques-uns sont tombés dans l'hérésie, lorsque, portés sur les ailes de cire des sens, ils ont voulu s'élever aux choses divines; car s'il est question de ceux qui présument que trop de science fait pencher vers l'athéisme, et que l'ignorance des causes secondes enfante une religieuse déférence pour la première, je les interpellerois volontiers par cette question de Job : *faut-il donc mentir en faveur de Dieu, et convient-il, pour se rendre agréable à lui, de tenir des discours artificieux ?* Il est évident que, dans le cours ordinaire de la nature, Dieu ne fait rien que par les causes secondes. Or, s'ils vouloient nous persuader le contraire, ce seroit alors soutenir une pure imposture en faveur de Dieu; et ce ne seroit autre chose qu'immoler à l'auteur de toute vérité, l'immonde victime du mensonge. Bien plus, il est hors de doute, et c'est ce qu'atteste l'expérience, quand on ne fait encore que goûter de la philosophie, elle peut porter à l'athéisme : mais l'a-t-on, pour ainsi dire, bue à longs traits, alors elle ramène à la religion; car à l'entrée de la philosophie, lorsque les causes secondes, comme étant plus voisines des sens, s'insinuent dans l'esprit humain; que l'esprit même s'y arrête et y fait un trop long séjour, l'oubli de la cause première peut s'y glisser. Mais, si, poursuivant sa route, on envisage la suite, la dépendance mutuelle, l'enchaînement des causes secondes, et le tout ensemble des œuvres de la Providence, alors, conformément à la mythologie des poëtes, on croira aisément que l'anneau le plus élevé de la chaîne naturelle est attaché au pied du trône de Jupiter.

En un mot, qu'on n'aille pas, affectant une sobriété et une modération qui seroit déplacée, s'imaginer qu'on peut faire de trop grands progrès dans les livres, soit des Écritures, soit des créatures, par la théologie ou la philosophie. Mais qu'au contraire les hommes s'éveillent et s'élancent courageusement dans les deux routes, sans crainte d'y faire trop de chemin ; prenant garde seulement de ne pas faire usage de la science pour satisfaire leur orgueil, mais dans un esprit de charité ; non pour faire un vain étalage, mais pour en tirer une véritable utilité. Qu'enfin distinguant avec soin ces deux doctrines, la théologie et la philosophie, ils prennent garde de mêler et de confondre imprudemment leurs eaux.

Passons maintenant aux reproches que les Politiques font aux lettres. Les arts, disent-ils, énervent les ames, et les rendent inhabiles aux travaux glorieux de l'art militaire. Dans l'état politique, ils corrompent les esprits, en les rendant ou trop curieux par cette grande diversité d'objets à laquelle ils les accoutument, ou trop roides par la rigueur des règles qu'ils prescrivent, ou trop superbes par la grandeur imposante des exemples qu'ils y proposent, ou trop étrangers à leur siècle par la disparité de ces mêmes exemples; ou tout au moins, d'une manière ou de l'autre, ils détournent les esprits des affaires et de l'action, en leur inspirant peu-à-peu l'amour de la retraite et du repos : ils introduisent dans les républiques le relâchement de la discipline, en rendant chacun plus prompt à disputer qu'à obéir. Aussi, ajoutent-ils, voyons-nous que Caton le censeur, lorsqu'il vit la jeunesse romaine accourant de toutes parts vers le philosophe Carnéade, qui étoit venu à Rome en qualité de député, attirée par la douceur et la majesté de son éloquence; Caton, dis-je, d'accord sur ce point avec les plus sages mortels, fut d'avis, en plein sénat, d'expédier les affaires qui l'avoient amené, et de renvoyer au plutôt cet homme dangereux, de peur qu'infectant et fascinant les esprits, il n'introduisît, sans qu'on s'en apperçût, de pernicieuses nouveautés dans les mœurs et les coutumes de la patrie. C'est cette même raison qui portoit Virgile (lequel ne faisoit pas difficulté de préférer la gloire de sa patrie à ses propres goûts) à séparer les arts politiques des arts littéraires, et à réclamer les premiers pour les Romains, en abandonnant les derniers aux Grecs, comme il le dit dans ces vers si connus.

Souviens-toi, ô Romain! qu'à toi seul appartient de donner des loix à l'univers, tels seront les seuls arts dignes de toi. Nous voyons aussi qu'Anytus, accusateur de Socrate, pour premier chef d'accusation, lui reprochoit que, par la force et la variété de ses discours et de ses disputes, il ébranloit dans les jeunes esprits l'autorité et la vénération due aux loix et aux coutumes de la patrie; que, pour tout métier, il professoit un art dangereux, pernicieux même, et tel que, qui le posséderoit bien, se verroit en état de ressusciter la plus mauvaise cause, et d'accabler la vérité même sous l'appareil et le poids de son éloquence.

Mais ces accusations, et toutes celles de même trempe, respirent plutôt je ne sais quelle gravité affectée, que la candeur de la vérité; et c'est l'expérience qui atteste que, comme ce furent précisément les mêmes hommes, ce furent aussi précisément les mêmes temps qu'on vit fleurir par la gloire des exploits militaires, et par celle des arts libéraux. Et quant à ce qui regarde les hommes, choisissons pour exemple ce noble couple de capitaines, Alexandre le grand et Jules César, dictateur; l'un, disciple d'Aristote; et l'autre, rival de Cicéron en éloquence. Ou, si l'on aime mieux envisager des Lettrés qui soient devenus grands capitaines, que de grands capitaines qui soient devenus Lettrés, nous trouvons sous notre main Épaminondas thébain, et Xénophon athénien, deux personnages dont l'un fut le premier qui ruina la puissance des Spartiates; et l'autre, le premier qui fraya le chemin aux Grecs pour renverser la monarchie des Perses. Or, ce mariage des armes et des lettres est encore plus frappant dans les temps que dans les personnages; et cela en proportion qu'un objet, tel qu'un siècle tout entier, l'emporte par sa grandeur sur un seul individu. Car ce furent les mêmes, absolument les mêmes temps, qui, chez les Égyptiens, les Assyriens, les Perses, les Grecs et les Romains, furent tout à la fois les plus renommés pour la gloire militaire, et les plus illustrés par les lettres; ensorte que les plus graves écrivains, les philosophes les plus profonds et les plus grands capitaines ont vécu dans le même siècle : et pouvoit-il en être autrement, vu que dans l'homme la vigueur du corps et celle de l'esprit mûrissent presque en même temps; si ce n'est que celle-là précède de quelque peu? De même, dans les républiques, la gloire militaire et la gloire littéraire, dont la première répond au corps, et la dernière à l'ame, sont contemporaines, ou se suivent de fort près.

Au reste, que l'érudition soit plutôt un obstacle qu'un secours en politique, c'est ce qui n'est rien moins que probable. Car nous convenons tous que c'est une sorte de témérité de confier le soin de son corps et de sa santé à ces médecins empyriques, qui vont sans cesse vantant un petit nombre de remèdes qui, selon eux, sont autant de panacées, et auxquels ils se fient tellement, qu'il n'est rien que, dans cette confiance, ils n'osent tenter ; quoiqu'ils ne connoissent ni les causes des maladies, ni le tempérament du malade, ni les dangers qu'annoncent les symptômes, ni la vraie méthode curative. Nous voyons tomber dans la même méprise ceux qui, pour la défense de leurs causes et la conduite de leurs procès, se reposent sur certains *Lé-*

gistes plus versés dans la pratique que dans les livres de droit, et à qui il est si facile de fermer la bouche à la première difficulté qui se rencontre, et qui est hors du chemin battu de leur expérience. De même on ne peut que s'exposer au plus grand danger, en confiant à certains conseillers empyriques le destin des états. Au contraire, à peine peut-on citer un seul exemple d'une république dont l'administration ait été malheureuse, lorsque de savans hommes étoient assis au timon. Car, quoique les Politiques soient dans l'usage de décorer les Lettrés de l'épithète de *pédans*, cependant l'histoire, qui est la seule maîtresse de vérité, fait foi par plus d'un exemple, que des princes encore en tutele l'ont emporté de beaucoup sur des princes adultes, par cette cause-là même, dont les Politiques font aux lettres un sujet de reproche, parce qu'alors l'état étoit gouverné par des pédagogues. Qui ne sait que, durant ces cinq premières années si vantées, de Néron, tout le poids des affaires portoit sur Sénèque son *pédagogue*. Ce fut aussi à Misithée son *pédagogue*, que Gordien le jeune dut les dix années d'un règne glorieux. Et l'administration d'Alexandre-Sévère ne fut pas moins heureuse durant sa minorité, temps où les femmes gouvernoient tout, mais d'après les conseils de ses précepteurs. Il y a plus : tournons les yeux vers l'administration pontificale, et nommément vers celle de Pie V et de Sixte-Quint nos contemporains, lesquels, au commencement de leur règne, étoient regardés comme des moines tout-à-fait novices dans les affaires ; nous trouverons que les actes des papes de cette classe sont ordinairement plus mémorables que les actes de ceux qui, ayant été élevés dans les affaires et nourris dans les cours des princes, se sont ensuite élevés à la papauté. Car, quoique ceux qui ont consumé la plus grande partie de leur vie dans la culture des lettres soient moins versatiles, moins souples, moins prestes à saisir les *occasions* et à s'accommoder aux circonstances, genre d'habileté auquel se rapporte ce que les Italiens appellent des *raisons d'état;* genre de moyens dont Pie V détestoit jusqu'au nom, ayant coutume de dire que c'étoient de pures inventions d'hommes pervers, et diamétralement opposées à la religion et aux vertus morales; et ce qui fait une ample compensation, c'est que ceux qui méprisent toutes ces *rubriques*, marchent avec autant de promptitude que de facilité, par la route sûre et bien applanie de la religion, de la justice, de l'honnêteté et des vertus morales; route telle, que ceux qui ont le courage de s'y tenir constamment, n'ont pas plus besoin de ces autres remèdes, qu'un corps en santé n'a besoin de médecine (1). D'ailleurs,

---

(1) Quand ce livre que nous traduisons ne renfermeroit que cette maxime vraiment utile, et, à ce titre, vraiment sublime, nous ne nous repentirions jamais d'avoir pris la peine de le traduire. Au grand jeu de la vie, comme à tous les jeux proprement dits, on perd quelquefois pour avoir

le cours de la vie d'un seul homme ne peut fournir assez d'exemples pour régler la conduite d'une vie entière, pas même celle d'un seul homme; car, de même qu'il arrive quelquefois que le

---

trop rigoureusement observé les règles, lorsque le hazard favorise excessivement un adversaire qui les viole. Mais à la longue, c'est celui qui les suit le plus constamment, qui demeure le gagnant; ou tout au moins, s'il est le perdant, il ne s'en prend pas à lui-même, mais à la fortune; ce qui adoucit le sentiment de ses pertes. C'est ainsi que, dans la vie ordinaire, après avoir échoué par l'injustice ou l'imprudence d'autrui, l'on est plus content de soi, et plus intimement heureux qu'après avoir réussi, malgré des fautes qu'on ne peut se dissimuler; et ce n'est pas ici une simple conjecture, c'est une expérience : mais ne parlons que des autres. A notre retour de Canton en Chine, notre vaisseau portoit le plus grand négociant qui fût alors sur ce globe; c'étoit un Arménien, le plus doux et le plus généreux des mortels : j'observai avec le plus grand soin cet homme étonnant, qui étoit alors pour moi un modèle à étudier, et je trouvai qu'il devoit à la perpétuelle sérénité qui régnoit dans son cœur, cette pureté de jugement,

petit-fils ou l'arrière-petit-fils ressemble plus à son aïeul ou à son bisaïeul qu'à son père, de même aussi il n'est pas rare que les affaires présentes quadrent mieux avec les exemples très anciens, qu'avec

cette justesse de combinaison qui lui faisoit appercevoir d'un coup d'œil les besoins de chaque pays, et former, d'après cette connoissance, une spéculation de plusieurs millions, en moins de temps que nous autres petits hommes, vains, envieux, cupides, fastueusement avares, et inutilement tracassiers, n'arrêtons un projet où il ne s'agit que de quelques écus. La vertu n'enrichit pas toujours ceux qui la pratiquent; mais du moins elle donne plus de saveur aux succès, et console de toutes les disgraces; *on ne se repent jamais d'avoir bien fait*. Nous exhortons ceux d'entre nos jeunes concitoyens qui, ayant le goût de la vertu, et sensibles au plaisir d'avoir bien fait, liront cet ouvrage avec quelque attention, de s'armer de la maxime vigoureuse dont il est question ici, contre certaines maximes dangereuses qu'ils rencontreront dans l'article auquel l'auteur a donné pour titre, *l'artisan de sa propre fortune*; sans quoi, au lieu de nous rendre utiles en interprétant cet ouvrage, nous n'aurons fait que broyer pour eux *un poison*.

les exemples plus modernes. Enfin, l'esprit d'un seul homme le cède autant à la vaste étendue des lettres prises en entier, que les revenus d'un particulier le cèdent au trésor public.

Si l'on accorde que ces dépravations et ces obstacles que les Politiques imputent aux lettres, aient quelque influence et quelque réalité, il faut convenir pourtant que, dans chaque circonstance, la science fournit plus de remèdes qu'elle ne cause de maux. En effet, accordons que les lettres, par une certaine force cachée, jettent l'esprit dans l'incertitude et la perplexité. D'un autre côté, il est hors de doute qu'elles nous apprennent comment nous pouvons nous dégager de la foule de nos pensées; jusqu'à quel point il faut délibérer, et quel est le moment où il faut prendre un parti. De plus, elles apprennent comment l'on peut, en attendant, suspendre ses desseins et tirer les choses en longueur. Accordons aussi qu'elles rendent les esprits plus roides et plus difficiles; mais en même temps elles nous apprennent à distinguer les choses qui sont appuyées sur des démonstrations, de celles qui ne sont fondées que sur des conjectures, et elles ne nous font pas moins connoître l'usage des distinctions et des exceptions, que la solidité des règles et des principes. Accordons encore qu'elles séduisent les esprits et les dévoient par l'inégalité ou la disparité des exemples. Je ne sais trop ce qui en est ; mais je sais assez qu'elles ne nous font pas moins connoître la force des circonstances, que le peu d'exactitude des comparaisons, et que les distinctions à faire dans les applications : ensorte qu'à tout prendre, elles corrigent plus les esprits, qu'elles ne les dépravent ; et ces remèdes-là, les lettres les insinuent, les font, pour ainsi dire, entrer par toutes les portes, à l'aide de cette abondante variété d'exemples qu'elles fournissent. En effet, considérez les fautes de Clément VII, si bien décrites par Guichardin, qui semble avoir toujours vécu avec lui ; ou les vacillations de Cicéron, qu'il a lui-même tracées au vif de sa propre main dans ses lettres à Atticus, et vous tâcherez de vous préserver tout-à-fait de l'inconstance et des fréquens changemens de résolution. Jetez les yeux sur les fautes de Phocion, et vous aurez en horreur l'excessive opiniâtreté. Si vous lisez la fable d'Ixion, vous bannirez de votre cœur les espérances excessives, vous efforçant de dissiper toutes ces vapeurs, tous ces nuages. Enfin, si l'on envisage Caton d'Utique, l'on se gardera bien d'émigrer, pour ainsi dire, aux antipodes de son pays, et de marcher en sens contraire de son siècle.

Quant à ceux qui pensent que les lettres amollissent l'ame, par la douceur du repos et de la retraite, ils nous étonneront fort s'ils parviennent à nous faire voir que ces talens qui accoutument l'esprit à une perpétuelle agitation, sont les patrons de l'indolence; on seroit au contraire fondé à soutenir que, de toutes les espèces d'hommes, il n'en est point qui aime les affaires pour les affaires mêmes, si ce n'est les Lettrés ; car les uns aiment les affaires et les occupations en vue du gain, comme les mercenaires aiment le travail en vue du salaire. Les autres ont la gloire pour but : tandis qu'ils travaillent, ils vivent, pour ainsi dire, dans les yeux d'autrui, toujours esclaves de leur réputation, qui s'évanouiroit sans cela. D'autres aspirent à la puissance, et ne recherchent que cette prérogative que donne la fortune, pour récompenser leurs amis et se venger de leurs ennemis. Il en est qui, en travaillant, ne pensent qu'à exercer telle de leurs facultés dont ils sont amoureux, pour se féliciter plus souvent à ce titre et se sourire à eux-mêmes. D'autres enfin, pour atteindre tel ou tel but qu'ils se proposent : ensorte que, ce qu'on dit ordinairement des glorieux, que *leur courage est dans les yeux de ceux qui les regardent,* on peut l'appliquer à tous les hommes de cette trempe ; dans tous ces travaux auxquels ils se condamnent, dans tous ces mouvemens qu'ils se donnent, ils ne paroissent avoir d'autre but que celui de s'attirer les applaudissemens des autres, ou de s'applaudir à eux-mêmes. Les Lettrés sont les seuls qui se délectent dans leurs affaires et leurs occupations, les regardant comme des actions conformes à leur nature, et non moins salutaires à l'ame que l'exercice l'est au corps, n'envisageant que la chose même, et non ses émolumens (1); ensorte qu'ils sont de tous les hommes les plus infatigables, pourvu que ce qui les occupe soit de nature à fixer, à remplir l'ame en proportion de sa dignité. S'il s'en trouve qui, très ardens à la lecture, deviennent mous et lâches dès qu'il s'agit de mettre la main à l'œuvre, ce défaut, on ne doit pas l'attribuer aux lettres,

---

(1) Il y a précisément autant d'hommes de lettres indifférens à la gloire et étudiant pour le seul plaisir d'étudier, qu'il y a d'ouvriers indifférens au gain, et travaillant pour le seul plaisir de travailler.

mais à une certaine foiblesse, à une certaine mollesse de corps et d'ame. Ce sont des hommes de cette espèce que désigne Sénèque lorsqu'il dit : *il en est qui aiment tellement l'ombre, que tout ce qui est exposé au jour leur paroît trouble.* Vous en trouverez peut-être qui, se connoissant bien à cet égard, s'adonnent aux lettres ; mais ce n'est pas la science ellemême qui donne et qui enfante un tel caractère. Que si quelqu'un, n'en voulant pas démordre, disoit encore que les lettres consument trop de temps et un temps qui pourroit être mieux employé à autre chose ; je dis qu'il n'est point d'homme tellement obsédé par les affaires, qu'il n'ait ses heures de loisir, en attendant le retour des heures de travail et le reflux de l'action, à moins qu'il ne soit prodigieusement lent à expédier, ou que, par une ambition peu honorable, il ne tâche de s'emparer de toutes sortes d'affaires. Reste donc à savoir en quoi et comment il faut employer ces heures de loisir qu'on aura su se ménager : sera-ce aux études ou aux voluptés, à exercer son génie ou à se donner du bon temps? Ici se place très bien la réponse que fit Démosthènes à Eschine, homme adonné aux voluptés. Celui-ci lui objectant, par forme de reproche, que ses harangues sentoient la lampe : *sans doute, répondit-il, elles la sentent ; mais encore y a-t-il grande différence entre ce que toi et moi faisons à la lumière de cette lampe.* Il n'est donc nullement à craindre que les lettres donnent l'exclusion aux affaires ; tout au contraire elles garantissent l'ame de l'oisiveté et de la volupté, qui, sans cela, ne manquent guère de s'y insinuer peu-à-peu, au double préjudice des lettres et des affaires.

Enfin nous objectent-ils que les lettres détruisent le respect dû aux loix et à l'autorité: je réponds que c'est une pure calomnie, et qu'une telle accusation n'a pas le moindre degré de probabilité. Car quiconque ose prétendre qu'une aveugle obéissance lie plus fortement qu'un amour éclairé de son devoir, doit en même temps assurer qu'un aveugle, que l'on conduit par la main, marche plus sûrement que celui qui, en plein jour, fait usage de ses yeux. De plus, il est hors de toute dispute que les arts adoucissent les mœurs; qu'ils rendent les ames douces, souples, ductiles et dociles au commandement; qu'au contraire l'ignorance les rend opiniâtres, réfractaires et séditieuses. Et c'est ce que l'histoire laisse hors de doute; car on voit que les temps d'ignorance, de grossièreté et de barbarie, sont aussi les temps les plus sujets aux troubles, aux séditions et aux grandes innovations (1).

Quant au jugement de Caton le censeur, qu'il suffise de dire qu'il porta la juste peine de ses blasphêmes contre les lettres, lorsqu'on le vit, à l'âge de plus de 70 ans, redevenir, pour ainsi dire, enfant, et s'appliquer avec tant d'ardeur à la langue grecque; preuve que cette

---

(1) Les voleurs n'aiment point les réverbères, a dit Duclos.

prétendue censure qu'il exerça contre les lettres, partoit plutôt d'une certaine gravité affectée, que de ses vrais sentimens. Quant à ce qui regarde les vers de Virgile, il a pu, se donnant carrière, insulter à l'univers entier, et réserver pour les Romains les arts propres au commandement, en abandonnant aux autres nations les autres arts, comme serviles et populaires. Il est pourtant un fait qu'il ne pouvoit nier; savoir: que les Romains ne se sont élevés au faîte de la puissance qu'à l'époque même où les arts étoient parvenus au comble de la perfection. Car les deux premiers Césars, hommes si supérieurs dans l'art de gouverner, eurent pour contemporains ce Virgile même, le premier des poëtes; Tite-Live, le premier des historiens; Varron, le premier de tous les antiquaires; et Cicéron, le premier des orateurs, ou peu s'en faut; tous hommes qui, au jugement de tous les siècles, furent les premiers, chacun dans son genre. Enfin, quant à l'accusation intentée à Socrate, voici ce que je me contenterai d'y répondre ; rappellons-nous le temps où elle le fut. Ne fut-ce pas au temps des trente tyrans, les plus cruels, les plus odieux de tous les mortels et les plus indignes du commandement ? Mais, lorsque cette période si courte de temps et de choses fut révolue, ce même Socrate, cet homme si criminel, fut mis au nombre des héros, et sa mémoire fut comblée de tous les honneurs divins et humains. Il y a plus : ces entretiens, que d'abord on regarda comme capables de corrompre les mœurs, furent célébrés par la postérité comme les antidotes les plus efficaces et les plus sûrs pour l'esprit et les mœurs.

Que ce peu de mots suffise pour répondre à ces Politiques, qui, par une orgueilleuse sévérité, ou une gravité affectée, ont osé faire injure aux lettres : réfutation qui, sans le doute où nous sommes que ce fruit de nos travaux parvienne jamais à la postérité, paroîtroit assez peu nécessaire, dans un temps où l'aspect et la faveur de deux souverains très éclairés, la reine Elizabeth et Votre Majesté, astres lumineux qui nous retracent Castor et Pollux, a concilié aux lettres, parmi nous, tant d'amour et de respect.

Nous voici arrivés au troisième genre de reproches qui réjaillit des Lettrés sur les lettres mêmes, et qui communément pénètre plus avant que les deux autres. Ces reproches se tirent, ou de leur fortune, ou de leurs mœurs, ou de leurs études. Quant au premier point, il ne dépend pas d'eux; le deuxième est hors de la question; ensorte que le troisième est le seul qui mérite quelque discussion. Cependant, comme ce qui est ici à considérer est moins le vrai poids des choses que le jugement du vulgaire, il ne sera pas inutile de dire quelques mots des deux autres.

Je dis donc que le discrédit et le déshonneur qui réjaillit de la fortune des Lettrés sur les lettres, se tire, ou de leur pauvreté et de leur indigence, ou de leur genre de vie obscur et retiré, ou du genre même de leurs occupations qui ne semble pas des plus nobles.

Quant à la pauvreté, si l'on voit tous les jours que les Lettrés sont indigens, que la plupart sont d'une extraction assez obscure, et qu'ils ne s'enrichissent pas aussi vîte que d'autres qui ne haletent qu'après le gain, l'éloge de la pauvreté est un fort beau sujet; mais c'est aux religieux mendians qu'il vaudroit mieux abandonner le soin de le traiter (soit dit sans les offenser); religieux dont Machiavel ne faisoit pas un foible éloge, lorsqu'il disoit d'eux: *depuis long-temps le règne des prêtres seroit passé, si la vénération pour les frères et les religieux mendians n'eût balancé l'effet du luxe et des vices des évêques.* C'est ainsi qu'on peut dire hardiment que, de cette prospérité et de cette magnificence qui donnent tant d'éclat aux princes et aux grands, on seroit dès long-temps retombé dans la misère et la barbarie, si l'on n'avoit, à ces mêmes Lettrés si misérables, l'obligation de la décence et des agrémens de la vie civile. Mais, laissant de côté ces éloges captieux, attachons-nous à un autre fait bien digne de remarque : il s'agit de cette vénération et de cette espèce de consécration où la pauvreté fut chez les Romains durant tant de siècles ; chez les Romains, dont la république ne se gouvernoit point par des paradoxes. Car c'est ainsi qu'en parle Tite-Live dans son préambule : *si l'amour de mon sujet ne me séduit, je peux dire qu'il n'y eut jamais république plus grande, plus sainte et plus riche en bons exemples ; qu'il n'y en eut point où le luxe et la cupidité vinrent si tard s'établir, où l'on rendit de si grands honneurs, et durant tant d'années, à la pauvreté et à l'économie.* Il y a plus : dans ces temps où Rome avoit déja dégénéré, et à l'époque où César témoignoit que son dessein étoit de relever la république, le sentiment d'un de ses amis fut que rien ne meneroit plus promptement à ce but, que d'ôter tout crédit et tout honneur aux richesses : *Ces maux-là*, disoit-il, *et tous les autres maux, disparoîtront avec cette prérogative dont jouit l'or, sitôt que les magistratures et toutes ces distinctions auxquelles aspire le vulgaire, cesseront d'être vénales.* Enfin, comme on a dit que la *rougeur est la couleur de la vertu*, quoique ce soit assez souvent une faute qui nous fait rougir, on peut dire avec autant de vérité, que *la pauvreté est la fortune de la vertu*, quoiqu'elle ait quelquefois pour cause le luxe et l'incurie. C'est sans contredit à Salomon qu'appartient cette sentence : *celui qui court aux richesses, ne sera pas long-temps innocent;* ainsi que ce précepte : *achète la vérité; mais toi, ne vends pas la science et la prudence;* comme s'il lui paroissoit convenable d'employer ses richesses à acquérir la science, et non d'employer la science à amasser des richesses.

Qu'est-il besoin de parler de cette vie obscure et retirée qu'on reproche aux Lettrés ? Soutenir que le repos et la retraite (pourvu toutefois qu'on en ôte le luxe et la paresse) sont préférables à la vie contentieuse et active, vu la sécurité, la liberté, les douceurs, l'existence honorable qui en sont les fruits, ou tout au moins à cause de la facilité qu'on y trouve à se garantir des indignités ; c'est un sujet si rebattu et tellement usé par tous les écrivains, que de tous ceux qui se mêlent de le traiter, il n'en est aucun qui ne le traite bien ; tant cette maxime est à l'unisson du sentiment humain, quant à l'expérience, et de la raison universelle, quant à l'approbation qu'on peut lui donner. Tout ce que je me contenterai d'ajouter, est que ces Lettrés qui demeurent cachés dans les républiques, et qui vivent loin des yeux des hommes, sont semblables aux images de Cassius et de Brutus ; car Tacite, en nous apprenant qu'elles ne furent point portées aux funérailles de Junie, quoiqu'on y en portât un grand nombre d'autres, s'exprime ainsi : *elles paroissoient devant toutes les autres, par cela même qu'on ne les y voyoit point.*

Quant à ce que l'on dit de la bassesse des occupations que l'on abandonne aux Lettrés, cela nous fait penser à l'usage où l'on est de leur confier l'éducation des enfans et des adolescens ; âge exposé à un mépris qui retombe sur les maîtres eux-mêmes : mais l'on sentira aisément combien ce reproche est injuste, pour peu qu'examinant la chose, non d'après l'opinion vulgaire, mais d'après la direction d'un jugement sain, l'on considère que tous se hâtent d'imbiber un vase neuf plutôt qu'un vieux, et choisissent avec plus de soin la terre qu'ils mettent autour d'une plante encore tendre, que celle qu'ils approchent d'une plante adulte ; par où l'on voit que ce sont les commencemens des corps et de toutes choses qui sont le principal objet de notre sollicitude. Daignez prêter l'oreille aux rabbins, lorsqu'ils vous disent: *vos jeunes gens auront des visions, et vos vieillards, des songes*. De ce texte ils concluent que la jeunesse est l'âge qui mérite le plus notre attention et nos égards, et cela d'autant que nous avons des révélations plus claires par les visions que par les songes. Mais une conduite qui mérite vraiment d'être remarquée, c'est que de notre temps, quoique les pédagogues, regardés comme une espèce de singes des tyrans, soient les jouets du théâtre, on ne laisse pas, dans le choix qu'on en fait, de mettre tant d'inattention et d'insouciance : ce n'est pourtant pas d'aujourd'hui seulement que cette négligence a été remarquée, et que les plaintes, à cet égard, se sont fait entendre ; mais depuis les siècles les plus vertueux et les plus sages jusqu'à nos jours, l'on s'est plaint que les républiques ne s'occupoient que trop des *loix*, et pas assez de *l'éducation*. Or, cette partie si importante de l'ancienne discipline a été, jusqu'à un certain point, comme rappellée de l'exil dans les collèges des Jésuites ; et lorsque je considère leur industrie et leur activité, tant pour cultiver les sciences que pour former les mœurs, je me rappelle ce mot d'Agésilas à Pharnabaze : *tel que je te vois, plût-à-dieu que tu fusses des nôtres!* Mais en voilà assez sur les reproches qu'on fait aux gens de lettres, par rapport à leur fortune et à leur condition.

Quant à ce qui concerne les mœurs des Lettrés, c'est un point qui regarde plutôt les personnes mêmes que leurs études. Car on trouve sans doute parmi eux, comme dans tous les autres ordres et genres de vie, et des bons et des méchans; ce qui ne donne nullement atteinte à cette vérité si connue : *que nos mœurs se moulent sur notre genre d'études,* et que les lettres, à moins qu'elles ne tombent dans des esprits tout-à-fait dépravés, corrigent entièrement le naturel, et le changent en mieux.

Mais en y regardant de fort près et en appréciant les choses avec toute l'attention et la sincérité dont je suis capable, je ne vois aucun déshonneur qui puisse réjaillir des mœurs des Lettrés sur les lettres; à moins qu'on ne leur reproche comme un vice, ce défaut même qu'on a reproché à Démosthènes, à Cicéron, à Caton d'Utique, à Sénèque et à plusieurs autres; que les temps dont ils lisent l'histoire, étant meilleurs que ceux où ils vivent, et les préceptes valant toujours mieux que les actions, ils s'efforcent beaucoup plus qu'il ne le faudroit, de ramener un siècle corrompu à la pureté des préceptes et des dogmes dont ils sont nourris, et d'imposer à un temps de dissolution, des loix qui ne conviennent qu'à la sévérité des mœurs antiques; mais s'ils ont besoin de quelqu'avertissement à cet égard, ils sont à même de le puiser dans leurs propres sources. Car Solon, comme on lui demandoit s'il avoit donné à ses concitoyens les meilleures loix possibles, répondit: *non les meilleures possibles, mais les meilleures de celles qu'ils eussent voulu accepter.* Platon aussi voyant les mœurs de ses concitoyens corrompues à tel degré qu'il ne pouvoit les supporter, s'abstint de tout emploi public, prétendant *qu'il falloit se conduire avec la patrie comme avec ses parens, user de douces persuasions* et *non de violence, supplier* et *non contester;* et c'est une précaution que n'oublioit pas non plus ce conseiller de César, lorsqu'il disoit : *nous n'avons garde de vouloir rappeller aux anciennes institutions ce qui dès long-temps est le jouet d'un peuple corrompu.* Cicéron également, relevant les méprises de Caton d'Utique dans une de ses lettres à Atticùs : *rien de plus pur,* dit-il, *que les sentimens de Caton; mais il ne laisse pas de nuire quelquefois à la république : il nous parle comme si nous étions dans la république de Platon, et non dans cette lie de Romulus.* Ce même Cicéron excusant, à l'aide d'une benigne interprétation, ce que les préceptes et les décisions des philosophes avoient de trop sévère et de trop dur : *si ces précepteurs et ces maîtres,* dit-il, *semblent avoir reculé les limites de nos devoirs beaucoup plus loin que la nature humaine ne le comporte, c'étoit afin que, par les efforts mêmes que nous ferions pour nous élever au plus haut degré de perfection, nous pussions du moins prendre pied au degré convenable.* Cependant, et lui aussi, il pouvoit dire : *je suis au-dessous de mes propres maximes;* car il a donné dans le même écueil, quoiqu'il ne s'y soit pas heurté aussi lourdement que bien d'autres. Un autre défaut que l'on reproche aux Lettrés avec quelque sorte de raison, c'est de préférer la gloire et l'avantage de leur patrie, ou de leurs souverains, à leur propre fortune et à leur propre sûreté. C'est ainsi que Démosthènes parle à ses concitoyens : *mes conseils, ô Athéniens! ne sont pas de telle nature que je puisse, en vous les donnant, devenir plus grand parmi vous, et que vous, en les suivant, puissiez devenir, pour les Grecs, un objet de mépris : ils sont tels au contraire, que le plus souvent il n'est pas trop sûr pour moi de vous les donner; mais que vous, il vous est toujours utile de les embrasser.* C'est dans ce même esprit que Sénèque, après les cinq premières années de Néron, n'abandonna point son poste, dans le temps même où ce prince étoit déja souillé des crimes les plus honteux, et ne cessa point de lui ménager ses conseils avec une noble confiance et une généreuse liberté ; conduite qu'il ne put soutenir sans s'exposer lui-même au danger le plus imminent, et qui fut enfin cause de sa perte. Et en pouvoit-il être autrement ? vu que la science pénètre l'ame humaine du profond sentiment de sa fragilité, de la dignité de l'homme, et des devoirs que lui imposent ses hautes destinées ; toutes considérations, telles, que ceux qui ne les perdent jamais de vue, ne peuvent en aucune manière se persuader qu'ils doivent regarder comme le souverain bien et comme leur principale fin, leur propre agrandissement. C'est pourquoi ils vivent comme devant rendre compte à Dieu, et à leurs maîtres après Dieu, soit rois, soit républiques, et rendre compte sous cette formule : *voilà ce que j'ai gagné pour toi;* et non sous celle-ci : *voilà ce que j'ai gagné pour moi.* Mais la tourbe des Politiques, dont les esprits ne sont point instruits et confirmés dans la doctrine des devoirs et dans la contemplation du bien universel, rapportent tout à eux-mêmes, se regardant comme le centre du monde; et comme si toutes les lignes devoient concourir vers eux et leurs fortunes, s'embarrassent peu du vaisseau de la république, quoique battu par la tempête, pourvu qu'ils puissent sauver leur petite barque et échapper seuls au naufrage. Mais ceux qui connoissent mieux le poids des devoirs et les limites de l'amour de soi, demeurent attachés à leurs fonctions et restent à leur poste, quelque risque qu'il y ait à le faire. Que s'ils échappent au danger, au milieu des séditions et des innovations, ce bonheur, ils ne le doivent point à l'artifice et à un génie versatile; mais à ce respect que la probité impose naturellement, et qu'elle arrache à des ennemis mêmes. Au reste, quant à ce qui regarde la constance, la fidélité et la religion des devoirs; toutes choses que la science, sans contredit, insinue dans les ames, quoique la fortune semble quelquefois les punir, et qu'on ose même les condamner, d'après les faux principes des Politiques, elles ne laissent pas de s'attirer à la longue l'approbation universelle; mais tout cela est si clair, que j'ai presque honte d'insister si long-temps sur ce point.

Un autre défaut familier aux gens de lettres, et qu'il est plus aisé d'excuser que de nier, c'est de ne savoir pas s'ajuster et s'accommoder aux personnes avec lesquelles ils ont à vivre et à traiter; défaut qui vient de deux causes : l'une, est la grandeur même de leur ame, qui les empêche de s'abaisser au point de ne se dévouer qu'à un seul homme. *Nous sommes l'un pour l'autre un théâtre assez grand;* ce mot est d'un *amant*, et non d'un *sage*. Je ne disconviendrai pas néanmoins que celui qui n'a pas la faculté de contracter et de dilater à volonté son esprit, comme la prunelle de son œil, est privé d'une faculté bien nécessaire dans la vie active. La seconde cause est leur probité et la simplicité de leurs mœurs ; ce qui est plutôt la preuve d'un choix judicieux, qu'un vrai défaut. En effet, les limites véritables et légitimes de l'assiduité qu'on peut avoir auprès de tel ou tel personnage, se réduisent à étudier ses mœurs, afin de pouvoir traiter avec lui sans le choquer, l'aider de ses conseils au besoin, et pourvoir en même temps à sa propre sûreté en toutes circonstances : mais de scruter les secrettes affections d'un autre homme, afin de le plier, de le manier, de le tourner à son gré, est le propre d'un homme peu candide, d'un homme rusé, d'un homme double ; et ce qui seroit déja très vicieux en amitié, devient un crime dès qu'il s'agit des princes ; car cette coutume de l'Orient, qui défend de fixer les yeux sur les souverains, a, quant à l'usage même, je ne sais quoi de barbare ; mais, quant à ce qu'elle signifie, elle ne laisse pas d'avoir son mérite ; il n'appartient pas aux sujets de scruter les cœurs de leurs maîtres, que l'écriture sainte a déclarés impénétrables.

Reste un autre défaut, par lequel je terminerai cette partie, et qu'on impute aux Lettrés; savoir : que, dans les petites choses, dans les choses extérieures, comme l'air du visage, le geste, la démarche, les entretiens journaliers, et autres circonstances de cette espèce, ils n'observent pas le décorum ; et ces fautes si légères, ces petites inattentions, les hommes sans jugement en prennent occasion de juger de leur capacité dans les grandes choses ; mais un jugement de cette espèce est presque toujours trompeur : qu'ils sachent de plus que Thémistocle leur a dès long-temps répondu d'avance. Comme on l'invitoit à jouer de la flûte, il répondit avec assez d'orgueil sans doute, vu qu'en cette occasion il parloit de lui-même, mais d'une manière pourtant qui rentre très bien dans ce que nous disons, *qu'à la vérité il ne savoit pas jouer de la flûte, mais qu'en récompense il sa-*

voit fort bien comment d'une petite ville on pouvoit faire une grande cité. Il est sans doute bien des personnages dont on peut dire que tous les ressorts politiques leur sont parfaitement connus ; et rien pourtant n'est plus gauche et plus maladroit qu'eux dans la vie ordinaire et dans ces petites choses qui reviennent à chaque instant. Enfin, renvoyons ces détracteurs à cet éloge que Platon faisoit de son maître : *il ressemble*, disoit-il, *aux boîtes des pharmaciens, qui au dehors présentent des figures de singes, de hibous et de satyres; mais qui au dedans contiennent des liqueurs précieuses, et des remèdes admirables;* avouant ainsi qu'au jugement du vulgaire, et selon l'estimation commune, son maître ne laissoit pas d'avoir à l'extérieur quelques légers défauts, et même des difformités; tandis qu'au dedans, son ame étoit toute pleine de talens supérieurs et de sublimes vertus. Mais en voilà assez sur les mœurs des gens de lettres.

Au reste, nous croyons devoir prévenir que notre dessein n'est nullement d'excuser les mœurs abjectes et sordides de certains philosophes de profession; mœurs par lesquelles ils ont déshonoré et les lettres et eux-mêmes. Tels étoient chez les Romains, dans les derniers siècles, ces philosophes qu'on voyoit attachés aux maisons des riches, qui ne bougeoient de leur table, et qu'on auroit pu, avec raison, qualifier de *parasites à grande barbe*. De ce genre étoit celui que Lucain dépeint si facétieusement. Une dame de distinction l'ayant chargé de porter dans sa litière son petit chien de Malte, comme il se prêtoit à ce service avec beaucoup de complaisance et très peu de dignité, un petit valet de cette dame le railla, en disant: *j'ai peur que notre philosophe de STOÏCIEN ne devienne CYNIQUE* (1). Il n'est rien qui ait

―――――――――――――――――

(1) Le sel de cette raillerie dépend d'un double sens : ce mot *cynique* vient du mot grec Κυνε (*cunos*), qui signifie *chien*. On donnoit le nom de *cyniques* aux philosophes qui, comme Diogènes,

plus nui à la dignité des lettres que cette grossière et basse adulation, à laquelle certains personnages, qui n'étoient rien moins qu'ignorans, ont abaissé leurs plumes et leurs esprits, transformant, selon l'expression de Dubartas, Hécube en Hélène, et Faustine en Lucrèce. Et je ne suis pas non plus trop porté à louer cette coutume reçue, de dédier les livres à des patrons ; sur-tout des livres qui, étant dignes de ce nom, ne devroient avoir d'autres protectrices que la raison et la vérité. J'aime mieux ces anciens qui dédioient leurs livres à leurs amis et à leurs égaux, ou qui mettoient même en tête de leurs traités les noms de ces amis. Que si par hazard ils dédioient leurs ouvrages aux rois, ou à d'autres hommes puissans, ils ne le faisoient que dans le cas où le sujet même du livre convenoit à de tels personnages.

---

déclamoient et aboyoient, pour ainsi dire, contre les vices et les travers de leur siècle; et même on les désignoit assez souvent par la dure qualification de *chien*.

En parlant ainsi, je ne prétends pas inculper ceux d'entre les gens de lettres qui savent s'accommoder aux heureux de ce monde et autres hommes puissans. Car c'est avec raison que Diogènes, comme quelqu'un lui demandoit par dérision comment il se faisoit que les philosophes recherchassent les riches, et que les riches ne recherchassent pas les philosophes, répondit, non sans causticité, *que cela venoit de ce que les philosophes savoient fort bien ce qui leur manquoit, au lieu que les riches ne le savoient pas.* A quoi ressemble beaucoup cette réponse d'Aristippe : ce philosophe voyant que Denis ne faisoit aucune attention à je ne sais quelle demande qu'il lui faisoit, il se jeta, dans une attitude d'adoration, aux pieds du tyran, qui alors fit attention à sa demande et la lui accorda. Mais peu après, certain défenseur de la dignité philosophique lui reprocha qu'en se jetant ainsi aux pieds d'un tyran pour si peu de chose, il faisoit affront à la philosophie. *Que voulez-vous,* répondit

Aristippe, *est-ce ma faute à moi si Denis a les oreilles aux pieds ?* On regarda aussi comme un trait de prudence et non de pusillanimité, la réponse de certain autre philosophe (1) qui, dans une dispute avec Adrien, ayant pris le parti de lui céder, s'excusa en disant *qu'il étoit juste de céder à un homme qui commandoit à trente légions.* Il ne faut donc pas se hâter de condamner les savans, lorsqu'ils savent au besoin relâcher de leur gravité, soit que la nécessité le leur commande, ou que l'occasion les y invite; car, bien qu'une telle conduite semble, au premier coup d'œil, avoir je ne sais quoi de bas et de servile; cependant, en y regardant de plus près, on jugera que c'est au temps et non à la personne qu'ils s'assujettissent ainsi.

Passons maintenant aux erreurs et aux frivolités qui se rencontrent dans les études mêmes des savans et qui s'y mêlent accidentellement; ce qui est principale-

---

(1) Démonax.

ment et proprement notre sujet. En quoi notre dessein n'est pas de défendre les erreurs mêmes; mais au contraire de les relever et de les ôter, afin d'extraire ensuite du tout ce qui peut s'y trouver de sain et de solide, et de le garantir de la calomnie; car nous voyons que les envieux sont dans l'usage de se prendre à ce qu'il y a de plus mauvais dans chaque chose, pour attaquer ce qui s'y trouve de bon et d'intact. C'est ainsi que, dans la primitive église, les païens imputoient aux chrétiens les vices des hérétiques. Cependant notre dessein n'est pas non plus d'examiner en détail, dans les erreurs et les obstacles qu'éprouvent les lettres, ce qu'il y a de plus caché et de plus éloigné de la portée du vulgaire, mais seulement ce que le commun des esprits y peut appercevoir aisément, ou ce qui ne s'en éloigne pas beaucoup.

Je dis donc que je relève trois espèces de vanités et de frivolités dans les Lettrés; vanités qui ont donné prise à l'envie pour les déprimer. Or, ces choses que nous qualifions de *vaines*, ce sont celles qui sont ou *fausses* ou *frivoles*; c'est-à-dire, où manque soit la *vérité* soit *l'utilité*. Et en fait de personnes, nous traitons de *vaines* et de *légères*, celles qui ajoutent foi trop aisément au faux, ou qui s'attachent avec trop de curiosité à des choses de peu d'utilité. Et, cette curiosité a pour objet, ou les *choses* mêmes ou les *mots*; c'est-à-dire, qu'elle a lieu, ou lorsqu'on donne trop d'attention à des choses inutiles, ou lorsqu'on s'attache trop aux délicatesses du langage. En quoi ce ne sera pas moins se conformer à la droite raison qu'à l'expérience bien constatée, que de distinguer trois vices ou mauvaises constitutions de doctrines; savoir: la doctrine *phantastique*, la doctrine *litigieuse*, enfin la doctrine *fardée* et sans nerfs; ou de choisir cette autre division: vaines *imaginations*, vaines *altercations*, vaines *affectations*. Nous commencerons par la dernière.

Ce genre d'excès ou de vice, qui consiste en un certain luxe de style, et qui n'a pas laissé autrefois d'avoir cours de temps à autre, s'est étonnamment accrédité vers le temps de *Luther*. La raison de cette vogue est qu'on s'efforçoit alors de donner aux discours publics toute la chaleur et l'efficace possible, pour flatter et attirer le peuple. Or, un but de cette espèce demandoit un genre de diction populaire, à quoi se joignoient la haine et le mépris que commençoient à inspirer les Scholastiques, qui usoient d'un style et d'un genre de diction tout-à-fait différent; forgeant sans retenue des mots étranges et barbares, et s'embarrassant peu des ornemens et de l'élégance du discours, pourvu qu'ils pussent éviter les circonlocutions, et exprimer leurs idées et leurs conceptions avec une certaine finesse. Mais qu'en arriva-t-il? Que peu après on commença à s'attacher plus aux mots qu'aux choses; la plupart estimant plus une phrase bien peignée, une période bien arrondie, des désinences bien cadencées, et l'éclat des tropes, que le poids des choses, et conrant après ces agrémens. Alors fleurit l'éloquence fastueuse et diffuse d'Osorius, évêque portugais. Alors aussi Sturmius consuma un temps et des peines infinies à analyser l'orateur Cicéron et le rhéteur Hermogènes. Alors encore Carrus et Ascanius, parmi nous, élevant jusqu'aux cieux Cicéron et Démosthènes dans leurs livres et leurs leçons, invitèrent la jeunesse à ce genre de doctrine élégant et fleuri. Alors enfin Érasme saisit l'occasion d'introduire ce ridicule écho: *Decem annos consumpsi in legendo Cicerone* (j'ai consumé dix années dans la lecture de Cicéron). A quoi l'écho répondoit *one* (âne, vocatif grec). Mais la doctrine des Scholastiques, désormais jugée âpre et barbare, commença à tomber en discrédit. Enfin, et pour tout dire en un mot, le goût dominant, et l'étude de ce temps-là se portoit plus vers l'abondance que vers le poids des choses.

Tel est donc le premier genre d'excès dans les lettres; excès qui, comme nous l'avons dit, consiste à s'attacher aux *mots* et non aux *choses*. Or, quoique nous ayons tiré des temps les plus voisins du nôtre les exemples de ce genre d'excès, ce genre d'inepties n'a pas laissé de plaire autrefois, tantôt plus, tantôt moins, et plaira encore un jour. Mais il ne se peut que cela même ne contribue singulièrement à relever ou à rabaisser la réputation de la science, même auprès du vulgaire ignorant; attendu qu'il voit que les écrits des savans ressemblent fort à la première lettre d'un diplôme, laquelle, quoique bigarrée de traits de plumes et de petits ornemens, ne forme après tout qu'une seule lettre. Or, je trouve qu'une image très fidelle et une espèce d'emblême de cette sorte de goût, c'est la manie de Pigmalion ; car, au fond, que sont les mots ? sinon les images des choses ; et ces images, si la vigueur des raisons ne leur donne de l'ame et de la vie, s'y attacher si fort, c'est être amoureux d'une statue.

Cependant il ne faut pas non plus condamner tout homme qui prend peine à polir et à relever par l'éclat des mots ce que la philosophie peut avoir de rude et d'obscur : nous voyons de grands exemples de ces ornemens dans Xénophon, Cicéron, Sénèque, Plutarque et Platon lui-même, et l'utilité en cela n'est pas moindre que l'agrément ; car, quoique la recherche de ces ornemens nuise quelque peu à la connoissance de la vérité (1), et à une étude plus profonde de la philosophie, parce qu'elle assoupit l'esprit avant le temps, éteignant le désir et la soif des découvertes ultérieures ; néanmoins si l'on a le dessein d'appliquer la science aux usages de la vie commune, et aux différentes circonstances où il s'agit de discourir, de consulter, de persuader, de raisonner, et au-

---

(1) En ce genre comme en tout autre, et à la longue, l'on ne trouve que ce qu'on a cherché. Qui cherche la vérité, la trouvera enfin si elle est à la portée de l'homme ; et qui cherche des mots, ne trouvera que ces mots.

tres semblables, ce dont on aura besoin en ce genre, on le trouvera tout préparé et tout orné dans ces écrivains ; cependant c'est avec justice que tout excès en ce genre est méprisé : de même qu'Hercule voyant dans un temple la statue d'Adonis (de ce jeune homme qui fut les délices de Vénus), il s'écria dans son indignation : *va, tu n'as rien de divin;* de même aussi ces laborieux athlètes, tous ces hercules littéraires qui s'appliquent avec ardeur et sans relâche à la recherche de la vérité, n'auront pas de peine à mépriser toutes les délicatesses et tous les rafinemens de cette espèce, comme n'ayant rien de divin.

Un autre genre de style un peu plus sain, mais qui n'est pas non plus entièrement exempt de *vanité*, c'est celui qui, pour le temps, succède presque immédiatement à cette abondance et à ce luxe dont nous venons de parler. Celui-ci n'a d'autre but que celui d'aiguiser les expressions, de rendre les sentences concises, et de faire que le style, au lieu de couler naturellement, soit plein de tours recherchés. L'effet de cet artifice est de faire paroître tout ce qu'on dit plus ingénieux qu'il n'est réellement. C'est une adresse dont Sénèque a abusé plus que tout autre; et de nos jours, il n'y a pas long-temps que les oreilles ont commencé à s'en accommoder. Mais ce rafinement plaît aux esprits médiocres et de manière à donner aux lettres une sorte de relief. Cependant, c'est avec raison que les jugemens plus sévères le dédaignent, et on peut le regarder comme un vice de littérature, attendu que ce n'est qu'une sorte de *chasse aux mots*, et qu'une recherche dans la manière de les agencer. Voilà donc ce que nous avions à dire sur cette première intempérie des lettres.

Suit ce vice dans les *choses* mêmes, que nous avons mis au second rang et désigné par ces mots de *subtilité litigieuse*. Celui-ci est de quelque peu pire que le premier. En effet, comme l'importance des choses l'emporte sur l'agrément des mots; de même et par la raison des contraires, la vanité est plus choquante dans les choses que dans les mots. Sur quoi cette réprimande de St. Paul ne convient pas moins bien à notre temps qu'à celui où il parloit, et ne regarde pas seulement la théologie, mais même toutes les sciences : *Évitez*, dit-il, *les profanes innovations de mots et toutes ces oppositions qui usurpent le nom de science;* paroles par lesquelles il nous montre deux espèces de *signes*, pour reconnoître toute science suspecte et mensongère. Le premier est la nouveauté des mots et l'audacieux *néologisme :* l'autre, la rigueur des dogmes, qui amène nécessairement des oppositions, puis des altercations et des disputes. Certes, de même qu'il est une infinité de corps qui sont pleins de force tant qu'ils sont entiers, mais qu'ensuite on voit se corrompre et se résoudre en vers; de même aussi il n'arrive que trop qu'une saine et solide connoissance des choses se dissout et se résout en questions subtiles, vides de sens, insalubres, et, s'il est permis de s'exprimer ainsi, toutes vermoulues; questions qui, par un certain mouvement et une certaine agitation, ont un air de vie, mais qui ne laissent pour résidu qu'une matière infecte et de nul usage.

Cette espèce de doctrine moins saine et qui se corrompt elle-même, s'est principalement accréditée chez un grand nombre de Scholastiques, qui, jouissant d'un grand loisir et doués d'un esprit aussi actif que pénétrant, mais ayant peu de lecture, (attendu que leurs esprits étoient comme emprisonnés dans les écrits d'un petit nombre d'auteurs, et sur-tout dans ceux d'Aristote leur dictateur, comme leurs corps l'étoient dans leurs cellules), ignoroient presque totalement l'histoire de la nature et des temps, et, contens d'une petite quantité de fil, mais à l'aide de la perpétuelle agitation de leur esprit, allant et revenant sans fin et sans terme, comme une navette, ont fabriqué ces toiles si laborieuses et si compliquées que nous voyons dans leurs livres (1). En effet, l'esprit humain, lorsqu'il opère sur une matière bien réelle, en contemplant les œuvres de Dieu et de la nature, est, dans son travail, dirigé par cette matière même; et elle lui fait trouver un terme, une fin (2). Mais, quand il revient sur lui-même, semblable à l'araignée, qui forme sa toile de sa propre substance, alors il n'est plus de fin pour lui, et il ourdit certaines toiles scientifiques, admirables sans doute par la finesse du fil et la délicatesse de la main-d'œuvre; mais tout-à-fait frivoles et sans utilité.

Or, cette subtilité excessive et cette inutile curiosité est de deux espèces, et on l'observe, ou dans la matière même,

---

(1) C'est ce qui s'applique singulièrement à Thomas d'Aquin, à Scott, au grand Albert, à Bernard, à Abailard : que de génie perdu !

(2) Parce que le monde réel est lui-même fini, borné; au lieu que le monde imaginaire est infini; et pour une seule manière dont une chose est réellement, on peut imaginer mille manières dont elle semble être et dont elle n'est pas.

comme dans une vaine spéculation, ou dans une frivole controverse; ce dont on voit bien des exemples dans la théologie et la philosophie; ou dans la méthode et la manière de traiter ces sciences : voici à quoi se réduisoit cette méthode chez les Scholastiques. Sur chaque sujet proposé, on formoit des objections : puis venoient les solutions de ces difficultés; solutions qui pour la plupart n'étoient que de simples distinctions; quoique la force de toute science, comme celle du faisceau de ce vieillard de l'apologue, réside, non dans les verges dont il est composé, prises une à une; mais dans leur assemblage et dans le lien qui les tient unies. En effet, la considération du tout ensemble d'une science, toute composée de parties mutuellement dépendantes les unes des autres et qui se soutiennent réciproquement, est et doit être la méthode la plus sûre et la plus facile pour réfuter toutes les petites objections. Que si au contraire vous tirez tous les axiômes un à un, comme ce vieillard séparoit les brins du faisceau, vous les trouverez tous foibles, et il vous sera facile de les fléchir ou de les rompre tous successivement; ensorte que, comme l'on disoit de Senèque, qu'en pulvérisant tout à l'aide des mots, il ôtoit aux choses tout leur poids; on peut dire aussi des Scholastiques, que, pulvérisant tout par leurs controverses sans nombre, ils ôtent aux sciences tout leur poids. Dites-moi s'il ne vaudroit pas mieux, dans une salle spacieuse, allumer un seul flambeau, ou suspendre un seul lustre garni de lumières, pour éclairer toutes les parties à la fois, que d'aller promenant une petite lanterne dans tous les coins? comme le font ceux qui s'étudient moins à éclaircir la vérité par des raisonnemens bien nets, par des exemples et des autorités, qu'à lever toutes les petites difficultés, à résoudre toutes les petites objections, à dissiper tous les doutes. Que gagnent-ils par cette méthode? Ils font que chaque question enfante de nouvelles questions sans fin et sans terme. Comme nous voyons, dans la similitude dont nous usions plus haut, que la lanterne portée dans un certain coin, abandonne toutes les autres parties et les laisse dans l'obscurité. Ensorte que la vive image de ce genre de philosophie est la fable de Scylla, qui, au rapport des poëtes, présentoit le visage et la poitrine d'une fille, jeune et belle; mais qui, vers les parties de la génération, étoit toute environnée de monstres qui aboyoient avec un bruit terrible. De même vous trouverez chez les Scholastiques certaines généralités assez belles pour le discours, et qui ne sont pas trop mal imaginées; mais en vient-on aux distinctions et aux décisions, alors, au lieu d'une matrice féconde en moyens utiles à la vie humaine, le tout aboutit à des questions monstrueuses et à un vain fracas de mots. Il n'est donc pas étonnant que ce genre de doctrine soit si exposé au mépris, même auprès du vulgaire, qui dédaigne ordinairement la vérité à cause des disputes qu'elle occasionne, et qui s'imagine que des gens qui ne sont jamais d'accord entr'eux, se trompent tous. Et lorsqu'il voit de savans hommes ferrailler sans cesse les uns contre les autres pour le moindre sujet, il se saisit aussi-tôt de ce mot de Denys de Siracuse : *ce sont propos de vieillards oisifs* (1). Mais il est hors de doute que si les Scholastiques, à cette soif inextinguible de la vérité et à cette perpétuelle agitation d'esprit qui leur est propre, eussent joint des lectures et des méditations assez étendues et assez variées, ils n'eussent été de grandes lumières en philosophie, et n'eussent fait faire de grands pas aux sciences et aux arts.

Quant à la troisième espèce d'excès qui regarde le mensonge et la fausseté, c'est la plus honteuse de toutes ; elle détruit la nature même et l'ame de la

---

(1) Ce mot fut dit à l'occasion d'une certaine dispute assez frivole qu'agitoit Platon avec d'autres philosophes, en présence du tyran; dispute dont le plus grand défaut étoit peut-être que ce tyran n'y entendoit rien.

science, qui est l'image de la vérité (1). Car la réalité d'existence et la vérité de connoissance ne sont qu'une seule et même chose, et ne diffèrent pas plus entr'elles, que le rayon direct et le rayon réfléchi. Ainsi ce vice est *double*, ou plutôt il est *doublé* : c'est ou imposture, ou crédulité. L'une trompe, l'autre est trompée, et, quoique ces deux choses semblent être de nature très différente, l'une ayant pour principe une certaine duplicité, et l'autre, une certaine simplicité ; néanmoins elles se trouvent presque toujours ensemble, comme il est dit dans ce vers : *évitez ce grand questionneur, ce même homme est aussi indis-*

---

(1) Qui elle-même est l'image du monde, réel ou possible : car la plus exacte définition qu'on puisse donner de la vérité, paroît être celle-ci. La vérité est une idée ou un assemblage d'idées conformes à ce qui existe, a existé, existera, ou peut exister, du moins relativement à l'homme qui conçoit ces idées ; car la sensation, qui est la matière première de toute connoissance, n'est au fond que la perception de notre propre état.

cret. Par où l'on nous fait entendre que celui qui est curieux est aussi bavard ; de même on peut dire que tout homme qui croit aisément, trompe tout aussi volontiers (1). En effet, nous voyons tous les jours, par rapport à la renommée et aux bruits qui courent, que les hommes qui ajoutent aisément foi aux premières nouvelles, sont aussi ceux qui sont les plus portés à les enfler. Et c'est ce que Tacite exprime judicieusement en ce peu de mots : *ils mentent et croient tout ensemble.* Tant il est vrai qu'il n'est rien de plus voisin que ces deux choses, la volonté de tromper, et la facilité à croire.

Or, cette facilité à tout croire et à tout recevoir, quoiqu'appuyée sur la plus foible autorité, est de deux espèces, et varie

―――――――――――――――――――

(1) La même foiblesse d'esprit qui fait qu'on adopte l'opinion d'autrui sans l'avoir examinée, fait aussi qu'on adopte sans examen cette opinion très fausse ; *qu'à la longue on peut gagner beaucoup en trompant les autres avec une certaine adresse.*

en raison du sujet de la croyance. Car l'on peut croire ou une narration, *le fait*, en un mot, suivant l'expression des jurisconsultes, ou *le droit*. Quant au premier genre, nous voyons combien les erreurs de cette nature, en se mêlant à certaines histoires ecclésiastiques, ont fait de tort à la dignité de ces histoires qui se sont prêtées trop aisément à recevoir et à transmettre je ne sais quels miracles opérés par les martyrs, les hermites, les anachorètes et autres saints personnages, ainsi que par leurs reliques, leurs sépulcres, leurs chapelles, leurs images, etc. C'est ainsi que nous voyons qu'on fait entrer dans l'histoire naturelle, une infinité de prétendus faits avec bien peu de choix et de jugement, comme il paroît par les écrits de Pline, de Cardan et d'un grand nombre d'Arabes; écrits qui fourmillent de contes et de relations fabuleuses; je ne dis pas seulement *incertaines*, mais même *controuvées et convaincues de faux*; et cela au grand déshonneur de la philosophie, devant les hommes graves et judicieux. C'est en quoi sur-tout brille la sagesse et l'intégrité d'Aristote, qui, après avoir écrit, avec toute l'exactitude et le soin possible, une histoire des animaux, y a mêlé si peu de relations fabuleuses ; bien plus et dans un esprit opposé, toutes ces relations étonnantes qu'il a jugées dignes de mémoire, il les a rejetées dans un seul petit recueil ; considérant avec sagesse que les faits bien constatés, qui, étant appuyés sur la base solide de l'expérience, devoient servir de fondement à la philosophie et aux sciences, ne devoient point être mêlés sans précaution avec des traditions justement suspectes ; et que, d'un autre côté, par rapport à ces choses rares et extraordinaires qui semblent incroyables à la plupart des hommes, il ne devoit point les supprimer tout-à-fait et les dérober à la connoissance de la postérité.

Mais cet autre genre de crédulité, qui se rapporte, non aux histoires et aux narrations, mais aux arts et aux opinions, est de deux espèces. Car c'est ou aux arts mêmes, ou aux auteurs qui traitent de ces arts, qu'on ajoute foi trop aisément. Or, les arts qui tiennent plus de l'imagination et de la foi, que de la raison et des démonstrations, sont surtout les trois suivans, *l'astrologie*, la *magie naturelle* et l'*alchymie*; arts dont les fins ne sont rien moins que méprisables. Car l'astrologie fait profession de dévoiler l'influence et l'ascendant des choses supérieures sur les inférieures. La magie naturelle se propose de rappeller la philosophie de la variété des spéculations à la grandeur des œuvres. Et la chymie se charge de séparer et d'extraire les parties hétérogènes de la matière, qui se trouvent cachées et combinées dans les corps; de dépurer ces corps même de ce qui s'y trouve embarrassé, et d'achever ce qui n'est pas encore au point de maturité; mais les voies et les méthodes qui paroissent conduire à ces fins, tant dans la théorie que dans la pratique de ces arts, ne sont qu'un amas d'erreurs et de futilités; et la tradition même de ces arts manque d'une certaine candeur, se retranchant dans son jargon et son obscurité. Cependant le moins que nous devions à la chymie, c'est de la comparer à ce vieux cultivateur dont parle Ésope, et qui, près de mourir, dit à ses fils, qu'il leur avoit laissé dans sa vigne une grande quantité d'or, mais qu'il ne se rappelloit pas bien l'endroit où il l'avoit enfoui. Et voilà ses enfans retournant par-tout la terre dans cette vigne, ils n'y trouvèrent point d'or à la vérité; mais, en récompense, comme ils avoient remué la terre autour des racines des ceps, ils eurent l'année suivante une vendange très abondante. Tout en travaillant à faire de l'or, ils ont allumé un flambeau, à la lumière duquel on a fait un assez grand nombre de découvertes et d'expériences utiles, soit comme éclairant l'étude de la nature, soit comme applicables aux usages de la vie.

Or, cette crédulité qui a revêtu tels auteurs des sciences, d'une certaine prérogative de dictateur pour statuer, et non d'une simple autorité de sénateur pour conseiller, a fait un tort infini aux sciences. C'est la principale cause de leur décadence et de leur abaissement. C'est là ce qui fait qu'aujourd'hui, manquant de substance, elles ne font que languir et ne prennent plus de sensible accroissement. De là il est arrivé que, dans les arts méchaniques, les premiers inventeurs ont fait peu de découvertes, et que le temps a fait le reste. Mais que dans les sciences, les premiers auteurs ayant été fort loin, le temps n'a fait que miner et ruiner leur ouvrage. Aussi voyons-nous que les arts de l'artillerie, de la navigation, de l'imprimerie, arts d'abord imparfaits, presque informes et onéreux à ceux qui les exerçoient, se sont dans la suite des temps perfectionnés et appropriés à nos usages. Au contraire, les philosophies et les sciences d'Aristote, de Platon, de Démocrite, d'Hippocrate, d'Euclide et d'Archimède, qui, dans les inventeurs, étoient saines et vigoureuses, n'ont fait à la longue que dégénérer, et n'ont pas peu perdu de leur éclat (1). Différence dont la véritable cause est que, dans les arts méchaniques, un grand nombre d'esprits ont concouru vers un seul point ; au lieu que, dans les sciences et les arts libéraux, un seul esprit a écrasé tous les autres par son poids et son ascendant ; et ces esprits supérieurs, trop souvent ses sectateurs, l'ont plutôt altéré qu'éclairci. Car, de même que l'eau ne s'élève jamais au dessus de la source d'où elle est dérivée, de même aussi la doctrine d'Aristote ne s'élevera jamais au dessus de la doctrine du même Aristote. Ainsi, quoique cette règle qui dit que *tout*

---

(1) Ce qui, à cet égard, pouvoit être vrai du temps de Bacon, ne le seroit plus aujourd'hui : par exemple, qui oseroit dire que les mathématiques n'ont fait que dégénérer ? En général toutes les assertions sont exagérées.

homme qui apprend, doit se résoudre à croire, ne nous déplaise nullement, il est bon pourtant d'y joindre cette autre règle : *que tout homme déja suffisamment instruit, doit user de son propre jugement.* Car ce que les disciples doivent à leurs maîtres, c'est seulement une sorte de *foi provisoire*, une simple suspension de jugement, jusqu'à ce qu'ils se soient bien pénétrés de l'art qu'ils apprennent, et non un entier renoncement à leur liberté, et une perpétuelle servitude d'esprit. Ainsi, pour terminer ce que nous avions à dire sur cette partie, nous nous contenterons d'ajouter ce qui suit : Rendons aux grands maîtres l'hommage qui leur est dû ; mais sans déroger à ce qui est dû aussi à l'auteur des auteurs, au père de toute vérité, au temps.

Nous avons désormais fait connoître les deux espèces de vices ou de maladies auxquelles la science est sujette. Il en est encore d'autres qui sont moins des maladies décidées, que des humeurs vicieuses; maladies qui pourtant ne sont pas si secrettes et si cachées, que bien des gens ne les apperçoivent et n'en fassent le sujet de leur critique. Ainsi elles ne sont nullement à négliger.

La première de ces erreurs est un certain engouement pour ces deux extrêmes, l'antiquité et la nouveauté (1). En quoi ces deux filles du temps ne ressemblent pas mal à leur père; car de même que le temps dévore ses enfans, les deux sœurs se dévorent aussi réciproquement, attendu que l'antiquité envie les nouvelles découvertes, et que la nouveauté, peu contente d'ajouter ce qu'elle a pu découvrir, veut encore exclure et rejeter tout ce qui l'a précédée. Certes le conseil du prophète est la véritable règle à suivre en ceci : *Tenez-vous d'abord sur les voies antiques, puis considérez quel*

---

(1) Ces deux goûts se trouvent presque toujours ensemble dans les mêmes personnes, et il est peu d'antiquaires qui ne soient nouvellistes et amateurs des autres espèces de nouveautés.

est le chemin le plus droit et le meilleur; et marchez-y. Car telle doit être la mesure de notre respect pour l'antiquité. Il est bon de s'y arrêter un peu et d'y faire quelque séjour : mais ensuite il faut regarder de tous côtés autour de soi pour trouver le meilleur chemin; et cette route une fois bien reconnue, il ne faut pas s'amuser en chemin, mais avancer à grands pas. Mais, à dire la vérité, l'antiquité des temps est la jeunesse du monde; et, à proprement parler, c'est notre temps qui est l'antiquité (1), le monde ayant déja vieilli; et non pas celui auquel on donne ordinairement ce nom, en suivant l'ordre rétrograde et en comptant depuis notre siècle.

---

(1) Oui, si notre temps a pu et voulu profiter de toute l'expérience des siècles précédens; mais, s'il est vrai que la plupart des découvertes des anciens aient été perdues, et que nous n'ayons pas su profiter de la plupart de celles qui ont été conservées, le monde est aujourd'hui autant et plus jeune qu'il le fut autrefois.

Une autre erreur, originaire de la précédente, c'est une sorte de soupçon et de défiance qui fait qu'on s'imagine qu'il est désormais impossible de découvrir quelque chose de nouveau, et dont le monde ait été si long-temps privé. Comme si on pouvoit appliquer au temps cette objection que Lucien fait à Jupiter et aux autres dieux du paganisme. *Il s'étonne qu'ils aient tant procréé d'enfans autrefois, et que de son temps ils n'en fassent plus.* Il leur demande, en se jouant, *si par hazard ils ne seroient pas septuagénaires, et intimidés par la loi Pappia, portée contre les mariages des vieillards* (1). C'est ainsi que les hommes semblent craindre que le temps ne soit devenu stérile et inhabile à la génération ; mais il est sur ce point une manière de juger qui montre bien la légè-

---

(1) Cette même objection, de mauvais plaisans l'appliquent aux miracles des catholiques, qui en effet sont devenus moins communs depuis qu'on n'y croit plus.

reté et l'inconstance des hommes. Tant qu'une chose n'est pas faite, ils s'étonnent si on leur dit qu'elle est possible; et dès qu'elle se trouve faite, ils s'étonnent au contraire qu'elle ne l'ait pas été plutôt. C'est ainsi que l'expédition d'Alexandre, qui fut d'abord regardée comme une entreprise vaste et difficile; entreprise qu'il a plu ensuite à Tite-Live d'exalter si peu que de dire, *qu'il n'avoit eu d'autre mérite que celui de mépriser un vain épouvantail.* C'est ce qu'éprouva aussi Colomb par rapport à son voyage aux Indes occidentales. Mais cette variation de jugement a lieu encore plus fréquemment par rapport aux choses intellectuelles. C'est ce dont on voit un exemple dans la plupart des propositions d'Euclide : avant la démonstration, elles paroissent étranges, et l'on n'y donneroit pas volontiers son consentement ; mais la démonstration une fois vue, l'esprit les saisit par une sorte de *retrait* (suivant l'expression des jurisconsultes), comme s'il les eût connues et comprises dès long-temps.

Une autre erreur analogue à la précédente, est celle de ces gens qui s'imaginent que de toutes ces sectes et ces opinions antiques, une fois qu'elles ont été bien discutées et bien épluchées, c'est toujours la meilleure qui demeure la tenante, et qu'on abandonne toutes les autres; et que, si l'on prenoit la peine de recommencer toutes les recherches, de rappeller tout à un nouvel examen, il ne se pourroit qu'on ne retombât dans quelques-unes de ces opinions rejetées, et qui, après cette exclusion, se sont entièrement effacées de la mémoire des hommes (1): comme si l'on ne voyoit pas la multitude et les sages eux-mêmes, pour la flatter, donner plutôt leur approbation à des opinions populaires et superficielles, qu'à celles qui ont plus de

---

(1) Cette opinion est pourtant assez fondée, sinon quant au *droit*, du moins quant au *fait*. Il n'est pas vrai qu'en méditant sur de nouveaux frais, on *doive nécessairement retomber* dans les opinions qui régnoient autrefois ; mais il est vrai *qu'on y est en effet retombé*.

base et de profondeur ; car le temps, semblable à un fleuve, voiture jusqu'à nous les choses légères et enflées, coulant à fond celles qui ont plus de poids et de solidité.

Une autre erreur différente des précédentes, c'est cette impatience et cette impudence avec laquelle on s'est hâté de former des corps de doctrines pour les réduire en art, et de les ramener à des méthodes. Ce pas une fois fait, la science n'avance plus, ou n'avance que bien peu. En effet, de même que nous voyons que les jeunes gens, quand une fois leurs membres et les linéamens de leur corps sont entièrement formés, ne croissent presque plus ; de même aussi la science, tant qu'elle est dispersée dans des aphorismes et des observations détachées, peut encore croître et s'élever : mais est-elle une fois circonscrite et renfermée dans des cadres méthodiques, on peut bien encore lui donner un certain poli, un certain éclat ; mais on a beau faire alors, sa masse ne prend plus d'accroissement.

Une autre erreur qui succède à celle que nous venons de relever, est qu'une fois que les sciences et les arts sont distribués dans leurs classes, la plupart renoncent bientôt à la connoissance universelle des choses et à *la philosophie première* (1); car c'est sur les tours et autres lieux élevés qu'on se place ordinairement pour découvrir au loin, et il est impossible d'appercevoir les parties les plus reculées et les plus intimes d'une science particuliere, tant qu'on reste au niveau de cette même science, et si l'on ne monte, pour ainsi dire, sur une science plus élevée, pour la considérer de là, comme d'un béfroi.

Il est une autre espèce d'erreur qui découle de cette vénération excessive, de cette sorte d'adoration où l'on est devant l'entendement; sorte de culte dont l'effet est que les hommes abandonnent

---

(1) Nous verrons plus bas que cette philosophie première est comme le réservoir des principes communs à tous les arts et à toutes les sciences.

la contemplation de la nature et l'expérience, pour se rouler, en quelque manière, dans leurs propres méditations, dans les fictions de leur esprit. Au reste, ces merveilleux conjectureurs, et s'il est permis de s'exprimer ainsi, ces *intellectualistes*, qui ne laissent pas d'être décorés du titre de sublimes, de divins philosophes, c'est avec raison qu'Héraclite leur a lancé ce trait en passant : *les hommes cherchent la vérité dans leur petit monde, et non dans le grand.*

Ils dédaignent cet *abécédé* de la nature, et cet apprentissage dans les œuvres divines; sans ce mépris, ils auroient peut-être pu, en marchant par degrés, et pas à pas, apprendre à connoître d'abord les lettres simples, puis les syllabes, enfin s'élever au point de lire couramment le texte même et le livre entier des créatures. Mais eux au contraire, dans une perpétuelle agitation d'esprit, ils sollicitent et invoquent, pour ainsi dire, leur génie, afin qu'il prophétise en leur faveur, et qu'il leur rende des oracles, qui les trompent agréablement et les séduisent comme ils le méritent.

Une autre erreur, fort voisine de la précédente, est que les hommes, trop attachés à certaines opinions et à certaines conceptions qui leur sont propres et qu'ils ont principalement en admiration, ou aux arts auxquels ils se sont plus particulièrement adonnés et comme consacrés, en imbibent et en infectent leurs théories et leurs doctrines, donnant à tout la teinte de ces genres dont ils font leurs délices ; sorte de fard qui les trompe en flattant leurs goûts. C'est ainsi que Platon a mêlé à sa philosophie, la théologie (1); Aristote, la logique; la se-

---

(1) S'il est vrai que le grand ressort de ce monde soit un Dieu, la théorie des ressorts étant une partie de la méchanique ; et la méchanique, une partie de la physique ; dès-lors on est forcé de mêler la théologie à la philosophie. C'est parce que les physiciens considèrent toujours le mouvement de ce monde comme déjà produit, et non comme à produire, qu'ils ne sentent pas assez cette vérité. C'est donc parce que leur théorie des

conde école de Platon, (savoir Proclus et les autres) les mathématiques : car ces arts-là, ils étoient accoutumés à les caresser comme leurs enfans bien-aimés, comme leurs premiers nés. Les Chymistes, de leur côté, munis d'un petit nombre d'expériences, nous ont, dans la fumée de leurs fourneaux, forgé une nouvelle philosophie ; et Gilbert lui-même, notre compatriote, n'en a-t-il pas tiré encore une autre de ses observations sur l'aimant (1). C'est ainsi que Cicéron, faisant la revue des opinions

---

forces motrices est incomplette, que, dans la physique générale, ils ne parlent point de Dieu, ou de ses équivalens.

(1) Toutes nos prétendues explications ne sont que des comparaisons de ce que nous voulons expliquer, à ce que nous connoissons le mieux, ou plutôt à ce dont nous nous sommes le plus occupés, et dont nous parlons le plus souvent. Ainsi, un physicien électrisant expliquera tout par l'électricité ; un méchanicien, par les principes de notre méchanique ; un dévot, par la volonté de Dieu, etc.

diverses sur la nature de l'ame, tombe sur certain musicien (1), qui décidoit hardiment que l'ame étoit une harmonie, et dit plaisamment : *celui-ci ne s'est pas éloigné de son art.* C'est sur ce genre d'erreurs qu'Aristote fait cette remarque si judicieuse et si conforme à ce que nous disons ici : *ceux qui voient peu* (2) *sont fort décisifs.*

Une autre erreur encore, c'est cette impatience qui, en rendant incapable de supporter le doute, fait qu'on se hâte de décider, au lieu de suspendre son jugement, comme il est nécessaire et aussi long-temps qu'il le faut. Car les deux routes de la contemplation ne diffèrent point des deux routes de l'action dont les anciens ont tant parlé : routes dont l'une,

---

(1) Aristoxène. Il paroît qu'Hippocrate avoit adopté cette opinion, qui peut être fausse, mais qui heureusement ne donne la fievre ni au médecin, ni au malade.

(2) Or, ce même Aristote, qui voyoit beaucoup, n'en décidoit pas moins.

disoient-ils, unie et facile au commencement, devient, sur la fin, tout-à-fait impraticable; et l'autre, rude et scabreuse à l'entrée, est, pour peu qu'on y pénètre, tout-à-fait libre et applanie. C'est ainsi que, dans la contemplation, si l'on veut commencer par la certitude, on finira par le doute : au lieu que, si, commençant par le doute, on a la patience de l'endurer quelque temps, on finira par la certitude.

Une erreur toute semblable se montre dans la manière de transmettre les sciences; manière qui le plus souvent, au lieu d'être franche et aisée, est impérieuse et magistrale; enfin plus faite pour commander la foi, que pour se soumettre elle-même à l'examen. Je ne disconviendrai pas que, dans les traités sommaires et consacrés à la pratique, on ne puisse retenir cette forme de style; mais, dans des traités complets sur les sciences, mon sentiment est qu'il faut éviter également les deux extrêmes; savoir, celui de l'épicurien Velléius, qui ne craint rien tant que de paroître douter de quelque chose; ainsi que celui de Socrate et de l'académie, qui laissoient tout dans le doute. Il vaut mieux ne se piquer que d'une certaine candeur et exposer les choses avec plus ou moins de contention, selon que, par le poids des raisons mêmes, elles sont plus ou moins fortement prouvées.

Il est d'autres erreurs qui se rapportent aux différens buts que les hommes se proposent; car les plus ardens coryphées des lettres doivent avoir pour principal but d'ajouter quelque découverte importante à l'art qu'ils professent. Ceux dont nous parlons ici, contens des seconds rôles, ne briguent que la réputation de subtil interprète, d'antagoniste véhément et nerveux, ou d'abbréviateur méthodique; conduite dont l'effet est tout au plus d'augmenter les revenus et le produit des sciences, sans que le patrimoine et le fonds prenne d'accroissement.

Mais de toutes les erreurs la plus grande, c'est cette déviation par laquelle on s'éloigne de la fin dernière des sciences.

Car les hommes qui appètent la science, sont déterminés par différens motifs. Chez les uns, c'est une certaine curiosité native et inquiette : les autres n'y cherchent qu'un passe-temps et qu'un amusement. D'autres veulent se faire, par ce moyen, une certaine réputation : d'autres encore, ne voulant que s'escrimer, y voient un moyen pour avoir toujours l'avantage dans la dispute : la plupart n'ont en vue que le lucre, et n'y voient qu'un moyen pour gagner leur vie. Il en est peu qui pensent à employer pour sa véritable fin, la raison dont les a doués la divinité pour l'utilité du genre humain. Voilà leurs différens motifs. Sans doute, comme s'il ne s'agissoit, en acquérant la science, que d'y trouver, ou un lit de repos pour assoupir leur génie bouillant et inquiet ; ou encore un portique où l'on pût se promener librement et *vaguer* au gré de ses désirs ; ou une tour élevée, d'où l'ame ambitieuse et superbe pût abaisser des regards dédaigneux ; ou même une citadelle, un fort pour combattre sans risques tout ce qui se présente; ou enfin une boutique destinée au gain et au commerce; et non un arsenal bien fourni, un riche trésor consacré à la gloire de l'auteur de toutes choses et à l'adoucissement de la condition humaine. Car s'il existoit un moyen de mettre la science en honneur et de l'élever dans l'opinion des hommes, ce seroit sans contredit d'unir, par un lien plus étroit qu'on ne l'a fait jusqu'ici, la contemplation et l'action : genre de conjonction qui seroit tout-à-fait semblable à celle qui a lieu entre les deux planètes supérieures, lorsque Saturne, qui préside au repos et à la contemplation, conspire avec Jupiter qui préside à la pratique et à l'action. Cependant, par ce que je dis ici de la pratique et de l'action, je n'entends nullement cette doctrine dont on fait une sorte de métier lucratif (1); car je n'ignore

―――――――――――――――――――――――

(1) A l'exemple de nos professeurs de physique expérimentale, dont la plupart, dans ces derniers temps, étoient marchands de machines de physique, et gagnoient sur cet objet plus que les ouvriers.

pas combien cela même nuit au progrès et à l'accroissement de la science. Il en est d'un but de cette espèce comme de la pomme d'or jetée devant les yeux d'Atalante; car, tandis qu'elle se baisse pour la ramasser, elle cesse de courir ; et, comme dit le poëte : *Elle se détourne de son chemin pour enlever cet or qui roule devant elle.* Mon dessein n'est pas non plus d'imiter Socrate, en évoquant du ciel la philosophie, et la forçant à demeurer sur la terre; je veux dire, d'exclure la physique, pour ne mettre en honneur que la morale et la politique. Mais, de même que le ciel et la terre conspirent et sont si parfaitement d'accord, pour conserver la vie des hommes et augmenter leur bien-être ; la fin de cette double philosophie doit être de ne penser, en rejetant et les vaines spéculations, et tout ce qui se présente de frivole et de stérile, qu'à conserver tout ce qui se trouve de solide et de fructueux ; par ce moyen, la science ne sera plus une sorte de courtisanne, instrument de volupté; ni une espèce de servante, instrument de gain; mais une sorte d'épouse légitime, destinée à donner des enfans, à procurer des avantages réels, et des plaisirs honnêtes.

Je crois désormais avoir assez bien montré, et, en quelque manière, *anatomisé* la totalité, ou du moins les principales de ces humeurs vicieuses qui n'ont pas seulement fait obstacle au progrès des lettres, mais qui ont de plus donné prise sur elles aux détracteurs. Que si, en faisant cette anatomie, j'ai tranché dans le vif, on doit se souvenir que *les blessures d'un ami sont des preuves de fidélité, et que les baisers d'un ennemi sont des trahisons.* Quoi qu'il en soit, je crois avoir du moins gagné un point, c'est de mériter d'en être cru sur l'éloge qui va suivre, ayant usé d'une si grande liberté dans la censure qui a précédé. Cependant je n'ai point du tout le projet de composer le panégyrique des lettres, et de chanter un hymne en l'honneur des muses, quoiqu'il y ait déja long-temps qu'on n'a célébré leur fête comme elle auroit dû l'être : mon dessein est seulement de faire connoître le vrai poids des sciences comparées aux autres choses, et de déterminer leur véritable prix; et cela sans ornemens superflus, sans hyperboles, mais seulement d'après les témoignages divins et humains.

Ainsi, en premier lieu, cherchons la dignité des sciences dans l'archétype ou l'original ; c'est-à-dire dans les attributs et les actes de Dieu même ; en tant que l'homme les connoît par révélation, et que, sous la condition d'une certaine réserve, ils peuvent être le sujet de nos recherches. Sur quoi j'observerai que ce mot de *doctrine* n'est point du tout le terme propre. Car, toute doctrine proprement dite est acquise ; au lieu qu'en Dieu, toute connoissance *est* non acquise, mais originelle. Cherchons donc un autre nom : je trouve celui de *sagesse*, qui est indiqué par l'écriture elle-même.

Voici quelle est l'idée qu'on doit s'en

former : nous voyons dans les œuvres de la création, deux émanations de la vertu divine, dont l'une se rapporte à la *puissance*; et l'autre, à la *sagesse*. La première se manifeste principalement dans la création de la masse de la matière ; et la seconde, dans la beauté de la forme qui lui a été donnée. Cela posé, il faut observer que, dans l'histoire de la création, nous ne voyons rien qui nous empêche de penser que la masse du ciel et de la terre fut d'abord confuse, et que la matière fut créée dans un seul instant. Au lieu que six jours furent employés à la disposer et à l'ordonner ; tant est visible et manifeste le soin avec lequel Dieu a distingué les œuvres de sa puissance de celles de sa sagesse. A quoi il faut ajouter que, par rapport à la création de la matière, l'histoire sainte ne fait nullement entendre que Dieu ait dit : *que le ciel et la terre soient faits;* comme il est dit des œuvres suivantes ; mais qu'il est dit d'une manière nue et simplement historique : *Dieu créa le ciel et la terre :* ensorte que la matière semble avoir été comme faite à la main; et que le discours qui exprime l'introduction de la forme, a le style d'une loi, ou d'un décret (1).

De Dieu passons aux Anges, dont la nature est celle qui, pour la dignité, approche le plus de la nature divine. Nous voyons dans les ordres des Anges,

---

(1) Pour lire avec quelque intérêt ces rêves sur le ciel et ses prétendus habitans, il faut fixer son attention sur deux objets : 1°. sur cette division des facultés humaines, que l'homme a appliquées aux enfans de son imagination, et dont il a fait des êtres réels sous différens noms; ce qui nous rappelle ce mot de Fontenelle : *Dieu*, nous dit-on, *a formé l'homme à son image, mais l'homme le lui a bien rendu.* 2°. Sur la dextérité avec laquelle Bacon, placé entre des Théologiens scholastiques et un Roi bigot, c'est-à-dire, entre un sot et des fripons, pétrit le dogme et le moule, pour ainsi dire, sur son sujet : ce n'est qu'en cédant quelque peu aux préjugés reçus, qu'on peut insinuer les vérités qui doivent les détruire. Pour détromper les hommes, il faut gagner leur confiance; et cette confiance, on ne la gagne qu'en paroissant d'abord penser comme eux.

(autant du moins qu'on peut ajouter foi à cette céleste hiérarchie, publiée sous le nom de Denis l'Aréopagite); nous voyons, dis-je, que les *Séraphins*, qui sont les Anges *d'amour*, occupent le premier lieu; que les *Chérubins*, ou Anges *de lumière*, occupent le second; que le troisième et les suivans sont abandonnés aux *trônes*, aux *principautés*, et aux Anges de *puissance* et de *ministère*. Ensorte que, par cet ordre et cette distribution, il est clair que les Anges de science et d'illumination marchent devant les Anges d'empire et de puissance.

Si des esprits et des intelligences nous descendons aux formes sensibles et matérielles, nous lisons que la première des formes créées fut *la lumière*, qui est dans les choses naturelles et corporelles, ce que la science est dans les choses spirituelles et incorporelles.

Aussi, dans la distribution des jours, voyons-nous que le jour où Dieu se reposa et contempla ses œuvres, fut béni par-dessus tous les autres jours où fut créée et construite toute la machine de l'univers.

Après la création absolue, nous lisons que l'homme est placé dans le Paradis, afin d'y travailler ; genre de travail qui ne pouvoit être autre que celui qui est propre à la contemplation, c'est-à-dire dont la fin ne sauroit être rapportée à quelque nécessité que ce fût, mais à quelque genre de plaisir et d'activité sans fatigue. Comme alors il n'y avoit nulle résistance dans les créatures, nulle *sueur sur le visage de l'homme*, il s'ensuit que les actions humaines tendoient uniquement au plaisir et à la contemplation, et nullement au travail et à l'exécution de quelque ouvrage. De plus, les premières actions que l'homme fit dans le Paradis, embrassoient les deux parties sommaires de la science ; savoir : l'inspection des créatures et l'imposition des noms ; car cette science qui fut cause de sa chûte, comme nous l'avons observé plus haut, ce ne fut pas cette science naturelle qui a pour objet les créatures, mais la science morale qui a pour objet le bien et le mal, et qui se fonde sur cette supposition, que les commandemens et les défenses de Dieu ne sont pas les seuls principes du bien et du mal; mais que la moralité des actions a une autre origine, dont l'homme rechercha la connoissance avec une ambitieuse curiosité, afin de se révolter contre Dieu, et de s'appuyer entièrement sur lui-même et sur sa propre volonté.

Venons aux événemens qui ont suivi la chûte de l'homme. Nous voyons (et cela d'autant plus que les saintes écritures renferment une infinité de mystères, sauf toutefois la vérité historique et littérale); nous voyons, dis-je, l'image des deux genres de vie différens; savoir: de la vie contemplative et de la vie active, tracées dans les personnes de Caïn et d'Abel, et dans leurs premières occupations; dans ces deux personnages, dis-je, dont l'un, qui étoit pasteur, doit être, à cause du loisir, du repos et de l'aspect des cieux dont il jouissoit, regardé comme le type de la vie spéculative; et l'autre, qui, étant cultivateur, étoit, comme tel, harassé de travaux, et avoit les yeux toujours fixés vers la terre, est le type de la vie active: par où il est aisé de voir que la faveur et l'élection divine fut le partage du pasteur, et non du cultivateur.

C'est ainsi qu'avant le déluge, les fastes sacrés, qui nous apprennent si peu de chose sur ce siècle-là, n'ont pas dédaigné de faire mention des inventeurs de la musique et des procédés de la métallurgie. Dans le siècle qui suivit le déluge, la peine la plus grave que Dieu infligea à l'orgueil humain, ce fut la confusion des langues, c'est-à-dire, celui de tous les genres d'obstacles, qui intercepte le plus le libre commerce de la science et la communication réciproque des lettres.

Descendons actuellement à Moyse, législateur, et en quelque sorte, premier secrétaire de Dieu, que les écritures distinguent par cet éloge: *il fut instruit* dans toute la science des Égyptiens; nation que l'on regarde comme une des plus anciennes écoles du monde. Car Platon introduit certain prêtre égyptien parlant ainsi à Solon : *vous autres Grecs, êtes toujours enfans, n'ayant ni antiquité de science, ni science de l'antiquité.* Parcourons la loi cérémonielle de Moyse, nous trouverons qu'outre ces figures prophétiques qui annoncent le Christ, la distinction que Dieu fit de son peuple d'avec les Gentils, l'exercice de l'obéissance et les autres rites de la même loi, quelques-uns des plus savans rabbins ont fait la plus grande étude de cette loi, afin d'en tirer sans cesse, tantôt le sens naturel, tantôt le sens moral des cérémonies et des rites. Par exemple, lorsqu'il y est dit sur la lèpre : *si la lèpre fleurit et se répand çà et là sur la peau, l'homme sera jugé pur, et ne sera pas mis dehors; mais si l'on apperçoit la chair vive sur son corps, il sera condamné comme immonde et séparé à la volonté du prêtre.* De cette loi l'un de ces rabbins déduit cet axiôme de physique : *que les maladies putrides sont plus contagieuses avant qu'après la maturité*. Un autre en tire cette maxime de morale : *que les hommes entièrement souillés de crimes, corrompent moins les mœurs publiques, que ceux qui ne sont que médiocrement méchans et qui ne le sont qu'à certains égards*. Tant il est vrai que, dans ce passage et autres semblables de cette loi, outre le sens théologique, l'on rencontre çà et là une infinité de choses qui appartiennent à la philosophie.

Que si l'on examine avec quelque attention cet excellent livre qui porte le nom de Job, on le trouvera tout rempli et comme gros de mystères de la philosophie naturelle (1). Tel est le passage

---

(1) De *mystères* et non de *faits*, c'est-à-dire d'*expériences* et d'*observations*. Bernardin de St. Pierre, armé apparemment de la lunette de Bacon, a cru aussi appercevoir dans ce même Job une très bonne physique ; non pour faire passer ensuite, comme le chancelier Bacon, certaines propositions,

suivant, par rapport à la cosmographie et à la rondeur de la terre : *celui qui étend l'aquilon sur le vide* (1) *, et qui tient la terre suspendue sur le néant ;* passage où l'état de suspension de la terre, le pôle arctique et la convexité du ciel aux extrémités de l'horison, sont assez clairement indiqués. Tel est aussi cet autre passage par rapport à l'astronomie et aux astérismes. *Ce fut lui qui décora les cieux ; et sa main aidant l'enfantement, on vit naître le serpent tortueux.* Et dans un autre endroit : *sera-ce toi,*

―――――――――――――――――――

jadis hérétiques, et aujourd'hui ortodoxes ; mais tout simplement parce qu'il croyoit, ou plutôt parce qu'il vouloit l'y voir. Or, en cherchant la cause de la foi de ce grand physicien, foi assez étonnante dans un siècle tel que celui-ci, il m'est venu un soupçon : c'est que pour appercevoir dans Job de la bonne physique, il suffit d'avoir dans la tête une physique semblable à celle de Job. Bernardin a cru voir dans la lune la souris qui étoit dans sa lunette.

(1) C'est-à-dire, du vent sur rien du tout ; ce qui ne laisse pas de former je ne sais quoi de très solide : quelle physique !

qui pourras rapprocher les brillantes Hyades (1), *ou dissiper les étoiles qui forment le cercle d'Arcturus* (2)? Passage où est très élégamment indiquée la figure constante des constellations, les étoiles étant placées à des distances invariables les unes des autres (3). Tel est encore cet autre passage : *celui qui fait Arcturus et Orion, et les Hyades, et l'intérieur du midi ;* passage où il indique l'abaissement du pôle antarctique, qu'il désigne par ces mots, *l'intérieur du midi,* attendu que les étoiles australes ne sont pas visibles dans notre hé-

---

(1) Les Hyades forment une espèce de V.

(2) Ceci doit s'entendre de la couronne septentrionale, assemblage d'étoiles qui n'est pas fort éloigné d'Arcturus, et qui forme une sorte de cercle imparfait.

(3) *Invariables*, tant que le docteur Job les a regardées ; mais *variables* pour ceux qui, armés de bonnes lunettes et de bons quarts de cercle, les observent plus long-temps ; car les étoiles changeant de déclinaison, et ce changement n'étant pas dans toutes également lent, il est clair qu'à

misphère (1). Puis sur la génération des animaux : *n'est-ce pas toi qui m'as trait comme le lait, et coagulé comme le fromage.* Enfin, sur les procédés métallurgiques : *l'argent a les principes de ses veines : l'or a un lieu où il se forme : le fer se tire de la terre : et la pierre, dissoute par le feu, se convertit en airain.* Il en faut dire autant de ce qui suit dans le même chapitre.

De même, si nous considérons la personne de Salomon, nous voyons que le

---

la longue leurs distances doivent changer, ainsi que la figure de chaque constellation. Cet ordre qui nous paroît si fixe, sera un jour détruit, et cela, parce que tout change ; l'homme, en quelques minutes ; les étoiles, en quelques milliards d'années, qui ne sont pas même des secondes par rapport à l'éternité.

(1) Il n'est pas vrai que toutes les étoiles australes soient invisibles dans notre hémisphère ; les seules qui le soient, sont celles dont la déclinaison australe est plus grande que l'élévation de l'équateur sur l'horison du lieu, ou, ce qui est la même chose, que le complément de la latitude de ce lieu.

don de la sagesse fut préféré à tous les biens de la félicité terrestre et temporelle; et c'est ce qui paroît, soit par la demande qu'il en fit lui-même, soit par la volonté divine qui le lui accorda. Or, en vertu de ce don et de cette concession, Salomon, éminemment instruit, n'écrivit pas seulement ces paraboles fameuses, ces aphorismes de la philosophie divine et morale; mais composa de plus l'histoire naturelle de tous les végétaux, *depuis le cèdre qui croît sur la montagne, jusqu'à la mousse qui croît sur les murailles* (ce qui est une sorte d'ébauche de la plante, qui tient le milieu entre l'herbe et les substances putrides); enfin, l'histoire de tout ce qui a vie et mouvement. De plus, ce même Salomon, quoiqu'il l'emportât sur les autres souverains par ses richesses, par la magnificence de ses édifices, par sa flotte, par son nombreux domestique, par la célébrité de son nom, et par tant d'autres avantages qui se rapportent à la gloire; néanmoins, de toute cette moisson de gloire, il ne cueillit et ne prit pour lui que l'honneur de chercher la vérité et de la trouver ; comme il le dit lui-même si éloquemment : *la gloire de Dieu est de cacher son secret, et celle du roi, de tâcher de le découvrir.* Comme si la divine majesté se plaisoit à ce jeu innocent des enfans, dont les uns se cachent, tandis que les autres tâchent de les trouver (1), et que rien ne fût plus honorable pour les rois, que de jouer avec elle ce même jeu ; eux surtout qui commandent à tant d'esprits, qui ont tant de moyens en leur disposition, et à l'aide desquels il n'est point de secrets qu'on ne puisse découvrir.

Or, après que notre Sauveur eut commencé à paroître dans le monde, Dieu ne fit point une autre dispensation, et il manifesta d'abord sa puissance en com-

---

(1) Le texte dit, *des enfans qui se cachent afin qu'on les trouve :* il me semble pourtant que le plus sûr moyen pour se faire trouver, n'est pas de se cacher, mais au contraire de se montrer ; et qu'il falloit dire, *qui se cachent, afin qu'on ait peine à les trouver.*

battant l'ignorance, lorsqu'il disputoit dans le temple avec les prêtres et les docteurs, avant de subjuguer la nature par ces miracles, si grands et en si grand nombre, qu'il a opérés. L'avénement de l'Esprit Saint fut aussi figuré et exprimé par la similitude et le don des langues, qui ne sont que les véhicules de la science.

C'est ainsi que, dans le choix de ces instrumens que Dieu employa pour semer la foi, il appela d'abord des hommes ignorans et sans lettres (si ce n'est depuis le temps où ils furent éclairés par l'inspiration du Saint Esprit); afin de manifester plus clairement sa vertu immédiate et divine, et d'humilier toute sagesse humaine. Ainsi, dès que ses desseins dans cette partie furent entièrement accomplis, et dans les temps qui suivirent immédiatement, il envoya dans le monde sa divine vérité accompagnée des autres doctrines, qui sont comme ses suivantes. Aussi la plume de Saint Paul, qui de tous les apôtres fut le seul lettré, est-elle en effet celle que Dieu a le plus employée pour écrire le nouveau testament.

De même ne voyons-nous pas que grand nombre d'anciens évêques et pères de l'église étoient éminemment versés dans toute l'érudition des Païens. Aussi cet édit de Julien, qui défendoit aux Chrétiens d'envoyer leurs enfans aux écoles et aux gymnases, fut-il regardé comme la plus perfide mesure qu'il pût prendre pour ruiner la foi chrétienne, et jugée plus funeste que les plus cruelles persécutions des empereurs précédens. Et il ne faut pas croire que cette émulation et cette jalousie de Grégoire Ier. évêque de Rome (personnage d'ailleurs au-dessus du commun), qui prenoit à tâche d'effacer entièrement la mémoire des auteurs païens et des antiquités profanes ; que cette jalousie, dis-je, ait été prise en bonne part, même par les personnes pieuses. Je dirai plus : l'église chrétienne n'est-elle pas la seule qui, au milieu des inondations des Barbares qui accouroient des rivages septentrionaux, ou des Sarrasins partis des côtes orientales, ait, pour ainsi dire, recueilli dans son sein et conservé les précieux débris de l'érudition des Gentils, qui, sans cela, eût été entièrement perdue pour nous ? Que si nous tournons nos regards vers les Jésuites, qui, dans ces derniers temps, en partie par ce zèle qui leur est propre, en partie par émulation contre leurs adversaires, se sont appliqués aux lettres avec tant d'ardeur, nous voyons combien, par cette érudition, ils ont prêté de force et d'appui au siége de Rome pour se rétablir et s'affermir.

Ainsi, pour terminer cette dernière partie, nous distinguerons deux espèces d'offices et de ministères, dont les belles-lettres, outre ce lustre et cet éclat qu'elles savent donner à tout, s'acquittent envers la foi et la religion ; double tribut qu'elles lui paient. L'un est que ce sont de puissans aiguillons qui excitent à exalter et à célébrer la gloire de Dieu. Car, de même que les pseaumes et les autres écritures nous invitent fréquemment à contempler et à chanter les merveilles et la magnificence des ouvrages de Dieu ; de même encore, en nous attachant uniquement à leur apparence extérieure, et les considérant comme elles se présentent à nos sens, nous ferions la même injure à la majesté divine, qu'un homme qui voudroit juger de l'opulence et des ressources d'un lapidaire distingué, d'après le peu de bijoux qu'il expose dans sa montre.

L'autre est que la philosophie fournit un remède et un antidote singulièrement efficace contre les erreurs et l'infidélité. Car le Sauveur même nous parle ainsi : *vous errez, ignorant les écritures et la puissance d'un Dieu*. Paroles par lesquelles il nous invite à feuilleter deux livres, pour ne pas tomber dans l'erreur. L'un est le volume des écritures, qui révèle la volonté de Dieu ; et l'autre, le volume des créatures, qui manifeste sa puissance : deux livres dont le dernier est la clef du premier ; clef, dont l'avantage n'est pas seulement d'ouvrir l'entendement, en le rendant capable de saisir le véritable esprit des écritures, d'après les règles générales de la raison et les loix du discours; mais encore de développer notre foi et de nous exciter à nous plonger dans des méditations plus profondes sur la puissance de Dieu, dont les caractères sont empreints, gravés dans ses ouvrages. Voilà ce que nous avions à dire sur les témoignages et les jugemens divins, en faveur de la dignité et du véritable prix des sciences.

Quant aux témoignages et aux argumens humains, le champ qui s'ouvre devant nous, est si vaste, que, dans un traité aussi succinct et aussi serré que celui-ci, il faut plutôt regarder au *choix* qu'au *nombre*. Premièrement donc le souverain degré d'honneur chez les Païens, fut d'être mis au nombre des dieux, et d'obtenir des autels ; ce qui est pour les Chrétiens comme le fruit défendu ; mais nous ne parlons ici que des jugemens humains considérés séparément. Ainsi, comme nous avons commencé à le dire, chez les Païens, ce que les Grecs appelloient l'apothéose, et les Latins, *élé-*

vation au rang des Dieux, fut le plus grand honneur que l'homme pût rendre à l'homme; sur-tout quand cet honneur n'étoit pas simplement déféré en vertu d'un décret, ou d'un édit émané de quelque autorité (comme il étoit d'usage pour les Césars chez les Romains); mais qu'il étoit l'effet spontané de l'opinion des hommes et de l'intime persuasion. Et cet honneur si élevé avoit au dessous de lui un certain degré qui en approchoit, une sorte de terme moyen; car au dessus des honneurs humains, l'on comptoit les honneurs héroïques et les honneurs divins. Or, tel étoit l'ordre qu'observoient les anciens dans cette distribution. Les fondateurs de républiques, les législateurs, ceux qui avoient tué les tyrans, les pères de la patrie, et tous ceux qui, dans l'état civil et politique, avoient bien mérité de leurs concitoyens, ceux-là étoient décorés du titre de héros, de demi-dieux; tels furent *Thésée*, *Minos*, *Romulus*, et autres semblables. D'un autre côté, les inventeurs et auteurs des arts, et ceux qui enrichissoient la vie humaine, de nouveaux moyens et de nouvelles commodités, furent toujours consacrés parmi les grands dieux, et tel fut le partage de *Cérès*, de *Bacchus*, de *Mercure*, d'*Apollon*; distinction qui certainement étoit fondée, et le fruit d'un jugement très sain. En effet, les services des premiers sont presque renfermés dans les limites d'un seul âge et d'une seule nation; et ils ressemblent assez à ces pluies bienfaisantes et qui viennent à propos, mais qui, bien que fructueuses et désirables, ne sont utiles que dans le temps où elles tombent, et dans l'étendue de terrein qu'elles arrosent. Au lieu que les bienfaits des derniers, semblables à ceux du soleil et aux présens des cieux, sont infinis par le temps et par le lieu. Observez de plus que les premiers ne vont guère sans troubles et sans débats; au lieu que les derniers ont le vrai caractère de l'avénement de la Divinité, et ils arrivent comme sur un vent léger, sans tumulte et sans bruit.

Nul doute que ce genre de services que rendent les sciences dans l'état de société, et qui consiste à prévenir le mal que l'homme peut faire à l'homme, ou à y remédier, ne le cède que de bien peu à cet autre genre de services qu'elles nous rendent, en allégeant toutes ces nécessités que nous impose la nature même. Or, ce genre de mérite est fort bien caractérisé par la fiction du théâtre d'Orphée, où les animaux terrestres et les oiseaux du ciel se rassembloient en foule; et là, oubliant leurs appétits naturels, tels que ceux qui ont pour objet la chasse, les jeux et les combats, se tenoient ensemble paisiblement, amicalement, attirés et apprivoisés par les accords et la suave mélodie de la lyre. Mais dès que le son de cet instrument venoit à cesser, ou à être couvert par un plus grand bruit, aussi-tôt ces animaux retournoient à leur naturel; fable qui peint élégamment le génie et les mœurs des hommes, qui tous sont sans cesse agités par des passions sans frein et sans nombre, telles que celles du gain, de la volupté et de la vengeance; et qui néanmoins, tant qu'ils prêtent l'oreille aux préceptes et aux insinuations de la religion, des loix, des maîtres qui se font entendre si éloquemment et avec une si douce mélodie, dans les livres, les entretiens particuliers et les discours publics, vivent en paix les uns avec les autres, et goûtent ensemble les douceurs de la société : mais cette voix si douce vient-elle à se taire, ou à être couverte par le bruit éclatant des émeutes et des séditions, à l'instant tout l'assemblage se dissout, tout se dissipe, et l'on retombe dans l'anarchie et la confusion.

Mais c'est ce qu'on voit encore plus clairement, lorsque les rois eux-mêmes, ou les grands, ou leurs lieutenans, sont instruits jusqu'à un certain point. Car, bien qu'on puisse regarder comme un peu trop amoureux de son personnage celui (1) qui a dit : *qu'enfin les répu-*

---

(1) Ce mot est de Platon : il auroit plus de

bliques seroient heureuses, lorsqu'on verroit les philosophes régner, ou les rois philosopher. Quoi qu'il en soit, l'expérience même atteste que c'est sous les princes ou les chefs de républiques éclairés, que les états ont été le plus heureux. Car, quoique les rois eux-mêmes aient leurs erreurs et leurs vices, et qu'ils soient, comme les autres hommes, sujets à des passions et à de mauvaises habitudes, néanmoins, si la lumière des sciences vient se joindre à l'autorité dont ils sont revêtus, certaines notions anticipées de religion, de prudence, d'honnêteté, ne laissent pas de les réprimer, de les garantir des plus lourdes fautes, de tout excès irrémédiable et de toute erreur grossière ; les premières leçons agaçant continuellement leur oreille, même lorsque leurs conseillers et ceux qui les approchent gardent le silence. Je

---

grace dans la bouche d'un homme d'une autre profession ; car vanter son métier, c'est se vanter soi-même.

dirai plus : les sénateurs eux-mêmes et les conseillers dont l'esprit est cultivé, s'appuient sur des principes plus solides que ceux qui sont instruits par la seule expérience ; les premiers prévoyant de plus loin les inconvéniens, et prenant de bonne heure des mesures pour s'en garantir : au lieu que les derniers ne voient le mal que de près et n'ont qu'une sagesse de courte portée, ne voyant jamais que le péril imminent, et se flattant qu'ils pourront enfin, grace à l'agilité de leur esprit, se tirer d'affaire au moment même du danger.

Or, cette félicité dont les empires ont joui sous des princes éclairés (pour ne point me départir de cette brièveté dont je me suis fait une loi, et pour n'employer que les exemples les plus choisis et les plus illustres); cette félicité, dis-je, se montre sensiblement dans le siècle qui s'écoula depuis la mort de Domitien jusqu'au règne de Commode ; période qui embrasse une succession non interrompue de princes savans, ou du moins très favorables aux sciences, et qui, de tous les siècles que vit Rome, qui étoit alors comme l'abrégé de l'univers, peut être réputé le plus florissant, si nous ne regardons qu'aux biens temporels : et c'est ce qui fut annoncé en songe à Domitien, la veille de sa mort ; car il lui sembla qu'une tête d'or lui étoit survenue derrière le cou ; prophétie qui sans contredit fut accomplie dans les temps qui suivirent. Nous allons parler de chacun de ces princes en particulier, mais en peu de mots.

Nous trouvons de suite ; Nerva, homme savant, l'ami et presque le disciple de cet Apollonius, Pythagoricien si renommé, et qui mourut presque en récitant ce vers d'Homère : *Phœbus, arme-toi de tes traits pour venger nos larmes.*

Trajan, qui, à la vérité, ne fut pas savant lui-même, mais grand admirateur de la science, très libéral envers les savans, fondateur de bibliothèques, et à la cour duquel (quoique ce fût un empereur très belliqueux) les savans de profession et les instituteurs furent très bien accueillis. Adrien, le plus curieux de tous les mortels, et qui avoit, pour toute espèce de nouveautés et de secrets, une soif que rien ne pouvoit éteindre. Antonin, homme subtil et presque scholastique, à qui ce tour d'esprit valut le sobriquet de *coupeur de grain de millet*. De ces deux frères qui furent mis au rang des dieux, Lucius-Commode fut versé dans un genre de littérature plus délicat. *Marcus* aussi fut un vrai philosophe, et en eut même le surnom. Or, ces empereurs furent autant de princes, non moins bons que savans. Nerva, empereur plein de clémence, et qui, si nous lui refusons tout autre mérite, eut du moins celui d'avoir donné Trajan à l'univers; Trajan, de tous les hommes qui commandèrent, le plus florissant dans les arts de la guerre et de la paix. Ce fut ce même prince qui recula le plus loin les bornes de l'empire; et ce fut encore lui qui relâcha modestement les rênes de l'autorité. Il fut aussi grand amateur d'architecture; on lui doit de magnifiques monumens; et cela au point que Constantin, voyant son nom gravé sur tant de murailles, le surnommoit, par jalousie, *la pariétaire*. Adrien, rival du temps même, vu qu'en toute espèce de genre il répara les ravages et les injures du temps par ses soins et sa munificence. Antonin, prince d'une grande piété, comme le dit son surnom; homme doué d'une certaine bonté native, agréable à tous les ordres, dont le règne qui ne laissa pas d'être assez long, fut exempt de toute espèce de calamité. Lucius-Commode qui, à la vérité, le cédoit à son frère pour la bonté; mais qui à d'autres égards l'emportoit sur un grand nombre d'autres empereurs. Marcus formé sur le modèle de la vertu même, et à qui ce bouffon, au banquet des dieux, n'eut rien à reprocher, sinon son excessive indulgence pour les vices de sa femme. Voilà donc une suite continue de six princes, où l'on peut voir les plus heureux fruits de la science assise sur le trône, peints dans le plus grand tableau de l'univers.

Or, ce n'est pas seulement sur l'état

politique et sur les arts pacifiques que la science a de l'influence ; c'est encore sur la vertu militaire qu'elle exerce cette force et cette influence, comme on le voit clairement par l'exemple d'Alexandre-le-Grand et de César dictateur, personnages dont nous avons déjà dit un mot en passant, mais sur lesquels nous allons nous étendre un peu plus. Il seroit superflu de spécifier et de dénombrer leurs vertus militaires, et les grandes choses qu'ils ont faites par les armes; attendu que personne ne disconvient qu'en ce genre ils aient été des merveilles du monde ; mais ce qui ne sera pas étranger à notre sujet, ce sera d'ajouter quelques mots sur leur amour et leur goût pour les lettres, et de montrer combien eux-mêmes ils y ont excellé.

Alexandre fut élevé, instruit par Aristote (grand philosophe, s'il en fut jamais), et qui lui dédia quelques-uns de ses ouvrages philosophiques. Prince auprès duquel se tenoient toujours Callisthènes et autres très savans hommes qui suivoient son armée, et qui étoient pour lui, dans tous ses voyages et toutes ses expéditions, comme autant de compagnons inséparables. Nous avons assez d'exemples du prix qu'il attachoit aux lettres. Tel est le sentiment par lequel il jugeoit Achille, digne d'envie, et bien heureux d'avoir eu pour chanter ses exploits et composer son éloge, un poëte tel qu'Homère. Tel est aussi le jugement qu'il porta sur ce coffre si précieux de Darius, et qu'on avoit trouvé parmi ses dépouilles. Une dispute s'étoit élevée à ce sujet, pour savoir ce qui méritoit le mieux d'être renfermé dans ce coffre ; et les sentimens étant partagés, il donna la préférence aux ouvrages d'Homère. Telle est encore cette lettre qu'il écrivit à Aristote, après que ce philosophe eut publié ses livres de physique ; lettres où il lui reproche d'avoir révélé les mystères de la philosophie, et où il ajoute qu'il aime mieux s'élever au dessus des autres hommes par la science et les lumières, que par l'empire et la puissance. Il est encore d'autres exemples qui prouvent la même chose ; mais quant à lui, qui ne sait combien il avoit, à l'aide des sciences, cultivé son esprit ? et c'est ce qui paroît, ou plutôt ce qui brille dans ses *dits et réponses*, toutes pleines d'érudition, et dans lesquelles, quoiqu'il ne nous en reste qu'un petit nombre, on voit des traces profondes de chaque genre de connoissances.

Parlons-nous de la *morale*, considérez cet apophthegme d'Alexandre sur Diogènes, et voyez, je vous prie, s'il n'établit pas une des plus importantes questions que cette science puisse proposer ; savoir *lequel est le plus heureux, de celui qui jouit des biens extérieurs, ou de celui qui sait les mépriser?* Car, voyant Diogènes se contenter de si peu, il se tourna vers ceux qui l'accompagnoient, et leur dit : *si je n'étois Alexandre, je voudrois être Diogènes* (1). Mais

---

(1) C'est-à-dire, *il me faut tout ou rien*; manière de penser peu étonnante dans un homme

Senèque, dans son parallèle entre le philosophe et le héros, donne hautement la préférence à Diogènes en disant : *les choses que Diogènes n'eût pas daigné accepter, étoient en beaucoup plus grand nombre que celles qu'Alexandre eût pu lui donner.*

S'agit-il des *sciences naturelles*, qu'on fasse attention à ce mot qu'il avoit si fréquemment à la bouche : *qu'il reconnoissoit sa mortalité principalement à deux choses ; savoir, le sommeil et la génération.* Parole qui sans contredit est tirée des profondeurs de la physique, et qui sent moins son Alexandre que son Aristote ou son Démocrite ; rien ne montre plus sensiblement le défaut et l'excès auxquels la nature humaine est sujette,

---

si excessif, qui, non content de conquérir ce monde, en demandoit un autre pour le tourmenter. Il est pourtant un milieu ; ce seroit de posséder le nécessaire, et quelque peu plus, afin de n'être pas trop près de l'indigence ; milieu moins admirable sur la place, mais plus commode à la maison.

que les deux choses désignées par ce mot, et qui sont comme les arrhes de la mort.

Est-il question de *poétique*, le sang coulant en abondance de ses blessures, il appella un de ses flatteurs qui le qualifioit souvent de Dieu : *regarde, lui dit-il, c'est bien là du sang, du vrai sang d'homme, et non de cette liqueur qui, selon Homère, coula de la main de Vénus, lorsqu'elle fut blessée par Diomède,* se riant ainsi et des poëtes, et de ses flatteurs, et de lui-même.

Quant à la *dialectique*, voyez cette critique qu'il fait des arguties qu'elle fournit pour rétorquer les argumens et battre un adversaire avec ses propres armes. Voyez-la, dis-je, dans ce mot par lequel il reprit Cassander, qui rebutoit certains délateurs qui accusoient Antipater son père. Alexandre ayant dit par hazard : *crois-tu que ces gens-ci eussent entrepris un si long voyage, s'ils n'eussent eu quelque juste sujet de plainte ? C'est cela même,* répondit Cassander, qui leur a donné cœur; ils espéroient que la longueur du voyage empêcheroit de les soupçonner de calomnie. Bon, répartit Alexandre, *voilà de ces arguties d'Aristote qui servent à défendre le pour et le contre.* Cependant cet art là même qu'il critiquoit dans les autres, il savoit fort bien s'en prévaloir dans l'occasion et l'employer à son avantage. C'est ce qu'il fit contre Callisthènes qu'il haïssoit secrètement, parce que ce philosophe ne goûtoit point du tout son apothéose. Voici comme la chose se passa. Les convives, dans un festin, invitant le philosophe, qui passoit pour un homme très éloquent, à choisir un sujet à volonté et à le traiter sur-le-champ, par forme de divertissement; Callisthènes y consentit, et prenant pour sujet l'éloge des Macédoniens, il le traita si éloquemment, qu'il fut universellement applaudi. Alexandre, à qui ces applaudissemens ne plaisoient point du tout, lui dit : *il n'est pas bien difficile d'être éloquent dans une bonne cause ; mais prends un peu le contre-pied, et voyons ce que tu sauras dire contre nous.* Callisthènes accepta le parti, et mêla, dans ce second discours, tant de railleries et de traits piquans contre les Macédoniens, qu'Alexandre l'interrompit en disant : *un méchant esprit peut, tout aussi bien qu'une bonne cause, rendre éloquent tel qui, sans cela, ne le seroit pas.*

Passons à la *rhétorique*, art auquel appartient l'usage des tropes et autres ornemens. Vous avez l'élégante métaphore dont il usa contre Antipater, gouverneur impérieux et tyrannique. Car je ne sais quel ami de ce capitaine le louant devant Alexandre, de sa grande modération, et de ce qu'au lieu d'imiter le luxe des Perses, comme ses autres lieutenans, il dédaignoit l'usage de la pourpre et avoit gardé l'antique manteau macédonien : *oui*, répondit Alexandre ; *mais au dedans cet Antipater est tout de pourpre.* Voyez encore cette métaphore si connue : Parménion s'étant approché de lui dans les champs d'Arbelle, et lui montrant l'immense armée des ennemis, campée au dessous d'eux durant la nuit; armée qui, couvrant la campagne d'un nombre infini de feux, sembloit un autre firmament tout semé d'étoiles, et ce général lui conseillant de combattre la nuit : *non, non,* répondit-il, *je ne veux pas dérober la victoire.*

En *politique*, considérez cette distinction si importante et si judicieuse (adoptée depuis par toute la postérité), et par laquelle il caractérise si bien ses deux principaux amis, Ephestion et Cratère, lorsqu'il dit que *l'un aimoit Alexandre, et l'autre le roi;* établissant ainsi, même parmi les plus fidèles serviteurs des rois, cette différence d'un si grand poids ; savoir : que les uns sont plus spécialement attachés à la personne même de leurs maîtres ; et les autres, à leurs devoirs envers la royauté. Voyez aussi avec quelle sagacité il relève une méprise ordinaire aux conseillers des rois, lesquels donnent souvent des conseils plus proportionnés à leur ame et à leur fortune, qu'à celle de leurs maîtres. Darius faisant de grandes offres à Alexandre pour obtenir la paix : *pour moi*, dit Parménion, *si j'étois Alexandre, j'accepterois ces conditions ; et moi aussi*, répartit Alexandre, *si j'étois Parménion*. Enfin, analysez cette réponse si énergique et si fine qu'il fit à ses amis, lorsque, le voyant distribuer tout son patrimoine à ses capitaines, ils lui dirent : *et toi, seigneur, que te réserves-tu ? L'espérance*, leur répondit-il ; car il savoit fort bien que, tout supputé, l'espérance est le vrai lot et comme l'héritage de ceux qui aspirent aux grandes choses. Tel fut le partage de César, lorsque, partant pour les Gaules, il eut épuisé toute sa fortune par ses largesses et ses profusions. Tel fut aussi le lot de Henri, duc de Guise, grand prince sans contredit, quoiqu'un peu trop ambitieux, et dont on a dit si souvent : *qu'il étoit le plus grand usurier de toute la France, attendu qu'il avoit prêté tout son bien et converti tout son patrimoine en obligations*. Mais mon admiration pour ce prince, que je devois considérer, non comme Alexandre-le-Grand, mais seulement comme le disciple d'Aristote, m'a peut-être entraîné un peu trop loin.

Quant à Jules-César, il n'est pas besoin, pour nous faire une idée de la vaste étendue de ses connoissances, de tirer des conjectures de son éducation, de ses amis ou de ses réponses, vu qu'elles brillent dans ses écrits et dans ses livres, dont les uns subsistent, et les autres malheureusement sont perdus. Or, 1°. cette admirable histoire de ses guerres, à laquelle il s'est contenté de donner le modeste titre de *commentaires*, est entre nos mains; histoire où toute la postérité admire le solide poids des choses et la vive peinture tant des actions que des personnes, unie à la pureté du style le plus châtié, et à la plus grande netteté dans la narration; talent qu'il n'avoit pas simplement reçu de la nature, mais qui de plus étoit acquis et qu'il devoit aux préceptes et aux règles, comme le témoigne celui de ses livres qui porte pour titre : de l'*Analogie* ; livre qui n'étoit autre chose qu'une sorte de grammaire philosophique, où il prenoit à tâche de donner des préceptes pour apprendre à parler avec facilité sans s'écarter des règles, pour assujettir le langage reçu à la loi des convenances ; livre enfin dont le but étoit de faire que les mots, qui sont les images des choses, s'accommodassent aux choses mêmes, et non au caprice du vulgaire.

Nous avons aussi un calendrier corrigé par ses ordres, et qui n'est pas moins un monument de sa science que de sa puissance ; calendrier qui témoigne qu'il ne faisoit pas moins gloire de connoître les loix des astres dans les cieux, que de donner des loix aux hommes sur la terre.

Par cet autre livre, auquel il donna le titre d'*anti-Catons*, il est constant que, n'étant pas moins jaloux de vaincre par l'esprit que par les armes, il entreprit ce combat de plume contre l'orateur Cicéron, le plus grand athlète de ce temps-là.

De plus, dans ce recueil d'apophthegmes qu'il composa, nous voyons qu'il jugea qu'il lui seroit plus honorable de se changer, pour ainsi dire, lui-même en tablettes et en codicilles, en rapportant les dits les plus graves et les plus judicieux des autres, que de souffrir que l'on consacrât ses paroles comme autant d'oracles, comme certains princes ineptes et séduits par la flatterie, souhaitent qu'on le fasse pour eux. Si cependant je voulois faire l'énumération de la plupart de ses *dits*, comme je l'ai fait pour Alexandre, on trouveroit qu'ils sont de la nature de ceux dont Salomon a dit : *les paroles du sage sont comme autant d'aiguillons, autant de clous qui s'enfoncent bien avant.* C'est pourquoi je n'en proposerai que trois, qui ne sont pas tant admirables par leur élégance, que par leur force et leur efficace.

1°. Quel plus grand maître dans l'art de parler que celui qui sut appaiser une sédition, dans une armée, à l'aide d'un seul mot. Or, voici comment la chose se passa. C'étoit un usage chez les Romains, que les généraux, en haranguant leur armée, se servissent de ce mot, *milites* (soldats); et que les magistrats, en parlant au peuple, employassent celui de *quirites* (citoyens). Les soldats de César s'étant révoltés, faisoient grand bruit autour de lui, et lui demandoient leur congé, d'un ton séditieux : non qu'ils eussent fort à cœur ce congé; mais ils espéroient que, s'ils pouvoient gagner ce point, ils le forceroient ensuite à leur accorder d'autres demandes. Lui, sans s'ébranler, ayant fait faire silence, commença ainsi : *ego, quirites*, (moi, citoyens), mot par lequel il leur signifioit qu'ils étoient déja licenciés. Les soldats frappés de sa fermeté, et étourdis par ce mot, interrompoient continuellement son discours, abandonnant désormais la demande du congé, et le suppliant avec instance de leur rendre le titre de soldats (1).

---

(1) Il est impossible de faire passer dans la tra-

Voici quel fut le second. César soupiroit après le titre de *roi*. Dans cette vue, quelques-uns de ses partisans furent apostés pour le saluer à son passage par une acclamation populaire en lui donnant ce titre ; et c'est ce qu'ils firent. Mais César

---

duction tout le sens et toute la force de ce mot de César, attendu que nous n'avons point dans notre langue de mot correspondant à ce mot *quirites*, qui, à proprement parler, signifioit *enfans de Romulus*, ni d'équivalent précis. Cependant le mot de *citoyens* par lequel je traduis le mot *quirites*, en approche assez, et nous l'employons dans des occasions à peu près semblables ; car, quoique nul de nos volontaires ne rougisse du nom de *citoyen*, et qu'on le soit beaucoup mieux le sabre au poing que la plume à la main ; cependant, si, après trente victoires, un général, en leur parlant, le leur donnoit, tels d'entr'eux pourroient bien n'en être pas trop flattés. César, en parlant à ses soldats, employoit le mot *commilitones*, qui revient à peu près à celui de *camarades*, que nous employons en pareille occasion. Au reste, si quelqu'un de nos lecteurs juge que le mot *citoyen* ne répond pas assez exactement à celui de *quirites*, il peut y substituer celui-ci, *romains*.

s'appercevant que l'acclamation étoit foible et n'entendant qu'un petit nombre de voix, prit le parti de tourner la chose en plaisanterie, et comme si l'on se fût trompé dans son surnom, *je ne suis pas roi*, dit-il, *mais César:* parole telle que, si on l'analyse avec soin, on trouvera qu'il est difficile d'en faire sentir tout le poids et toute la force. 1°. Il se donnoit l'air de refuser ce titre de roi; mais ce refus n'étoit rien moins que sérieux. De plus, par ce mot il témoignoit un certain sentiment de sa supériorité et une rare magnanimité. Il donnoit à croire que le nom de César lui sembloit plus illustre que le titre de roi; et c'est ce qui est en effet arrivé et a encore lieu aujourd'hui. Mais ce qui lui importoit le plus, c'étoit que par ce mot il alloit à ses fins avec une adresse admirable : à l'aide de ce mot, il faisoit entendre que le sénat et le peuple romain contestoient pour fort peu de chose avec lui, qui étoit déja en possession de toute la réalité de la puissance royale, savoir pour un simple mot, et encore un mot qui servoit de nom à plusieurs familles obscures ; car ce surnom de *le roi*, étoit celui de plusieurs familles parmi les Romains, à peu près comme parmi nous, où ce nom est assez commun (1).

Voici quel est le dernier mot que nous croyons devoir rappeller ici. César, la guerre commencée, s'étant emparé de Rome, et ayant forcé le trésor public, qui étoit regardé comme sacré; pour s'emparer de tout l'argent qu'on y avoit ramassé et s'en servir dans ses expéditions; Métellus, en vertu de sa qualité de Tribun, voulut s'y opposer. César, irrité de cette résistance, lui dit : *si tu persistes, tu es mort;* puis revenant un peu à soi, il ajouta : *jeune homme, tu sais qu'il m'est plus difficile de le dire que de le faire.* Mot si admirable et si bien choisi pour exprimer la clémence et inspirer la

---

(1) *King* est un nom de famille fort commun en Angleterre, et répond à celui de *le roi*, qui ne l'est pas moins parmi nous.

terreur, que je ne connois rien au dessus.

Enfin, pour terminer avec César, il est clair que lui-même avoit le sentiment de ses grandes lumières, comme le prouve le trait suivant. Car, quelques-uns témoignant devant lui leur étonnement sur cette résolution que prit Sylla d'abdiquer la dictature : *ne vous en étonnez pas*, leur dit-il, *Sylla ignoroit les lettres ; voilà pourquoi il n'a pas su dicter.*

Il est temps désormais de mettre fin à cette dissertation sur l'étroit lien qui unit la vertu militaire et les talens littéraires; car qui pourroit-on citer en ce genre après Alexandre et César? Cependant je suis tellement frappé de ce qu'a de grand et d'extraordinaire un autre exemple où l'on voit un passage rapide du badinage au miracle, que je ne puis m'empêcher de le rapporter. C'est celui du philosophe Xénophon, qui, sortant de l'école de Socrate, partit pour l'Asie avec Cyrus le jeune, dans l'expédition que ce prince entreprit contre son frère Artaxerxe. Ce Xénophon étoit très jeune alors, et n'avoit encore vu ni bataille ni camp ; il n'avoit pas même d'emploi dans l'armée ; il n'étoit parti qu'en qualité de volontaire et à cause de l'amitié qui le lioit avec Proxènes. Il étoit par hazard présent à l'arrivée de Falinus, député par le grand roi vers les Grecs, après que Cyrus eut péri dans la bataille. Or, les Grecs, qui n'étoient qu'une poignée d'hommes et sans général, se trouvoient au milieu des provinces de la Perse, et séparés de leur patrie par une distance de plusieurs milliers de milles, et par des fleuves très larges et très profonds. La députation avoit pour but d'engager les Grecs à mettre bas les armes et à se soumettre à la clémence du roi. Avant qu'on fît une réponse publique à ces députés, quelques officiers de l'armée des Grecs s'entretenoient familièrement avec Falinus. Du nombre étoit Xénophon, qui lui parla ainsi : *en un mot, Falinus, il ne nous reste plus que deux choses, nos armes et notre courage ; si nous livrons nos armes, ce courage, à quoi nous servira-t-il ?* Falinus lui répondit en souriant : *jeune homme, si je ne me trompe, tu es Athénien, et tu as étudié la philosophie : ce que tu dis là est assez joli; mais tu te trompes fort, si tu te flattes que ce courage puisse balancer les forces du roi.* Voilà le badinage, et voici le miracle. Ce novice à peine sorti de l'école, ce philosophe, après que tous les généraux et les officiers eurent été tués en trahison, ramena de Babylone en Grèce dix mille fantassins, à travers les provinces du roi et malgré les efforts de toutes ses troupes, pour lui couper la retraite : retraite qui remplit les nations du plus grand étonnement; mais qui, remplissant les Grecs d'ardeur et de confiance, les mit en état de ruiner la monarchie des Perses. C'est ce qui fut prévu et prédit par Jason Thessalien, tenté et ébauché par Agésilaüs Spartiate, enfin achevé par Alexandre Macédonien, tous hommes de lettres et excités par le mémorable exploit de ce guerrier philosophe qui les avoit précédés.

De la vertu militaire, et propre aux généraux d'armée, passons à la vertu morale et propre aux hommes privés. Quoi de mieux fondé que cette sentence du poëte !

Rien n'adoucit autant les mœurs et ne bannit la férocité, comme d'avoir appris bien à fond les arts libéraux.

En effet, la science bannit des ames humaines la barbarie et la férocité. Cependant, ce mot *à fond* doit être prononcé avec *accent* ; car une étude précipitée, confuse, produit l'effet contraire. Je dis donc que la science bannit la légèreté, la témérité et cette présomption qui accompagne l'ignorance. Car, en présentant les choses, elle les montre environnées de dangers et de difficultés : elle balance les raisons et les argumens de part et d'autre : elle tient pour suspect tout ce qui se présente d'abord à l'esprit, et lui rit excessivement : elle apprend à bien reconnoître la route avant de s'y hasarder. C'est elle aussi qui extirpe le vain et excessif étonnement, vraie source de toute foiblesse dans les résolutions. Car les choses étonnent, ou parce qu'elles sont *nouvelles*, ou parce qu'elles sont *grandes*. Quant à la nouveauté, tout homme profondément imbu des lettres et de la contemplation des choses, aura toujours présent à l'esprit cette sentence : *il n'est rien de nouveau sur la terre*. Et le jeu des marionettes n'auroit rien d'étonnant pour qui, mettant la tête derrière le rideau, verroit les fils et les machines qui servent à mouvoir ces figures. Quant à la grandeur, de même qu'Alexandre, accoutumé à de grandes batailles et à de grandes victoires en Asie, lorsque de temps à autres il recevoit des lettres de Grèce contenant la nouvelle de certaines expéditions qu'on y avoit faites, de certains combats qu'on y avoit livrés, et où il s'agissoit le plus souvent de s'emparer d'un pont, d'un château, ou tout au plus de quelque ville; de même, dis-je, qu'Alexandre, en recevant de telles lettres, avoit coutume de dire, qu'*il lui sembloit qu'on lui apportoit la nouvelle de ce combat de rats et de grenouilles qu'a chanté Homère;* de même aussi aux yeux de qui contemple l'immensité des choses et la totalité de l'univers, le globe terrestre, avec tous les hommes qui sont dessus, si vous en ôtez ce que les ames ont de divin, ne semblera rien de plus qu'un petit groupe de fourmis, dont les unes chargées de grains ; les autres portant leurs œufs, d'autres à vide, rampent et trottent autour d'un petit tas de poussière. Ainsi la science détruit ou du moins diminue beaucoup la crainte de la mort et de l'adversité, crainte si préjudiciable à la vertu et aux mœurs ! Tout homme dont l'ame sera bien pénétrée de la pensée de la mort et de la nature corruptible de toutes choses, n'aura pas de peine à être du sentiment d'Epictète, qui, rencontrant un jour, au sortir de sa maison, une femme qui pleuroit parce qu'elle avoit brisé sa cruche; et le lendemain en rencontrant une autre qui pleuroit la mort de son fils, dit: *hier, j'ai vu briser une chose fragile, et aujourd'hui, mourir une chose mortelle* (1). C'est donc avec beaucoup de sagesse que Virgile accouple la connoissance des causes avec la supériorité à toute espèce de crainte, comme marchant toujours ensemble.

Heureux qui a pu connoître les causes de tout ! Heureux qui a su mettre sous ses pieds les vaines terreurs, et le destin inexorable et le fracas de l'avare Achéron !

Il seroit trop long de parcourir en détail tous les remèdes que la science fournit pour les diverses maladies de l'ame ; tantôt évacuant les mauvaises humeurs, tantôt résolvant les obstructions ; quelquefois aidant la concoction, d'autres fois excitant l'appétit ; souvent encore guérissant les plaies et les ulcères ; et produisant mille effets semblables. Je finirai

---

(1) Cette réflexion très philosophique ne ressuscitoit pas l'enfant, et ne raccommodoit pas la cruche. Il nous semble qu'il eût mieux valu tâcher de consoler la première de ces femmes, et donner une cruche à la seconde.

par une réflexion qui pourra s'étendre sur le tout, c'est que la science dispose et fléchit l'ame de manière qu'on ne la voit jamais se reposer tout-à-coup sur ce qu'elle possède, et se geler, pour ainsi dire, dans ses défauts; mais qu'au contraire elle s'excite sans cesse elle-même et n'aspire qu'à faire de nouveaux progrès. L'ignorant ne sait ce que c'est que de descendre en soi-même et de se rendre compte de toutes ses actions. Il ne sait pas combien il est doux de se sentir devenir de jour en jour meilleur. Si par hazard il est doué de quelque vertu, il la vantera sans doute et l'étalera en toute occasion, peut-être même saura-t-il en tirer parti; mais il ne saura pas la cultiver et l'augmenter. Si, au contraire, il est entaché de quelque vice, il ne manquera pas d'art et d'industrie pour le voiler et le pallier; mais il n'en aura pas pour le corriger : semblable à un mauvais moissonneur, qui va toujours moissonnant et n'aiguisant jamais sa faux. L'homme éclairé, au contraire, ne se contente pas d'user des facultés de son ame et d'exercer sa vertu ; mais il s'amende continuellement et sa vertu va croissant de jour en jour. Enfin, pour tout résumer en peu de mots, il est hors de doute qu'il n'y a, entre la *vérité* et la *bonté*, d'autre différence que celle qui se trouve entre le *cachet* et son *impression* ; car la *vérité* est le *sceau* de la *bonté* ; et c'est, au contraire, des nuages de l'erreur et du mensonge que s'élancent avec fracas les tempêtes des vices et des passions immodérées.

De la vertu passons à l'empire et à la puissance, et voyons s'il est une puissance et une domination comparable à celle dont la science revêt, pour ainsi dire, et couronne la nature humaine. Nous voyons que la dignité du commandement se proportionne à la dignité de ceux à qui l'on commande. L'empire sur les animaux, soit grands, soit petits, tels que celui des bouviers et des bergers, est chose vile : commander à des enfans, comme les maîtres d'école, est peu honorable : régner sur des esclaves est plutôt un déshonneur qu'un honneur; et l'empire d'un tyran sur un peuple servile, sans courage et sans générosité, n'est guère plus honorable. Aussi pensa-t-on dans tous les temps que les honneurs sont plus doux dans les monarchies libres et dans les républiques, que sous les tyrans; parce qu'il est plus honorable de commander à des hommes qui obéissent volontairement, qu'à ceux dont l'obéissance est contrainte et qui ne cèdent qu'à la force. C'est pourquoi Virgile, usant de tout son art, et voulant, parmi les honneurs, choisir les plus exquis pour les adjuger à Auguste, emploie ces expressions mêmes: *vainqueur en tous lieux, il veut commander à des peuples à qui l'obéissance soit douce; et c'est ainsi qu'il se fraie un chemin vers l'olympe.*

Mais l'empire de la science est infiniment plus élevé que l'empire sur la volonté, supposée même parfaitement libre et dégagée de toutes entraves; car la première commande à la raison, à la foi, à l'entendement même, qui est la partie la plus haute de l'ame et règne aussi sur la volonté. En effet, il n'est aucune puissance terrestre qui s'érige un trône, et qui siége, pour ainsi dire, dans les esprits, dans les ames, dans les pensées, dans les imaginations, par l'assentiment et la foi, sinon la science et la doctrine. Aussi voyons-nous l'immense et détestable volupté dont sont pénétrés, et comme ravis, les hérésiarques, les faux prophètes et tous les grands imposteurs, quand ils s'apperçoivent qu'ils ont commencé à régner sur la foi et la conscience des hommes : volupté telle que, dès qu'un homme en a une fois goûté, il n'est plus de persécution ni de supplice qui puisse le contraindre à abdiquer cette sorte d'empire. Or, c'est cela même qui, dans *l'apocalypse*, est appellé *l'abyme, les profondeurs de Satan*. De même et par la raison des contraires, un juste et légitime empire sur les esprits, établi par l'évidence même et la douce recommandation de la vérité, a beaucoup d'analogie avec la puissance divine, et en approche autant qu'il est possible.

Quant à la fortune et aux honneurs, la munificence de la science n'enrichit pas tellement les royaumes entiers et les républiques, qu'elle n'agrandisse et n'élève aussi par fois la fortune des hommes privés. Car ce n'est pas d'aujourd'hui qu'on a observé qu'Homère avoit plus nourri d'hommes, que ne le purent jamais Sylla, César et Auguste, par tant de largesses, soit aux armées, soit au peuple, et tant de distributions de terres. Certes il n'est pas facile de dire lesquelles des armes ou des lettres ont le plus établi de fortunes. De plus, parlons-nous de la souveraine puissance, nous voyons que, si l'on doit ordinairement la couronne aux armes ou au droit d'hérédité, plus souvent encore le sacerdoce, qui rivalisa toujours avec la royauté, est le partage des lettres. Enfin, si, dans la science, vous envisagez le plaisir et les douceurs qu'elle procure, nul doute que ce genre de plaisir ne l'emporte de beaucoup sur toutes les autres voluptés. Eh quoi! le plaisir, dérivé de certaines affections, ne l'emporte-t-il pas autant sur les plaisirs des sens, que la jouissance que nous procure l'heureux succès de nos entreprises, l'emporte sur le mince plaisir d'une chanson ou d'un repas? et les plaisirs de l'entendement ne l'emportent-ils pas en même proportion sur les plaisirs dérivés des affections? Dans les autres genres de volupté, la satiété est voisine de la jouissance; et pour peu que le plaisir ait de durée, sa fleur et sa beauté se flétrit : ce qui nous apprend que ce ne sont pas là les vraies, les pures voluptés; mais seulement des ombres, des fantômes de plaisir, moins agréables par leur qualité propre, que par la nouveauté. Aussi voit-on souvent les voluptueux finir par se jeter dans un cloître, et la vieillesse des princes ambitieux, presque toujours triste et assiégée par la mélancolie. Au contraire, qui aime la science, ne s'en rassasie jamais; sa vie est une alternative perpétuelle de jouissance et d'appétit : ensorte qu'on est forcé d'avouer que le bien que procure ce genre de volupté, est vraiment un bien pur et tel par essence, et non un bien accidentel et illusoire. Et ce n'est pas un plaisir qui doive occuper, dans l'ame humaine, le dernier lieu, que celui dont parle Lucrèce, lorsqu'il dit : *il est doux, lorsque la tempête bouleverse les flots d'une mer d'une vaste étendue.*

C'est un doux spectacle, dit-il, *soit qu'on s'arrête ou se promène sur le rivage de la mer, de contempler un vaisseau battu par la tempête. Il n'est pas moins doux de voir, d'une tour élevée, deux armées se livrant bataille dans la plaine* (1) ; *mais rien n'est plus doux pour l'homme, que de sentir son ame placée par la science sur la citadelle de la vérité, d'où il peut abaisser ses regards sur les erreurs et les maux des autres hommes.*

Enfin laissant de côté ces argumens si

_____

(1) Il seroit peut-être plus doux de voir le vaisseau arriver à bon port, à l'aide d'un vent favorable, et de voir les deux armées faire la paix ; mais cela seroit moins poétique.

rebattus, *que, par la science, l'homme surpasse l'homme en ce par quoi il est lui-même supérieur aux brutes;* que, moyennant la science, l'homme peut s'élever en esprit jusqu'aux cieux, où son corps ne peut monter, et autres sentences de ce genre : terminons cette dissertation sur l'excellence des lettres, par la considération de ce bien auquel, avant tout, aspire l'ame humaine, je veux dire l'immortalité et l'*éternité;* car c'est à ce but que tendent la génération des enfans, l'ennoblissement des familles, les édifices, les fondations, les monumens de toute espèce, la réputation, enfin tous les désirs humains. Or, nous voyons combien les monumens de la science et du génie l'emportent, pour la durée, sur les ouvrages que la main exécute. Voyez les ouvrages d'Homère; n'ont-ils pas déja duré vingt-cinq siècles et plus, sans qu'il s'en soit perdu une seule syllabe, une seule lettre (1)? espace de

---

(1) Selon toute apparence, ils ont plus gagné

temps où tant de palais, de temples, de châteaux, de villes, sont tombés en ruine ou ont été rasés. Il n'est déja plus possible de retrouver les portraits et les statues de Cyrus, d'Alexandre, de César, et d'une infinité de rois et de princes beaucoup plus modernes. Les originaux, usés par le temps, ont péri, et les copies perdent de jour en jour de leur ressemblance. Mais les images des esprits demeurent toujours entières dans les livres, n'ayant rien à craindre des ravages du temps, vu qu'on peut les renouveller continuellement. Mais, à proprement parler, ce nom *d'images* ne leur convient point; et cela d'autant moins, qu'elles engendrent, pour ainsi dire, perpétuellement, et que, répandant leurs semences dans les esprits, elles enfantent et suscitent, dans les siècles suivans, une infinité d'actions et d'opinions. Que si l'on a regardé comme une découverte grande et admirable l'in-

---

que perdu; car que de gens s'en sont mêlés, et ont voulu y mettre du leur!

vention du vaisseau qui, *important et exportant* les richesses et les productions des différens climats, associe les nations diverses par la communication des fruits et des commodités de toute espèce, et rapproche les contrées les plus séparées par la distance des lieux; à combien plus juste titre ne doit-on pas honorer les lettres, qui, comme autant de vaisseaux, sillonnant l'océan du temps, marient, en quelque sorte, par la communication des esprits et des inventions, les siècles les plus éloignés les uns des autres. Or, nous voyons que ceux d'entre les philosophes qui étoient le plus profondément plongés dans les sens, qui n'étoient rien moins que divins, et qui nioient le plus obstinément l'immortalité de l'ame, ont néanmoins, convaincus par la force de la vérité, accordé que tous les mouvemens et les actes que peut faire l'ame humaine, sans l'entremise des organes du corps, doivent, selon toute probabilité, subsister après la mort. Or, tels sont les mouvemens de l'entendement, et non ceux des affections ; tant il est vrai que la science leur a paru quelque chose d'immortel et d'incorruptible. Mais nous, qu'éclaire une révélation divine, foulant aux pieds tous ces informes essais, toutes ces illusions des sens, nous savons que non-seulement l'esprit, mais même les affections purifiées, non pas seulement l'ame, mais même le corps, s'élèvera dans son temps à l'immortalité, et aura, pour ainsi dire, son assomption. Cependant qu'on n'oublie pas que, soit ici, soit ailleurs, et autant qu'il sera nécessaire, dans ces preuves de la dignité des sciences, j'ai, dès le commencement, séparé les témoignages divins des témoignages humains; méthode que j'ai constamment suivie en exposant les uns et les autres séparément.

Mais, quoiqu'à cet égard j'aie pu faire, je ne présume pas et je ne me flatte point du tout que, par aucun plaidoyer ou factum en faveur de la science, je puisse jamais parvenir à faire casser le jugement, soit du coq d'Ésope, lequel préféra un grain d'orge à un diamant; soit celui de Midas, qui, ayant été choisi pour arbitre entre Apollon qui préside aux muses, et Pan qui préside aux troupeaux, adjugea le prix à l'opulence; ou encore celui de Pâris, qui, méprisant la puissance et la sagesse, donna la palme à la volupté et à l'amour; ou celui d'Agrippine, qui exprima ainsi son choix : *qu'il tue sa mère, peu importe, pourvu qu'il règne*, souhaitant l'empire à son fils, quoiqu'avec une condition si détestable; ou enfin le jugement d'Ulysse, qui préféra sa vieille à l'immortalité; véritable image de ceux qui, aux meilleures choses, préfèrent celles auxquelles ils sont accoutumés : ou tant d'autres jugemens populaires de cette espèce. Car ces jugemens seront toujours ce qu'ils sont et ce qu'ils ont été; mais ce qui subsistera aussi et sur quoi en tout temps la science repose comme sur le fondement le plus solide, fondement que rien n'ébranlera jamais, c'est cette vérité : *la sagesse a été justifiée par ses enfans.*

LIVRE II.

Il paroît convenable, quoiqu'il en arrive quelquefois autrement, roi plein de bonté, que ceux qui, ayant une nombreuse lignée, y voient, pour ainsi dire, de loin leur immortalité, prennent, plus que tous les autres mortels, intérêt à l'état où pourront être les choses dans les temps qui doivent suivre celui où ils vivent; temps auxquels ils comprennent assez que ces gages, si chers à leur cœur, seront tôt ou tard comme transmis. La reine Elizabeth, vu le célibat où elle a vécu, a été plutôt étrangère en ce monde, qu'elle n'en a été un habitant; elle a toutefois illustré son siècle, et, à plus d'un titre, bien mérité de ses contemporains. Mais, à Votre Majesté, à qui la bonté divine a accordé de si nombreux enfans, dignes sans contredit de la perpétuer, et à qui l'âge, encore dans toute sa force, et un lit fécond en promettent encore d'autres; à Votre Majesté, dis-je, il convient, par toutes sortes de motifs, non-seulement de jeter des rayons sur son siècle, comme elle le fait, mais encore d'étendre ses soins à des choses qui puissent vivre à jamais dans la mémoire des hommes, et fixer les regards de l'éternité toute entière. Or, parmi les objets qui peuvent l'occuper, si mon amour pour les lettres ne me fait illusion, je n'en vois point de plus important et de plus noble que celui de léguer à l'univers entier, de nouvelles découvertes dans les sciences, qui soient solides et fructueuses. En effet, jusqu'à quand regarderons-nous une poignée d'écrivains comme les colonnes d'Hercule, comme un non-plus-ultrà qui doit arrêter notre marche? nous qui possédons Votre Majesté, laquelle, semblable à un astre lumineux et propice, peut diriger notre navigation et la rendre heureuse.

Ainsi, pour revenir à notre dessein, examinons et considérons attentivement ce en quoi les princes et autres hommes puissans ont contribué au progrès des lettres et ce qu'ils ont négligé. Mais cette discussion, faisons-la d'une manière serrée et distincte, en usant d'un certain style mâle et actif, sans digressions et sans amplifications. Posons donc d'abord ce principe, qui ne peut être contesté : que tout ouvrage grand et difficile ne peut être exécuté et conduit à sa fin, qu'à l'aide de ces trois choses : *la grandeur des récompenses, la prudence et la sagesse des dispositions, enfin le concert des travaux*; trois moyens, dont le premier excite à faire des efforts ; le second épargne les détours et ôte les erreurs ; le troisième, enfin, prête secours à la fragilité humaine. Or, de ces trois moyens, celui qui mérite le premier rang, c'est la *prudence des dispositions*, laquelle consiste à montrer et à tracer la route la plus droite et la plus facile vers le but proposé ; car, comme on le dit ordinairement, *un boiteux qui est dans la route, devance un bon coureur qui est hors de la route ;* et je ne vois rien qui s'applique mieux ici que cette sentence de Salomon : *si le fer est émoussé, il faudra employer plus de force ; mais ce qui prévaut sur tout, c'est la sagesse :* paroles par lesquelles il fait entendre que le choix judicieux des moyens contribue plus efficacement au succès, que l'augmentation des efforts ou l'accumulation des forces ; et quand nous parlons ainsi, c'est que (sauf l'honneur dû à tous ceux qui ont, en quelque manière que ce soit, bien mérité des lettres) nous nous appercevons que la plupart des hommes puissans, dans leurs actions et leurs dispositions, relativement aux lettres, avoient plutôt en vue une certaine magnificence et la gloire de leur nom, que les progrès réels des sciences ; et qu'ils ont plutôt augmenté le nombre des Lettrés, qu'ils n'ont fait prendre aux lettres mêmes un sensible accroissement : or, les actes et les dispositions tendantes à l'accroissement des lettres, ont trois objets ; savoir : le *domicile des lettres*, les *livres* et les *personnes* mêmes des Let-

très. Car, de même que l'eau, soit qu'elle descende du ciel, soit qu'elle jaillisse des sources, se perdroit aisément, si l'on n'avoit soin de la ramasser dans des réservoirs, où elle pût, par cette union et cette accumulation, se soutenir et se fomenter elle-même; but en vue duquel l'industrie humaine a imaginé les aqueducs, les citernes, les réservoirs, et les a décorés de divers ornemens; afin que leur beauté et leur magnificence répondît à leur utilité et à leur nécessité. De même cette liqueur si précieuse des sciences, soit qu'elle découle de l'inspiration divine, soit qu'elle jaillisse des sens, se perdroit toute et s'évanouiroit en peu de temps, si on ne la conservoit dans les livres, dans les traditions, dans les entretiens, et, plus que tout, dans les lieux destinés à recevoir ces sciences, comme les écoles, les académies, les collèges, où elles ont un domicile fixe, et où elles trouvent de plus l'occasion et la facilité de croître et de s'accumuler.

Or, 1°. *les dispositions* qui regardent

le domicile des lettres, sont au nombre de quatre ; savoir : *construction d'édifices, assignation de revenus, concessions de privilèges, et établissement d'une règle, d'une discipline ;* toutes choses qui le plus ordinairement contribuent à procurer aux gens de lettres la retraite et le loisir nécessaires, et moyennant lesquelles ils sont exempts de soins et d'inquiétude ; conditions toutes semblables à celles qu'exige Virgile pour l'établissement des ruches où les abeilles composent leur miel.

D'abord, il faut chercher pour les abeilles une demeure, un domicile, où les vents ne puissent se faire jour.

Mais il est deux principales dispositions à faire par rapport aux livres. 1°. Il faut des bibliothèques, sortes de mausolées où sont déposées les reliques des saints des temps anciens ; reliques pleines de vertu. 2°. De nouvelles éditions d'auteurs, décorées et munies d'impressions plus correctes, de versions plus fidelles, de commentaires plus utiles, d'annotations plus exactes, et autre service de toute espèce.

Quant aux dispositions qui concernent les personnes mêmes des Lettrés, outre qu'il faut les honorer et les avancer, elles sont au nombre de deux; savoir: récompense et choix de lecteurs enseignant les arts déja inventés et connus; récompense et choix d'écrivains pour traiter de ces parties de la science qui n'ont pas encore été assez cultivées et élaborées.

Tels sont en gros les actes et les dispositions par rapport auxquelles la munificence des princes illustres et autres personnages distingués s'est principalement signalée en faveur de la république des lettres. Comme je pensois à faire une mention spéciale de tel ou tel qui peut avoir bien mérité des lettres, je me suis rappellé cette délicatesse de Cicéron qui, après son retour de l'exil, le détermina à remercier ses partisans et ses amis tous ensemble et indistinctement : *il est difficile*, disoit-il à ce sujet, *de n'oublier personne ; et il seroit ingrat d'oublier tout le monde.* Envisageons, suivant le conseil de l'écriture, l'espace qui nous reste à parcourir dans la lice, plutôt que de tourner nos regards vers celui que nous avons laissé derrière nous.

1°. Quand je considère tous ces collèges fondés en Europe, et qui forment de si beaux établissemens, je suis étonné de les voir tous affectés à certaines professions particulières, à certains genres déterminés. Mais je n'en vois aucun qui soit consacré à l'étude libre et universelle des arts et des sciences; car si l'on pense que toute science doit se rapporter à l'usage et à la pratique, on a raison. Cependant il est facile de tomber par cela même dans cette erreur si bien relevée par cette fable fort ancienne, où il est dit que toutes les parties du corps intentèrent procès à l'estomach, lui reprochant de ne donner ni le mouvement, comme les membres, ni le sentiment, comme la tête. Voilà ce qu'ils disoient; mais ils ne disoient pas que ce même estomach, après avoir opéré la concoction et la digestion des alimens, les distribuoit à toutes les autres parties ; c'est ainsi, ainsi absolument que tout homme qui s'imagine que l'étude qui a pour objet la philosophie et les contemplations universelles, est inutile, oiseuse, ne fait pas attention que c'est de là que se tire toute le suc, toute la force qui se distribue à toutes les professions et à tous les arts. Quant à moi, je tiens pour certain qu'une des plus puissantes causes qui aient nui au progrès des sciences, est cela même qu'on ne s'est occupé qu'en passant de ces sciences fondamentales, au lieu de s'en abreuver à longs traits. Car, si vous voulez qu'un arbre donne plus de fruits qu'à l'ordinaire, en vain vous occuperez-vous des branches ; c'est la terre même qu'il faut remuer autour de la racine ; c'est une terre plus grasse et plus active qu'il faut en approcher ; autrement vous n'aurez rien fait. Il ne faut pas oublier non plus que cet usage où l'on est d'affecter les collèges et autres sociétés littéraires à certains genres déterminés de professions et de doctrines, n'a pas seulement été nuisible au progrès des sciences, mais non moins préjudiciable aux royaumes et aux républiques; car il arrive de là que, lorsque les rois ont à faire choix de ministres capables de gérer les affaires publiques, ils trouvent autour d'eux un vide étonnant d'hommes de cette espèce, parce qu'il nous manque un collège d'éducation spécialement consacré à cet objet, où les hommes que la nature semble avoir composés, organisés tout exprès pour de tels emplois, puissent, outre les autres genres de connoissances, faire une étude particulière de l'histoire des langues modernes, des livres et des traités de politique, pour arriver ensuite, suffisamment habiles et instruits, aux emplois civils.

Or, comme l'on peut dire que les fondateurs de *collèges plantent*, et que les fondateurs de *leçons arrosent*, l'ordre de notre sujet exige que nous parlions actuellement de ce qui manque dans les leçons publiques. D'abord j'improuve la mesquinerie des appointemens assignés aux lecteurs, soit des arts, soit des professions, sur-tout parmi nous. Car il importe sur-tout aux progrès des sciences que les lecteurs, en chaque genre, soient choisis parmi les plus habiles et les plus versés; attendu que leurs travaux ne sont pas d'une utilité passagère, et qu'ils tendent à multiplier les enfans de la science et à la perpétuer à jamais. Or, c'est un but auquel on ne peut arriver qu'en leur assurant des récompenses et un traitement, dont le plus habile, dans chaque art, puisse être pleinement satisfait, et l'être au point qu'il ne lui paroisse pas dur de mourir dans son emploi, et pour qu'il ne songe plus à embrasser une profession active. Sur quoi, si l'on veut faire fleurir les sciences, il faut observer la loi militaire de David; loi qui portoit que *ceux qui descendroient au combat et ceux qui demeureroient à la garde du bagage, auroient parts égales*: autrement le bagage sera mal gardé. De même les lecteurs dans les sciences sont comme les conservateurs et les gardiens de tout l'appareil littéraire; appareil qui sert ensuite à fournir des instrumens à la pratique et des munitions à la milice des sciences. Il est donc juste que leurs récompenses égalent les gains des praticiens. Autrement, si l'on n'adjuge pas des prix assez grands et assez magnifiques aux pères des sciences, on pourra dire de leurs enfans :

Et des enfans débiles rappelleront les jeûnes de leurs pères.

Pour remédier à un autre défaut que j'ai encore à observer, il faudroit appeler à notre secours un alchymiste, espèce d'hommes qui conseillent aux gens d'étude de vendre leurs livres, de construire des fourneaux, et de laisser là Minerve et les Muses, qu'ils regardent comme autant de Vierges stériles, pour faire leur cour à Vulcain. Il faut convenir cependant que, tant pour donner plus de profondeur à la théorie, que pour rendre la pratique fructueuse, dans certaines sciences (et sur-tout dans la philosophie naturelle), ce n'est pas seulement des livres qu'il faut tirer des secours : en quoi la munificence des hommes ne s'est point tout-à-fait relâchée ; car nous voyons qu'on ne prend pas seulement à tâche d'acquérir et de fournir aux gens d'étude des livres, mais aussi des sphères, des globes, des astrolâbes, des mappemondes, et autres instrumens semblables, comme autant d'adminicules pour l'astronomie et la cosmographie. Nous voyons aussi que certains lieux destinés à l'étude de la médecine, ont des jardins où l'on peut observer et étudier les simples de chaque espèce. Nous ne manquons pas non plus de cadavres pour les observations anatomiques. Sans doute, mais tout cela ne mène pas bien loin. En général, qu'on tienne pour certain qu'on ne peut espérer de faire de grands progrès dans l'étude de la nature, et de pénétrer dans ses mystères, si l'on épargne les dépenses nécessaires pour multiplier les expériences, soit de *Dédale*, soit de *Vulcain*; c'est-à-dire, celles qui se font à l'aide des fourneaux, ou des machines, ou de tout autre moyen. Ainsi, comme on permet aux conseillers et aux émissaires des princes de présenter le compte des dépenses qu'ils ont faites pour épier et découvrir les nouveautés et les secrets d'état; de même aussi, ces hommes qui épient et guettent, pour ainsi dire, la nature, il faut leur tenir compte de leurs dépenses. Car, si Alexandre-le-Grand a fourni de si grandes sommes à Aristote, pour le mettre en état de louer des chasseurs, des oiseleurs, des pêcheurs, et autres hommes de cette espèce, afin qu'il ne lui manquât rien pour composer son histoire naturelle des animaux; certes on doit de plus grands secours encore à ces hommes qui ne se contentent pas d'errer dans les forêts de la nature, mais qui se fraient un chemin dans le labyrinthe des arts.

Un autre défaut qui mérite d'être observé et qui sans contredit est d'une grande importance, c'est que les recteurs des universités sont fort négligens à faire des consultations; et les rois, ou autres hommes supérieurs, à faire des visites; à cette fin d'examiner et de considérer attentivement si ces leçons, ces disputes et tous ces exercices scholastiques, institués depuis long-temps et qui se sont conservés jusqu'à nos jours, il est bon de les conserver, ou si plutôt il ne seroit pas à propos d'abolir tout cela, et d'y substituer quelque chose de meilleur. Car, parmi les règles les plus sages de Votre Majesté, je trouve celle-ci : quand il s'agit d'apprécier quelque coutume, ou quelqu'exemple, *il faut considérer le temps où cette coutume a été établie et cet exemple donné. Que si l'on trouve que ce fut dans des temps de confusion et d'ignorance, cette circonstance lui ôte toute autorité et doit rendre la chose suspecte.* Ainsi, puisque la plupart des académies ont été établies dans des temps qui, pour les lumières et les connoissances, ne le cédoient pas peu au nôtre, c'est une forte raison de plus pour les soumettre de nouveau à l'examen. Je choisirai un ou deux exemples en ce genre, les tirant de ce qu'il y a de plus connu et de plus familier. Il est passé en usage parmi nous, quoique fort mal-à-propos, ce me semble, que ceux qui étudient les lettres, s'adonnent beaucoup trop tôt à la logique et à la réthorique; arts qui certainement conviennent plutôt à des sujets plus avancés en âge, qu'à des enfans et à des apprentifs. En effet, ces deux arts sont des plus importans, attendu que ce sont, en quelque manière, *les arts des arts;* l'un ayant pour objet le jugement, et l'autre, l'ornement. De plus, ils renferment les règles à suivre pour disposer ou embellir les choses et les sujets qu'on traite. Ainsi vouloir que des esprits ignorans et tout neufs (qui ne sont point encore munis de ce que Cicéron appelle la *pépinière,* ou le *mobilier,* c'est-à-dire, la matière ou l'abondance des choses; vouloir, dis-je, qu'ils commencent par ces arts-là, (comme si l'on vouloit leur apprendre à peser, à mesurer, ou à orner le vent), c'est vouloir que la vertu et la force de ces arts, (qui sont grandes sans contredit, et qui s'étendent au loin), languissent presque méprisées, et dégénèrent en sophismes puériles, ou en affectations ridicules, ou du moins perdent beaucoup de leur crédit: il y a plus; cet usage où l'on est de faire étudier ces arts-là aux jeunes gens avant le temps, a un autre inconvénient; c'est qu'on est forcé de les transmettre et de les traiter d'une manière maigre, et en délayant excessivement les pensées, en un mot, d'une manière qui se proportionne à la foible intelligence de cet âge. Une autre espèce de défaut très ordinaire dans les collèges, c'est que, dans les exercices scholastiques, l'on sépare trop l'exercice de la mémoire, de celui de la faculté inventive; car, dans ces lieux-là, tous les discours sont, ou tout-à-fait prémédités, et conçus précisément dans les termes imaginés auparavant, et alors on ne laisse rien à faire à l'invention; ou tout-à-fait *ex abrupto*, ce qui ne laisse rien à faire à la mémoire ; quoique, dans la vie commune et dans la pratique, on exerce rarement ces deux facultés séparément, et qu'au contraire on les exerce presque toujours toutes les deux à la fois ; je veux dire qu'il est ordinaire tout-à-la-fois de s'aider de notes et de commentaires, et de parler sur-le-champ. Ensorte que, d'après cette disposition, les exercices ne sont nullement appropriés à la pratique, et que les études ne sont rien moins que l'image de la vie ordinaire ; car c'est un principe dont il ne faut jamais s'écarter dans l'éducation ; que tout, dans les études, doit, autant qu'il est possible, représenter ce qui se passe dans la vie ordinaire (1), autre-

---

(1) L'éducation est, pour chaque individu, une espèce de répétition de la pièce qu'il doit jouer sur le théâtre du monde ; et si la répétition est mauvaise, il est difficile que la pièce soit bien jouée.

ment ces études, au lieu de préparer les mouvemens et les facultés de l'ame, ne feront que les pervertir: c'est une vérité dont on est à même de se convaincre; lorsque ces hommes, sortis des écoles, commencent à exercer leurs professions, ou les autres fonctions de la vie civile, c'est alors qu'ils apperçoivent bien en eux-mêmes le défaut dont nous parlons; mais les autres le voient encore mieux. Au reste, je terminerai ces observations sur la réforme des institutions académiques, par cette phrase tirée de la fin d'une lettre de César à Oppius et à Balbus : *quant aux moyens d'exécuter cela*, dit-il, *il m'en est venu plusieurs à l'esprit, et l'on en peut imaginer beaucoup d'autres : au reste, je souhaite que vous vous chargiez vous-mêmes d'y songer.*

J'observe un autre défaut qui pénètre un peu plus avant que le précédent ; de même que le progrès des sciences dépend beaucoup de la sagesse du régime et des institutions des diverses académies ; on auroit aussi de grandes facilités pour arriver à ce but, si les académies qui sont répandues dans l'Europe contractoient entr'elles l'union et l'amitié la plus étroite; car il est, comme nous le voyons, beaucoup d'ordres, de corps d'arts et de métiers qui, quoique placés dans des royaumes différens et séparés par de grands espaces, ne laissent pas de cultiver et d'entretenir entr'eux une société et une fraternité durables, ensorte qu'ils ont des chefs, les uns provinciaux, les autres généraux, auxquels tous obéissent: et nul doute que, de même que la nature crée la fraternité dans la famille; que les arts méchaniques contractent une fraternité par le compagnonnage; que l'onction divine établit une fraternité de roi à roi, et d'évêque à évêque; que les vœux et les instituts monastiques en établissent une dans les ordres; de même aussi il ne se peut qu'il ne s'établisse une généreuse et noble fraternité entre les hommes, par les doctrines et par ces rayons qu'elles répandront les unes sur les autres; vu que Dieu lui-même est appellé, *le père des lumières*.

Enfin, je me plains (et c'est un point que j'ai déja touché plus haut) de ce qu'on n'a jamais, ou du moins de ce qu'on a bien rarement pensé à désigner publiquement des personnes d'une capacité suffisante, pour écrire ou pour faire des recherches sur ces parties des sciences qui n'ont pas encore été suffisamment élaborées ; but auquel on parviendroit plus aisément, si l'on faisoit le dénombrement et le recensement des sciences, afin de mieux distinguer celles qui sont déja riches et qui ont pris le plus grand accroissement, de celles qui sont encore pauvres et dépourvues ; car une des grandes causes d'indigence, c'est l'opinion même où l'on est de son opulence. Or, la multitude des livres est moins une preuve d'opulence, qu'un signe de luxe : redondance à laquelle (si l'on s'en fait une juste idée) il ne faudroit nullement remédier en brûlant les livres déja existans, mais plutôt en en composant de meilleurs, qui pussent, comme le *serpent de Moyse*, *dévorer les serpens des mages.*

Ce remède à tous ces défauts dont nous avons fait l'énumération, (sans compter le dernier, ou plutôt en comptant ce dernier, du moins quant à sa partie active qui concerne la nomination des écrivains), est une entreprise vraiment royale, et par rapport à laquelle tous les efforts et toute l'industrie d'un particulier ressembleroient fort à la situation de ce Mercure placé à l'entrée d'une route fourchue, et qui peut bien montrer du doigt la route, mais qui n'y sauroit mettre le pied. Quant à cette partie spéculative, qui a pour objet l'examen des sciences, (je veux dire, dont le but est de reconnoître ce qui manque dans chacune) elle est encore ouverte à l'industrie d'un homme privé; mon dessein est donc d'entreprendre cette espèce de promenade dans les sciences, ce recensement général et exact dont j'ai parlé; et cela en y joignant une recherche laborieuse et aussi exacte des parties qui sont encore incultes et négligées; espérant qu'un tableau et un enregistrement de cette espèce servira comme de flambeau aux entreprises publiques et aux travaux spontanés des particuliers. En quoi pourtant mon dessein en ce moment est seulement de noter les parties omises et les *choses à suppléer*, et non de relever les erreurs et les tentatives malheureuses.

Or, ce dessein, en me disposant à l'exécuter, je n'ignore pas quel immense travail j'entreprends, et quel pesant fardeau je m'impose. J'ignore encore moins combien mes forces sont peu proportionnées à ma bonne volonté. Cependant, ce qui me fait concevoir de hautes espérances, c'est que, si mon ardent amour pour les lettres ne m'entraîne pas trop loin, je trouverai mon excuse dans cette affection même; car il n'est pas donné à tout homme *d'aimer et d'être sage tout ensemble*. Enfin, je sais que je dois laisser aux autres la même liberté de jugement dont j'use moi-même; et je ne trouverai pas mauvais qu'on remplisse avec moi, comme je le remplis avec les autres, ce devoir de l'humanité exprimé par ces mots : *celui qui montre poliment le chemin à un homme qui s'égare.* Je prévois aussi que le soin que je prends de rapporter, dans cette espèce de registre, bien des choses omises et *à suppléer*, encourra plus d'une censure. On dira des unes, qu'elles sont exécutées, il y a long-temps, et qu'elles existent déjà; des autres, que cela sent son homme trop curieux, et promet peu de fruits ; des autres enfin, qu'elles sont difficiles, impossibles même, et passent la portée de l'homme. Or, quant aux deux premières critiques, les choses mêmes plaideront leur propre cause ; et quant à la dernière, voici ce que je pense sur ce sujet. Je regarde comme possible, comme faisable, tout ce qui peut être exécuté par certains hommes, sans pouvoir l'être par toutes sortes de gens ; par plusieurs individus réunis, sans pouvoir l'être par un homme isolé; par la succession des siècles, sans être possible à un seul siècle ; enfin, par les soins et les dépenses publiques, sans être à la portée des moyens et de l'industrie des particuliers : si cependant on aime mieux se prévaloir contre moi de ce mot de Salomon : *le lion est sur le grand-chemin, dit le paresseux*, que s'en tenir à ce mot de Virgile : *ils peuvent, parce qu'ils croient pouvoir*, ce sera assez pour moi de gagner ce point que mes travaux soient regardés comme des vœux, comme des souhaits de la meilleure espèce ; car de même que pour déterminer bien à propos et bien précisément l'état d'une question, il ne faut pas être tout-à-fait neuf dans la matière que l'on traite ; de même aussi ce n'est pas manquer tout-à-fait de sens, que de former des souhaits qui n'ont rien de déraisonnable :

CHAPITRE I.

Division générale de la science humaine en histoire, poésie et philosophie; division qui se rapporte aux trois facultés de l'entendement, mémoire, imagination, raison : que la même division convient à la théologie.

LA division la plus exacte que l'on puisse faire de la science humaine, se tire de la considération des trois facultés de l'ame humaine, qui est le siége propre de la science. L'*histoire* se rapporte à la *mémoire*; la *poésie*, à l'*imagination*; et la *philosophie*, à la *raison*. Par *poésie*, nous n'entendons ici autre chose qu'une *histoire feinte*, ou des *fables*; car le vers n'est qu'un certain genre de style, et il se rapporte aux formes du discours; sujet que nous traiterons en son lieu.

L'objet propre de l'*histoire*, ce sont les *individus*, en tant qu'ils sont circonscrits par le *temps* et le *lieu*; car quoique l'histoire naturelle semble s'occuper des *espèces*, néanmoins si elle le fait, ce n'est qu'à cause de la ressemblance qu'ont entr'elles, à beaucoup d'égards, les choses naturelles, comprises sous une seule espèce, ensorte que, qui en connoît une, les connoît toutes; ressemblance qui porte à les confondre. Que si l'on rencontre quelquefois des individus uniques en leur espèce, comme le soleil et la lune (1), ou qui à certains égards s'écartent beaucoup de leur espèce, on n'est pas moins fondé à les décrire dans une histoire naturelle, qu'à décrire les

---

(1) Il se peut que le chancelier Bacon n'eût pas encore connoissance des satellites de Jupiter, découverts par Galilée; mais il semble qu'un si grand génie devoit conjecturer que la terre n'étoit pas la seule planète qui eût une lune; ou plusieurs, faisant leurs révolutions dans des temps déterminés; d'ailleurs *il n'avoit pas besoin* de télescope pour voir l'espace tout semé de soleils, et pour s'assurer par lui-même que le nôtre n'est point *unique en son espèce*.

individus humains dans l'histoire civile : or, toutes ces choses appartiennent à la *mémoire*.

La *poésie*, en prenant ce mot dans le sens que nous avons déterminé, a aussi pour objet les individus, mais composés à l'imitation de ceux dont il est fait mention dans l'histoire naturelle, avec cette différence pourtant qu'elle exagère ce qu'elle décrit et qu'elle imagine à son gré, ou réunit des êtres tels qu'on n'en *trouve jamais* dans la nature, ou qu'on n'y voit *jamais ensemble* ; à-peu-près comme le fait la peinture ; toutes choses qui sont l'œuvre de l'*imagination*.

La *philosophie* laisse les individus, et n'embrasse pas non plus les premières impressions des sens, mais seulement les notions qui en sont extraites, et prend peine à les *composer* et à les *diviser* conformément à la loi de la nature et à l'évidence même des choses. Or, ceci est proprement l'œuvre et l'office de la *raison*.

Que les choses soient ainsi, c'est ce dont il est aisé de s'assurer, en remontant à l'origine des choses intellectuelles. Les seuls *individus* frappent le *sens*, qui est comme la *porte* de l'entendement. Les *images* des *individus*, ou les impressions reçues par les sens, se gravent dans la *mémoire*, et s'y logent d'abord comme en leur entier et telles qu'elles se présentent, puis l'ame humaine les récole et les rumine. Enfin, ou elle en fait simplement le recensement, ou elle les imite par une sorte de jeu, ou elle les digère en les composant et les divisant. Il demeure donc constaté que de ces trois sources, la *mémoire*, l'*imagination*, la *raison*, dérivent ces trois genres, l'*histoire*, la *poésie* et la *philosophie* (1); qu'il n'en est point d'autres et ne peut y

---

(1) Ce qui ne signifie point du tout que dans chacun de ces trois genres on n'exerce que la seule faculté qui s'y rapporte, mais seulement qu'on l'exerce plus fréquemment et plus spécialement que les autres. Tout étant mêlé dans le monde intellectuel comme dans le monde réel, la *dénomination* de chaque composé se tire de ce qui s'y trouve *prédominant*.

en avoir davantage; car nous regardons l'*histoire* et l'*expérience* comme une seule et même chose : il en faut dire autant de la *philosophie* et des *sciences*.

Et nous ne pensons pas que la *théologie* ait besoin d'une autre distribution. Nul doute qu'il n'y ait de la différence entre les informations de l'*oracle* (1) et celle des *sens;* et cela, soit quant à la nature de cette information même, soit quant à la manière dont elle est insinuée. Mais l'esprit humain est un; et ses coffrets, ses cassetins sont de part et d'autre absolument les mêmes. Il en est de cela comme d'une liqueur qui seroit versée par plusieurs entonnoirs dans un seul et même vaisseau. Ainsi la théologie se compose, ou de l'*histoire sacrée*, ou des *paraboles*, qui sont une sorte de *poésie divine*, ou des *préceptes* et des *dogmes*, qui sont une sorte de philosophie éter-

___

(1) Il paroît qu'il entend ici par l'*oracle*, la voix de Dieu, de quelque manière qu'elle se fasse entendre, soit à l'intérieur, soit à l'extérieur.

nelle. Quant à cette partie qui semble être rédondante, je veux dire, la *prophétie*, ce n'est au fond qu'un certain genre d'histoire; car l'histoire divine a, sur l'histoire humaine, cette prérogative, que, relativement aux faits qu'elle rapporte, la narration peut tout aussi bien précéder l'événement, que le suivre.

CHAPITRE II.

Division de l'histoire en naturelle et civile, ecclésiastique et littéraire, laquelle est comprise sous l'histoire civile. Autre division de l'histoire naturelle en histoire des générations, des praeter-générations (1) et des arts.

L'HISTOIRE est ou *naturelle* ou *civile*. Dans l'histoire naturelle sont rapportés

---

(1) Aux *idées* et aux *divisions communes* répondent des *noms communs*, qui existent depuis long-temps, et que personne n'ignore. Le *néolo-*

les actes et les exploits de la nature : dans l'histoire civile, ceux de l'homme. Nul doute que les choses divines ne brillent dans l'une et dans l'autre ; mais davantage dans la partie civile ; ensorte qu'elles constituent aussi une espèce propre d'histoire, que nous appellons ordinairement *histoire sacrée* ou *ecclésiastique*. Quant à nous, l'importance des lettres et des arts nous paroît telle, que nous

---

gisme, par rapport à cette espèce d'idées et de divisions, n'est qu'une *affectation* où l'on tombe, lorsque, se sentant incapable de produire de nouvelles idées, on tâche de se donner une sorte d'existence, en imaginant des mots extraordinaires ; mais de *nouvelles idées* et de *nouvelles divisions* exigent de *nouveaux mots*. Or, un assez grand nombre d'idées et de divisions contenues dans cet ouvrage, sont nouvelles pour la plupart de nos lecteurs, même pour les plus savans, quoique cet ouvrage lui-même ne soit pas nouveau ; mais comme les mots répondans à ceux que Bacon a imaginés, n'existent pas dans notre langue, nous serons obligés d'en imaginer quelques-unes analogues aux siens, et le lecteur sans doute nous accordera d'autant plus aisément cette liberté, que nous en userons le

croyons devoir lui attribuer une histoire propre et particulière, que notre dessein est de comprendre sous l'*histoire civile*, ainsi que l'*histoire ecclésiastique*.

Quant à la division de l'*histoire naturelle*, nous la tirons de la considération de l'*état* et de la *condition* de la nature, laquelle peut se trouver dans trois états différens, et subir, en quelque manière, trois espèces de régimes.

---

plus rarement qu'il sera possible, et jamais sans nécessité. Que si quelques-uns de nos censeurs ayant pris d'avance le parti de nous refuser cette liberté, des motifs si raisonnables ne suffisoient pas pour les *persuader*, pas même pour les *convaincre*, voici deux réflexions qui les porteront sans doute à l'indulgence : l'une est que de tous les *mots inutiles* qu'ils emploieroient pour rejeter les *mots nécessaires* que nous avons imaginés, il n'en est pas un dont ces lecteurs si sévères pussent faire usage, si quelqu'un n'eût été assez hardi pour l'employer le premier; l'autre est qu'il est encore plus déraisonnable de refuser des mots nécessaires, que de forger des mots inutiles, par la simple raison qu'après tout, le luxe, tout nuisible qu'il est, vaut encore mieux que l'indigence.

Car, ou la nature est libre et se développe dans son cours ordinaire, comme dans les cieux, dans les animaux, dans les plantes, et dans tout ce que la nature présente à nos yeux; ou elle est, par la mauvaise disposition, et par l'opiniâtre résistance de la matière rebelle, chassée de son état, comme dans les monstres; ou enfin, par l'art et l'industrie humaine, elle est resserrée, figurée, et en quelque manière rajeunie, comme dans les ouvrages artificiels. Soit donc l'*histoire naturelle* divisée en *histoire des générations*, des *prœter-générations* et des *arts*. Cette dernière, nous l'appellons ordinairement histoire *méchanique et expérimentale*. La première de ces histoires a pour objet la *liberté* de la nature; la seconde, ses *écarts*; la troisième, ses *liens*. C'est sans regret que nous constituons l'*histoire des arts* une espèce de l'*histoire naturelle;* car il est une opinion qui s'est invétérée; on s'imagine voir une grande différence entre la nature et l'art, entre les choses naturelles et les choses artificielles; d'où est résulté cet inconvénient, que les écrivains sur l'histoire naturelle croient avoir tout fait, dès qu'ils ont pu composer une histoire des animaux, ou des végétaux, ou des minéraux, abandonnant ainsi les expériences des arts méchaniques. Un autre préjugé qui s'est établi dans les esprits, c'est de regarder l'art comme une sorte d'*appendice* de la nature : d'après cette supposition, que tout ce qu'il peut faire, c'est d'achever la nature, il est vrai, mais la nature commencée ; ou de l'amender, quand elle tend au pire ; ou enfin de la débarrasser des obstacles, et point du tout de la changer tout-à-fait, de la transformer et de l'ébranler jusques dans ses fondemens ; ce qui a rendu, avant le temps, les affaires humaines tout-à-fait désespérées. Les hommes auroient dû, au contraire, se pénétrer profondément de ce principe, que les choses artificielles ne diffèrent pas des choses naturelles par la *forme* ou par l'*essence*, mais seulement par la *cause efficiente* ; car l'homme n'a aucun autre pouvoir sur la nature, que celui que lui peut donner le mouvement; et tout ce qu'il peut faire, c'est d'approcher ou d'éloigner les unes des autres les corps naturels. Quand cet éloignement et ce rapprochement sont possibles, en joignant, comme le disent les Scholastiques, *les actifs aux passifs*, il peut tout; hors de là, il ne peut rien. Et lorsque les choses sont disposées pour produire un certain effet, que cela se fasse par l'homme ou sans l'homme, peu importe. Par exemple, l'or s'épure par le moyen du feu; cependant on trouve quelquefois dans les sables fins ce métal tout pur. De même, dans la région supérieure, l'iris se forme dans un nuage très chargé de particules aqueuses; et ici bas, on l'imite assez bien par l'aspersion d'une certaine quantité d'eau. Ainsi, c'est la nature qui régit tout. Or, ces trois choses sont subordonnées les unes aux autres, le *cours de la nature*, ses *écarts* et l'*art*, c'est-à-dire, l'*homme* ajouté aux choses. Il convient donc de comprendre ces trois objets dans une histoire naturelle. C'est ce que n'a pas manqué de faire Pline, le seul de tous les naturalistes qui ait donné à l'histoire naturelle une étendue proportionnée à son importance, mais qui ne l'a pas traitée comme il convenoit, tranchons le mot, qui l'a traitée d'une manière pitoyable.

La première de ces trois parties est passablement cultivée : les deux autres sont traitées d'une manière si mesquine et tellement inutile, qu'il faut absolument les mettre au nombre des *choses à suppléer*; car nous n'avons aucune collection assez riche de ces œuvres de la nature, qui s'écartent du cours ordinaire de ses générations et de ses mouvemens, et qui peuvent être, ou des productions particulières à certaines régions et à certains lieux, ou des événemens extraordinaires, quant au temps, ou ce que tel écrivain qualifie de jeux du hazard ; ou encore des effets de propriétés occultes; ou enfin des choses uniques en leur espèce dans la nature. Je ne disconviendrai pas qu'on ne trouve assez et trop de livres tout remplis d'expériences fabuleuses, de prétendus secrets, de frivoles impostures, et qui n'ont d'autre but que ce plaisir que donne la rareté et la nouveauté. Mais parlons-nous d'une narration grave et sévère, des *hétéroclites* ou des *merveilles de la nature* soigneusement examinées, et décrites avec exactitude; c'est, dis-je, ce que je ne trouve nulle part; sur-tout une histoire où l'on ait soin de rejeter, comme on le doit, et de proscrire, pour ainsi dire, publiquement les contes et les fables qui se sont accrédités. A la manière dont les choses vont aujourd'hui, pour peu que des mensonges sur les choses naturelles aient pris pied et soient en honneur, soit que tel puisse être sur les esprits le pouvoir de la vénération pour l'antiquité, soit qu'on ne veuille que s'épargner la peine de les soumettre de nouveau à l'examen, soit enfin qu'on les regarde comme de merveilleux ornemens pour le discours, à cause des similitudes et des comparaisons qu'ils fournissent, on ne peut plus se résoudre à les rejeter tout-à-fait, ou à les remanier.

Le but d'un ouvrage de ce genre, qu'Aristote a honoré de son exemple, n'est rien moins que de gratifier tels esprits curieux et frivoles, à l'imitation de certains débitans de miracles et de prodiges : mais elle a deux buts très graves et très sérieux. L'un, est de remédier au peu de justesse des axiômes dont la plupart ne sont fondés que sur des exemples triviaux et rebattus; l'autre, est de faire que, des miracles de la nature aux miracles de l'art, le passage soit libre et facile. Et après tout, ce n'est pas une si grande affaire; il ne s'agit au fond que de suivre la nature à la trace, avec une certaine sagacité, lorsqu'elle s'égare spotanément; afin de pouvoir ensuite, à volonté, la conduire, la pousser vers le même point. Je ne conseillerois pas non plus d'exclure totalement d'une semblable histoire toutes les relations superstitieuses de maléfices, de fascinations, d'enchantemens, de songes, de divinations et autres choses semblables, quand d'ailleurs le fait est bien constaté. Car on ne sait pas encore en quoi, et jusqu'à quel point les effets qu'on attribue à la superstition, participent des causes naturelles (1). Ainsi, quoique nous regardions comme très condamnable tout usage et toute pratique des arts de cette espèce; néanmoins de la simple contemplation et con-

---

(1) Tout effet, même très naturel, que nous voyons pour la première fois, et qui dépend d'une loi inconnue, doit nous *étonner* autant que le seroit ce que les dévots appellent un *miracle*, si un tel événement étoit possible. Or, nous ne connoissons qu'un très petit nombre de loix naturelles; nous ne connoissons point du tout la nature du principe moteur de l'univers, ni de celui de notre propre corps : il est donc beaucoup de phénomènes qui sont encore pour nous des *miracles*, et nous sommes rarement fondés à employer cette expression si peu philosophique, *cela est impossible*, car nous ne connoissons pas *tout ce qui est possible*; telle opinion qui, comparée à celles dont nous

sidération de ces choses là, nous tirerons des connoissances qui ne seront rien moins qu'inutiles, non-seulement pour bien juger des délits de ce genre, mais aussi pour pénétrer plus avant dans les secrets de la nature. Et il ne faut nullement balancer à entrer et à pénétrer dans ces antres et ces recoins, pour peu qu'on n'ait d'autre but que la recherche de la vérité. C'est ce que Votre Majesté a confirmé par son exemple,

---

sommes préoccupés, nous paroît *absurde et impliquer contradiction*, ne nous semble telle que parce qu'elle contredit les principes que nous nous sommes faits. Aussi il faut se défier de l'*esprit négatif des physico-mathématiciens*, qui donnent le ton à ce siècle, et qui se hâtent de rejeter tout fait qu'ils ne peuvent expliquer en le ramenant au petit nombre de loix du mouvement qu'ils connoissent, ou qui ne leur fournit pas l'occasion de faire valoir leur algèbre ; sur-tout un fait relatif à ces quatre sciences, l'agriculture, la médecine, la morale et la politique, sciences où manquent les mesures précises, et où elles sont tout-à-la-fois *inutiles* et *impossibles*.

lorsque, armée de ces deux yeux si clairvoyans, celui de la physique et celui de la religion, elle a pénétré dans ces ténèbres avec tant de prudence et de sagacité, qu'elle s'est montrée en cela semblable au soleil qui éclaire les lieux les plus infects, sans y contracter aucune souillure. Au reste, il est bon d'avertir que ces narrations, mêlées de détails superstitieux, doivent être réunies ensemble, rédigées à part, et non mêlées avec les faits d'une histoire naturelle, pure et sincère. Quant à ce qui regarde les relations et narrations de miracles et de prodiges, qui sont des objets de religion ; ou ces faits sont absolument faux ; ou, s'ils sont vrais, n'ayant absolument rien de naturel, ils n'appartiennent point à l'*histoire naturelle*.

Quant à l'*histoire de la nature travaillée* et *factice*, histoire que nous qualifions de *méchanique*, je trouve, à la vérité, certaines collections sur l'agriculture, et même sur plusieurs arts libéraux. Mais ce qu'il y a de pire en ce genre, c'est cette fausse délicatesse qui fait qu'on rejette toujours les expériences familières et triviales en chaque art; expériences qui servent néanmoins autant ou plus pour l'interprétation de la nature, que celles qui sont moins rebattues. Car il semble que les lettres contracteroient une sorte de souillure, si de savans hommes s'abaissoient à la recherche ou à l'observation des détails propres aux arts méchaniques; à moins que ce ne soient de ces choses qui sont réputées des secrets de la nature, ou des raretés, ou des procédés très délicats; ce qui annonce un orgueil si puéril et si méprisable, que Platon, avec juste raison, le tourne en ridicule, lorsqu'il introduit Hippias, sophiste plein de jactance, disputant avec Socrate, philosophe qui cherchoit la vérité avec autant de jugement que de sincérité. La conversation étant tombée sur le beau, et Socrate, suivant sa méthode libre et développée, alléguant divers exemples, d'abord celui d'une fille jeune et belle, puis celui d'une belle cavale ; enfin celui d'une belle marmite de potier, d'une marmite parfaitement bien faite; Hippias, choqué de ce dernier exemple, lui dit : *je m'indignerois, si les loix de l'urbanité ne m'obligeoient à quelque complaisance, de disputer avec un homme qui va ramasser des exemples si vils et si bas.* Je le crois bien, lui répartit Socrate : *cela te sied à toi qui portes de si beaux souliers et des vêtemens si magnifiques*, et il continua sur ce ton d'ironie. Mais on peut être assuré que les grands exemples ne donnent pas une aussi parfaite et aussi sûre information que les petits. C'est ce qui est assez ingénieusement indiqué par cette fable si connue d'un philosophe qui, levant les yeux pour regarder les étoiles, tomba dans l'eau ; car s'il eût baissé les yeux, il eût pu aussi-tôt voir les étoiles dans cette eau ; au lieu qu'en les levant vers les cieux, il ne put voir l'eau dans les étoiles. C'est ainsi qu'assez souvent les choses petites et basses servent plutôt à connoître les grandes, que les grandes ne servent à connoître les petites. Aussi voyons-nous qu'Aristote a observé *que la meilleure méthode, pour découvrir la nature de chaque chose, est de la considérer dans ses portions les plus petites* (1); c'est pourquoi, quand il veut découvrir la nature de la république, il la cherche dans la famille et dans les plus petites combinaisons de la société; savoir, dans celle du mari et de la femme, des parens et des enfans, du maître et de l'esclave; toutes combinaisons qu'on rencontre dans la première cabane. C'est précisément ainsi, que, pour découvrir la nature de cette grande cité de l'univers et sa souveraine éco-

---

(1) Les petites choses servent à connoître les grandes: d'abord, parce que les grandes sont composées de petites; la connoissance des parties menant à la connoissance du tout; puis parce que les petites choses sont plus faciles à observer, et plus à notre portée, attendu que nous-mêmes nous sommes petits.

nomie, il faut la chercher dans le premier composé harmonique qui se présente, et dans les plus petites portions des choses. Aussi voyons-nous que cette propriété qu'a le fer de se tourner vers les pôles du monde, et qui est regardée comme un des plus grands secrets de la nature, s'est laissé voir, non dans des leviers de fer, mais dans des aiguilles.

Quant à moi, si mon jugement est ici de quelque poids, je ne craindrai pas d'assurer que l'histoire méchanique est, par rapport à la philosophie naturelle, d'une utilité vraiment radicale et fondamentale. Mais, par *philosophie naturelle*, j'entends une philosophie qui ne s'évanouisse pas en fumée de spéculations, subtiles ou sublimes ; mais une philosophie qui mette la main à l'œuvre, et qui travaille efficacement à adoucir les misères de la condition humaine. Car elle ne seroit pas d'une simple utilité actuelle, en apprenant à lier ensemble et à transporter les observations d'un art dans un autre art, pour en rendre l'usage commun à tous et en tirer de nouvelles commodités. Ce qui ne peut manquer d'arriver, lorsque les expériences des divers arts auront été soumises à l'observation et aux réflexions d'un seul homme. Mais de plus elle serviroit comme de flambeau pour la recherche des causes, et la déduction des axiômes des arts. Car de même qu'on ne peut guere appercevoir et saisir le naturel d'une personne qu'en la mettant en colère, et que ce protée de la fable, qui prend tant de formes différentes, ne se montre guere sous sa véritable forme, si on ne lui met, pour ainsi dire, les menottes ; de même aussi la nature irritée et vexée par l'art, se manifeste plus clairement, que lorsqu'on l'abandonne à elle-même et qu'on la laisse dans toute sa liberté.

Mais avant de laisser cette partie de l'histoire naturelle, à laquelle on donne le nom de *méchanique* ou d'*expérimental*, nous devons ajouter que le corps d'une semblable histoire, ne doit pas être seulement composé des arts méchaniques, proprement dits, mais aussi de la partie active des arts libéraux, et de ce grand nombre de procédés de toute espèce, qui n'ont point encore été réunis en un seul corps et réduits en art; afin de ne rien négliger de ce qui peut aider et former l'entendement. Telle est donc la première division de l'histoire naturelle.

CHAPITRE III.

Division de l'histoire naturelle, relativement à son usage et à sa fin, en narration *et* induction. *Que la fin la plus importante de l'histoire naturelle, est de prêter son ministère à la philosophie, et de lui servir de base, ce qui est la véritable fin de l'induction. Division de l'histoire des générations en histoire des corps célestes; histoire des météores; histoire de la terre et de la mer; histoire des grandes masses ou congrégations majeures; et histoire des petites masses ou congrégations mineures.*

L'HISTOIRE NATURELLE, considérée par rapport à son *sujet*, se divise en trois espèces, comme nous l'avons déjà dit; de même envisagée par rapport à son *usage*, elle se divise en deux autres espèces. Car on l'emploie, ou pour acquérir la *simple connoissance des cho-*

ses que l'on confie à l'histoire, ou comme *matière première* de la philosophie. Or, cette première espèce qui plaît par l'agrément des *narrations*, ou qui aide par l'utilité des *expériences*, et qui n'a en vue qu'un plaisir ou une utilité de cette espèce, doit être mise fort au dessous de celle qui est comme la pépinière et le mobilier d'une *induction* véritable et légitime, et qui donne le premier lait à la philosophie. Ainsi nous diviserons de nouveau l'*histoire naturelle* en *narrative* et *inductive*; nous plaçons cette dernière parmi les *choses à suppléer*; et il ne faut pas s'en laisser imposer par les grands noms des anciens, ni par les gros volumes des modernes; car nous n'ignorons pas que nous possédons une histoire naturelle, fort ample quant à sa masse, agréable par sa variété, et d'une exactitude souvent minutieuse. Cependant, si vous en ôtez les fables, les remarques sur l'antiquité, les citations d'auteurs, les vaines controverses, la philologie, en un mot, et les ornemens, toutes choses fort bonnes pour servir de matière aux conversations dans les festins, ou pour amuser les savans durant leurs veilles, mais qui ne sont nullement propres pour servir de base à la philosophie; ôtez-en, dis-je, toutes ces inutilités, et vous trouverez que cette histoire se réduira presque à rien. Oh! combien elle est loin de celle que nous embrassons dans notre pensée. Car, 1°. ces deux parties de l'histoire naturelle, dont nous parlions il n'y a qu'un instant, savoir, celle des *préter-générations*, et celle des *arts*, auxquelles nous attachons la plus grande importance; ces deux parties, dis-je, nous manquent absolument; 2°. l'histoire qui reste, savoir, celle des *générations*, ne remplit qu'un seul des cinq objets qu'elle devroit embrasser; car elle a cinq parties subordonnées les unes aux autres. La première est l'histoire des *corps célestes*, qui n'embrasse que les purs phénomènes, abstraction faite de toute opinion positive. La seconde est celle des *mé-*

téores, y compris les *comètes* (1), et celle de ce qu'on appelle les *régions de l'air*. Car, sur les comètes, les météores ignés, les vents, les pluies, les tempêtes et autres phénomènes semblables, nous ne trouvons point d'histoire qui soit de quelque prix. La troisième est celle de la *terre* et de la *mer*, (en tant qu'elles sont des parties intégrantes de l'univers) des montagnes, des fleuves, des marées, des sables, des forêts, des isles, enfin de la figure même des continens et de leur contour; mais tous ces détails ne doivent être que de simples descriptions qui tiennent plus de l'histoire naturelle que de la cosmographie. La quatrième est celle des *masses communes* de la matière, que nous appellons les *congrégations* majeures, vulgairement appellées *élémens*. Car, sur le feu, l'air, l'eau, la terre, sur leurs natures, leurs mouve-

―――――――

(1) Bacon range ici les comètes parmi les météores, et Sénèque, quinze cents ans auparavant, les regardoit comme des planètes.

mens, leurs opérations, leurs impressions, nous n'avons pas non plus de narrations qui forment un corps complet d'histoire. La cinquième et la dernière, est celle des assemblages réguliers de la matière, que nous désignons par les mots de petites *congrégations*, et connus sous le nom d'*espèces*. C'est dans cette dernière partie que s'est le plus signalée l'industrie des écrivains; de manière cependant qu'on y trouve plus de luxe et de choses superflues; telles que sont des figures d'animaux et de plantes dont on les a renflées; que d'observations exactes et solides; ce qui est pourtant ce qu'on doit rencontrer par-tout dans une *histoire naturelle*. En un mot, toute cette histoire naturelle que nous possédons, ne répond, ni pour le choix, ni pour l'ensemble, à ce but dont nous avons parlé; savoir, à celui de fonder une philosophie. Ainsi nous décidons que l'*histoire inductive nous manque*. Mais en voilà assez sur l'histoire naturelle.

CHAPITRE IV.

Division de l'histoire civile en ecclésiastique ; histoire littéraire ; et cette histoire civile qui retient le nom du genre. Que l'histoire littéraire nous manque. Préceptes sur la manière de la composer.

L'histoire civile nous paroît se diviser en deux espèces : 1°. l'histoire *sacrée* ou *ecclésiastique* ; 2°. l'*histoire civile* proprement dite, qui retient le nom du genre ; enfin, celle des *lettres* et des *arts*. Nous commencerons par cette espèce que nous avons placée la dernière, parce que nous possédons les deux premières ; au lieu que nous jugeons à propos de ranger celle-ci parmi les *choses à suppléer* ; je veux dire l'*histoire* des *lettres*. Or, nul doute que, si l'histoire du monde étoit destituée de cette partie, elle ne ressembleroit pas mal à la statue de Polyphême ayant perdu son œil. Car alors cette partie qui manqueroit à son image, seroit précisément celle qui auroit pu le mieux indiquer le génie et le caractère du personnage. Quoique nous décidions que cette partie nous manque, néanmoins nous n'ignorons pas que, dans les sciences particulières et propres aux jurisconsultes, aux mathématiciens, aux rhéteurs, aux philosophes, on entre dans certains détails, on donne certaines narrations assez maigres, sur les sectes, les écoles, les livres, les auteurs de ces sciences, et sur la manière dont elles se sont succédées; qu'on trouve aussi sur les inventeurs des arts et des sciences, certains traités tout aussi maigres et tout aussi infructueux. Mais parle-t-on d'une histoire complette et universelle des lettres, jusqu'ici on n'en a point encore publié de telle; nous le disons hardiment. Nous indiquerons donc le sujet d'une telle histoire.

Quant au *sujet*, il ne s'agit que de fouiller dans les archives de tous les siècles, et de chercher quelles sciences et quels arts ont fleuri dans le monde; dans quels temps et dans quels lieux ils ont été plus ou moins cultivés; de marquer, dans le plus grand détail, leur antiquité, leurs progrès, leurs voyages dans les différentes parties de l'univers; car les sciences, ainsi que les peuples, ont leurs *émigrations*. De plus, leurs décadences, les temps où ils sont tombés dans l'oubli, et ceux de leur renaissance; de spécifier, par rapport à chaque art, l'occasion et l'origine de son invention; de dire quelles règles et quelles disciplines on a observées en les transmettant; quelles méthodes et quels plans l'on s'est fait pour les cultiver et les exercer; d'ajouter à cela les sectes et les plus fameuses controverses qui aient occupé les savans; les calomnies auxquelles les sciences ont été exposées; les éloges et les distinctions dont on les a honorées; d'indiquer les principaux auteurs, les meilleurs livres en chaque genre, les écoles, les établissemens successifs, les académies, les collèges, les ordres, enfin tout ce qui concerne l'état des lettres. Avant tout, nous voulons (et c'est ce qui fait toute la beauté, et qui est comme l'ame d'une telle histoire) qu'avec les *événemens* on accouple leurs *causes*; c'est-à-dire, qu'on spécifie la nature des régions et des peuples qui ont eu plus ou moins de disposition et d'aptitude pour les sciences; les conjonctures et les accidens qui ont été favorables ou contraires aux sciences; le fanatisme et le zèle religieux qui s'y est mêlé; les piéges que leur ont tendus les loix, et les facilités qu'elles leur ont procurées; enfin les vertus et l'énergie qu'ont déployées certains personnages pour l'avancement des lettres, et autres choses semblables. Or, toutes ces choses, nous souhaitons qu'on les traite, non pas à la manière des critiques, en perdant le temps à des éloges ou à des censures; mais en les rapportant tout-à-fait historiquement, et en n'y mêlant des jugemens qu'avec réserve.

Or, quant à la *manière* dont une telle histoire doit être composée, le principal avertissement que nous devons donner, c'est que non-seulement il faut en tirer les matériaux et les détails des historiens et des critiques, mais de plus en marchant siècle par siècle, ou prenant de plus petites périodes, mais en suivant toujours l'ordre des temps (et remontant jusqu'à l'antiquité la plus reculée) consulter les principaux livres qui ont été écrits dans chaque espace de temps; afin qu'après les avoir, (je ne dis pas lus et relus, ce qui n'auroit point de fin) mais les avoir du moins parcourus, pour en observer le sujet, le style et la méthode, l'on puisse évoquer, par une sorte d'enchantement, le génie littéraire de chaque temps.

Quant à ce qui regarde l'*usage*, le but de ces détails que nous demandons, n'est pas de donner aux lettres de l'éclat et du relief, et d'en faire une sorte d'étalage par ce grand nombre d'images qui les environneroient.

Qu'on ne s'imagine pas non plus que, séduit par mon ardent amour pour les lettres, j'aie à cœur de chercher, de savoir et de conserver tout ce qui, en quelque manière que ce soit, concerne leur état, et de pousser ces détails jusqu'aux minuties; c'est un motif plus grave et plus sérieux qui nous détermine; ce motif est que nous pensons qu'une histoire telle que celle dont nous avons donné l'idée, pourroit augmenter plus qu'on ne pense la prudence et la sagacité des savans dans l'administration et l'application de la science; et nous pensons de plus qu'on peut, dans une semblable histoire, observer les mouvemens et les troubles, les vertus et les vices du monde intellectuel, tout aussi bien qu'on observe ceux du monde politique, et tirer ensuite de ces observations le meilleur régime possible. Car, s'il s'agissoit d'acquérir la prudence d'un évêque ou d'un théologien, les ouvrages de St. Augustin ou de St. Ambroise ne meneroient pas aussi sûrement à ce but, qu'une histoire ecclésiastique lue avec attention et souvent feuilletée; et nous ne doutons nullement que les savans ne tirent un tel avantage d'une histoire littéraire. Car il y a toujours du hazard et de l'incertitude dans tout ce qui n'est pas appuyé sur des exemples et sur la mémoire des choses. Voilà ce que nous avions à dire sur l'histoire littéraire.

CHAPITRE V.

De la dignité et de la difficulté de l'histoire civile.

Suit l'histoire civile, qui, par son importance et son autorité, tient le premier rang parmi les écrits humains; car c'est à sa foi que sont commis les exemples de nos ancêtres, les vicissitudes des choses, les fondemens de la prudence civile, et même le nom et la réputation des hommes. A l'importance de l'entreprise se joint la difficulté, qui n'est pas moindre. En effet, reporter son esprit dans le passé, et le rendre, pour ainsi dire, *antique*; observer et scruter les mouvemens des siècles, les caractères des personnages, les vacillations dans les conseils, les conduits souterreins des actions (semblables à autant d'aqueducs), les vrais motifs cachés sous les prétextes, les secrets d'état; découvrir, dis-je, toutes ces choses, et les rapporter avec autant de liberté que de sincérité; et par l'éclat d'une diction lumineuse, les mettre, pour ainsi dire, sous les yeux du lecteur, c'est un travail immense et délicat, qui demande autant de jugement que d'activité: pour peu sur-tout que l'on considère que tous les événemens très anciens sont incertains, et que ce n'est pas sans danger qu'on écrit l'histoire des temps plus modernes. Aussi ce genre d'histoire est-il tout environné de défauts. La plupart n'écrivent que des relations pauvres et populaires, qui sont l'opprobre de l'histoire; d'autres cousent à la hâte de petites relations et de petits commentaires, dont ils forment un tissu tout plein d'inégalités; d'autres encore effleurent tout, et ne s'attachent qu'au gros des événemens; d'autres, au contraire, vont courant après les plus minutieux détails, et qui n'influent point sur le fond des actions. Quelques-uns, trop amoureux de leur propre esprit, contrôuvent audacieusement des faits ; mais d'autres n'impriment pas tant aux choses l'image de leur esprit, que celle de leurs passions, ne perdant jamais de vue l'intérêt de leur parti et témoins peu fidèles des événemens. Il en est qui mêlent par-tout, bon gré malgré, dans leurs livres, les réflexions politiques dans lesquelles ils se complaisent, se jetant dans toutes sortes de digressions, et interrompant à tout propos le fil de la narration. D'autres qui manquent de sens et ne savent pas s'arrêter, entassent discours sur discours, harangues sur harangues, et se perdent dans des narrations sans fin : ensorte qu'il est constant qu'on ne trouve rien de plus rare parmi les écrits humains, qu'une histoire bien faite et accomplie en tous ses points. Mais notre but pour le moment est de faire la distribution des parties de l'*histoire civile*, pour marquer les *choses omises*, et non une *censure*, pour relever les *défauts*. Continuons à chercher les différens genres de divisions de l'histoire civile : en proposant ainsi différentes distributions, nous confondrons moins les espèces, que si nous affections de suivre minutieusement toutes les ramifications d'une seule.

CHAPITRE VI.

1°. *Distribution de l'histoire civile en mémoires, antiquités et histoire complette.*

L'HISTOIRE *civile* se divise en trois espèces fort analogues aux trois différentes espèces de tableaux et de statues. Car, parmi les tableaux et les statues, il est des ouvrages imparfaits, et auxquels l'art n'a pas mis la dernière main; d'autres qui sont parfaits; et d'autres enfin que le temps a mutilés et défigurés. C'est ainsi que nous divisons l'*histoire civile*, qui est comme l'image des temps et des choses, en trois espèces, répondantes à celles des tableaux; savoir : les *mémoires*, les *antiquités* et l'*histoire complette*. Les *mémoires* sont *une histoire commencée*, ou les premiers et grossiers linéamens d'une histoire; les *antiquités* sont une *histoire défigurée*, ou les débris de l'histoire échappée au naufrage des temps.

Les *mémoires*, ou préparations à l'histoire, sont de deux espèces, dont l'une peut prendre le nom de *commentaires*, et l'autre celui de *registres*. Les commentaires exposent, d'une manière nue, la suite et l'enchaînement des actions et des événemens, sans parler des vrais motifs et des prétextes de ces actions, de leurs principes et de leurs occasions, abstraction faite aussi des délibérations et des discours; en un mot, de tout l'appareil des actions : telle est proprement la nature des *commentaires*, quoique César, par une sorte de modestie unie à une certaine magnanimité, n'ait donné que le simple nom de *commentaires* à la plus parfaite histoire qui existe (1). Mais les *registres* sont de deux espèces; car ils embrassent ou ce qu'il y a de plus remarquable et dans les choses et dans les personnes, exposé suivant l'ordre des temps, tels que ces ouvrages qui portent le nom de *fastes*, ou de *chronologies*, ou ce que les *actes ont de solemnel*; comme les édits des princes, les décrets des sénats, la marche des procédures, les discours publics, les lettres envoyées publiquement, et autres choses semblables, mais d'une manière décousue, et sans être liés par le fil d'une narration continue.

Les *antiquités*, ou les débris des histoires, sont, comme nous l'avons déjà

---

(1) Il faut convenir pourtant que, dans cette histoire si parfaite, il manque beaucoup de détails, entr'autres l'indication des moyens qu'il employoit pour attacher si fortement à sa personne officiers et soldats, et pour en faire autant de Césars.

dit, des planches de naufrage, une sorte de dernière ressource dont on use, lorsque la mémoire des choses venant à manquer, et étant comme submergée, néanmoins des hommes pleins d'industrie et de sagacité, par une sorte de diligence opiniâtre et religieuse, se prennent aux généalogies, aux fastes, aux titres, aux monumens, aux médailles, aux noms propres, au style, aux étymologies de mots, aux proverbes, aux traditions, aux archives et autres semblables instrumens, soit publics, soit privés; aux fragmens d'histoire qui se trouvent dispersés en différens lieux, dans des livres qui ne sont rien moins qu'historiques; quand, dis-je, à l'aide de la totalité de ces choses, ou de quelques-unes, ils tâchent d'enlever au déluge du temps quelques débris, et de les conserver; genre d'entreprise laborieuse, sans doute, mais agréable, et à laquelle est attachée une certaine vénération; et qui, une fois qu'on s'est déterminé à effacer les origines fabuleuses des nations, mérite de remplacer ces mensonges ; mais qui a d'autant moins d'autorité, que ce dont le petit nombre se mêle, est soumis au caprice de ce petit nombre.

Il ne me semble pas fort nécessaire de relever quelques défauts dans les histoires imparfaites de ce genre ; attendu que ce n'est qu'une sorte de mêlanges imparfaits, et que leurs défauts tiennent à leur nature même. Quant aux *abrégés*, qu'on peut regarder comme les *teignes* de l'histoire, nous voulons qu'on les rejette absolument; vu qu'ils ont rongé le corps d'un grand nombre d'histoires intéressantes, et les ont enfin réduites à une sorte de résidu inutile.

CHAPITRE VII.

Division de l'histoire complette en chroniques, vies et relations. Développement de ces trois parties.

MAIS l'histoire complette est de trois espèces, en raison de l'objet qu'elle se propose de représenter; car ou elle représente quelque partie du temps, ou quelque personnage individuel et digne de mémoire, ou telle action, tel exploit des plus mémorables. On donne, au premier genre, le nom de *chronique;* au second, celui de *vies;* au troisième, celui de *relations*. De ces trois différentes espèces, le genre de mérite des *chroniques* consiste dans leur célébrité et leur authenticité. Celui des vies, dans les exemples et autres fruits qu'on en peut tirer. Enfin celui des relations dépend de la vérité et de la sincérité avec laquelle elles sont écrites; car les *chroniques* considèrent les *actes* publics dans toute leur grandeur. Elles montrent la physionomie extérieure des personnages et cette partie de leur visage qui est tournée vers le public, laissant de côté et passant sous silence tous les légers détails relatifs tant aux choses qu'aux personnes. Mais, comme c'est un artifice propre à la divine sagesse, que de faire dépendre les plus grandes choses des plus petites, il arrive quelquefois que les histoires de cette espèce, à cause de cette grandeur même qu'elles recherchent, étalent plutôt ce que les affaires ont de pompeux et de solemnel, qu'elles n'en indiquent les vrais principes et les textures les plus délicates. Il y a plus : quoiqu'elles ajoutent et mêlent à la narration les causes et les motifs ; néanmoins, toujours à cause de cette même grandeur à laquelle elles se plaisent, elles supposent, dans les actions humaines, plus de prudence et de sérieux, qu'il ne s'y en trouve en effet (1). Ensorte que telle satyre seroit un tableau plus vrai de la vie humaine, que telle de ces histoires. Au contraire, les vies, pour

---

(1) Si l'on en veut croire les discours de la plupart des hommes, ce sont toujours de grandes et importantes raisons qui sont les vrais mobiles de leurs actions ; mais si l'on en croit ses yeux et la triste expérience, ce sont presque toujours de petits motifs qui les déterminent : les premiers, ne sont que la draperie ; et les derniers, le nud, l'homme même.

peu qu'elles soient écrites avec exactitude et avec jugement (car il n'est pas question ici des éloges et autres futiles histoires de cette espèce), comme elles se proposent pour sujet un certain individu; et que, pour en donner une juste idée, elles sont obligées de mêler et de combiner ensemble ses actions, tant légères que graves, tant petites que grandes, tant privées que publiques, elles présentent sans contredit des narrations plus vives et plus fidelles des choses, et dont on peut, avec plus de sûreté et de succès, tirer des exemples et des modèles. Mais quant aux *relations particulières*, telles que *la guerre du Péloponèse*, *l'expédition de Cyrus*, *la conjuration de Catilina*, et autres semblables, on a droit d'y exiger plus d'impartialité, de candeur et de sincérité, que dans les *histoires complettes* des temps; car, lorsqu'il s'agit des premières, on peut, dans le nombre, choisir un sujet commode, limité, et de telle nature qu'on puisse se procurer tous les documens et toute la certitude nécessaire pour le bien traiter. Au lieu que l'histoire des temps, surtout celle d'un temps beaucoup plus ancien que celui de l'écrivain, manque souvent de faits, et qu'on y trouve de grands espaces vides qu'on ne manque guère de remplir à force d'esprit et de conjectures. Néanmoins cela même que nous disons ici de la sincérité des relations, doit être entendu avec exception. Car les choses humaines péchant toujours par quelque côté, et les inconvéniens étant toujours mêlés avec les avantages, ce n'est pas sans raison, il faut l'avouer, qu'on tient pour suspectes les relations de cette espèce, sur-tout celles qu'on publie dans le temps même des événemens rapportés, et qui le plus souvent sont dictées par l'envie et la flatterie. D'une autre part, à côté de cet inconvénient naît le remède ; car ces relations-là mêmes, comme ce n'est pas d'un seul côté qu'on en publie ; mais que, vu les factions et l'esprit de parti qui régnent alors, chaque parti publie les siennes ; ces relations, dis-je, fraient ainsi à la vérité un chemin entre les deux extrêmes. Puis, lorsque les animosités sont attiédies, elles peuvent fournir, à un historien impartial et judicieux, de bons matériaux et une bonne semence pour une histoire plus parfaite.

Quant à ce qui peut manquer dans ces deux genres d'histoire, nul doute que plusieurs histoires particulières (nous parlons de celles qui peuvent exister), que des histoires, dis-je, d'une certaine perfection, ou qui atteignent du moins au degré de la médiocrité, ne nous aient manqué jusqu'ici, au grand préjudice de la gloire et de la réputation des royaumes et des républiques; mais il seroit trop long de les spécifier en détail. Au reste, abandonnant aux nations étrangères le soin de l'histoire des étrangers, et pour ne point porter un œil curieux dans les affaires d'autrui, je ne puis m'empêcher de me plaindre à Votre Majesté de la bassesse et de la mesquinerie de cette histoire d'Angleterre dont nous sommes en possession, quant au corps de cette histoire prise en entier ; comme aussi de la partialité et du peu de sincérité de l'histoire d'Ecosse, du moins quant à l'auteur le plus récent et le plus complet : ces défauts considérés, je pense qu'on exécuteroit un ouvrage bien honorable à Votre Majesté, et fort agréable à la postérité, si, de même que cette isle de la Grande-Bretagne, désormais réunie en une seule monarchie, se transmet elle-même dans son unité, aux siècles suivans ; de même aussi l'on comprenoit dans une seule histoire tous les événemens qui la concernent, et en remontant aux siècles passés ; à peu près comme l'écriture sainte fait marcher de front l'histoire des dix tribus du royaume d'Israël et celle des deux tribus du royaume de Juda ; deux histoires qui sont, pour ainsi dire, *jumelles*. Que si vous pensez que la masse et la difficulté de cette histoire, assez grande sans doute, empêchent qu'on ne la traite avec exactitude et d'une manière qui réponde à son importance, n'avez-vous pas cette période mémorable et beaucoup plus courte, quant à l'histoire d'Angleterre; je veux dire, celle qui s'est écoulée depuis la réunion des deux Roses, jusqu'à celle des royaumes; espace de temps qui, à mon sentiment, renferme un plus grand nombre d'événemens variés et peu communs, qu'on n'en pourroit trouver dans une suite d'un égal nombre de princes, en quelque royaume héréditaire que ce pût être. Cette période commence à l'époque où la couronne fut acquise d'une manière mixte; savoir, en partie par les armes, en partie par le droit. Car ce fut le fer qui fraya le chemin au trône, et ce fut un mariage qui l'affermit. Survinrent des temps fort analogues à ces commencemens, et semblables à des flots qui, après une grosse tempête, conservent leur volume et leur agitation; mais sans qu'aucun coup de vent d'une certaine force les soulève de nouveau; flots dont un pilote, celui de tous vos prédécesseurs qui s'est le plus signalé par sa prudence, a surmonté la violence. Immédiatement après vient un roi, dont les actions, qui témoignoient plus d'impétuosité que de prudence, n'ont pas laissé d'avoir un grand poids dans la balance de l'Europe, et de la faire pencher à droite ou à gauche, selon qu'il se portoit de l'un ou de l'autre côté. C'est aussi sous son règne qu'a commencé cette grande innovation dans l'état ecclésiastique, vrai coup de théâtre tel qu'on en voit peu. Suit un roi mineur. Puis un essai de tyrannie, qui fut à la vérité de courte durée, et comme une sorte de fièvre éphémère; suivi du règne d'une femme mariée à un roi étranger; et de celui d'une autre femme encore qui vécut dans la solitude du célibat. Enfin a succédé à tout, cet événement tout à la fois heureux et glorieux; je veux parler de cette époque où l'isle de la Grande-Bretagne, qui est séparée du reste du monde, s'est réunie avec elle-même : réunion par laquelle cet ancien oracle rendu à Énée, et qui lui montroit dans l'éloignement le repos, en ces termes : *cherchez votre antique mère*, s'est accompli en faveur de ces deux nations généreuses, les *Anglois* et les *Ecossois*, qui désormais sont comprises sous le nom de *Grande-Bretagne*, *leur antique mère*, comme un gage et un symbole qui annoncent que nous sommes arrivés à la fin des erreurs et du voyage, et que nous touchons au terme. Ensorte que, de même que les corps très pesans, lorsqu'ils ont été lancés, éprouvent certaines trépidations, avant de se poser et de s'arrêter tout-à-fait; de même il paroît probable que la divine providence voulut que cette monarchie, avant qu'elle eût été affermie, et qu'elle reposât tout-à-fait en la personne de Votre Majesté et dans sa royale lignée, dans laquelle nous nous flattons qu'elle est établie pour jamais; que cette monarchie, dis-je, éprouvât ces révolutions et ces vicissitudes si fréquentes, comme autant de préludes de sa stabilité.

Quand je tourne mes réflexions vers les *vies particulières*, je ne laisse pas d'être étonné que notre temps connoisse si peu ses biens, en voyant qu'on prend si peu la peine d'écrire la vie de ceux qui se sont distingués dans notre siècle. Car, quoique les rois et ceux qui jouissent de la puissance absolue, ne puissent être qu'en petit nombre, et que les citoyens distingués dans les républiques, la plupart étant déja changées en monarchies, ne soient pas non plus en fort grand nombre; néanmoins il y a eu, même sous des rois, assez d'hommes illustres qui méritoient quelque chose de plus qu'une réputation vague et incertaine, ou que d'arides et maigres éloges. En effet, il existe à ce sujet une fiction dont un de nos poëtes les plus modernes a enrichi une fable ancienne, et qui n'est pas sans élégance. A l'extrémité du fil des Parques, dit-il, est suspendue une médaille, ou une piéce de métal précieux, sur laquelle est gravé le nom de chaque défunt. Le temps emprunte les ciseaux d'Atropos, coupe le fil, enlève la médaille; puis les emportant toutes avec lui, il les tire de son sein et les jette dans le fleuve Léthé. Autour de ce fleuve voltigent une infinité d'oiseaux, qui saisissent ces médailles à leur chûte; puis les tenant quelque temps dans leur bec, et les promenant çà et là, les laissent tomber par mégarde dans le fleuve. Mais parmi ces oiseaux, il est quelques cygnes qui saisissent telle de ces médailles, avec le nom qui s'y trouve gravé, et la porte aussi-tôt dans un certain temple consacré à l'immortalité. Voilà ce que dit le poëte. Mais on peut dire que de notre temps ces cygnes-là sont bien rares : or, quoique la plupart des hommes, plus mortels par leurs soins et leurs passions que par leurs corps, se soucient peu de la mémoire de leur nom, regardant la gloire comme une sorte de vent et de fumée. *Ames, qui ne sentent pas le besoin de se faire un grand nom.* Néanmoins cette philosophie et cette sévérité dont ils se targuent, n'a d'autre source que celle-ci. *Nous ne commençons à mépriser les louanges, qu'au moment où nous cessons de faire des choses louables.* Mais une telle manière de penser, ne forme point à nos yeux un préjugé contre ce jugement de Salomon : *la mémoire des justes est accompagnée d'éloges, mais le nom des impies tombera en pourriture comme leurs corps.* L'un fleurit perpétuellement ; l'autre, ou tombe aussi-tôt dans l'oubli, ou exhale, en se dissolvant, une odeur infecte. C'est pourquoi, par ce style, et par cette formule dont on use avec tant de raison en parlant des morts : d'*heureuse mémoire*, de *précieuse mémoire*, de *bonne mémoire*, nous semblons reconnoître ce que Cicéron a avancé, l'ayant emprunté de Démosthènes, *que la seule fortune des morts est la bonne réputation ;* genre de possession (je ne puis m'empêcher de l'observer) qui, de notre temps, est le plus souvent fort mal cultivé, et que la négligence des hommes a laissé en jachère. Quant aux *relations*, il seroit tout-à-fait à souhaiter qu'on s'en occupât beaucoup plus qu'on ne le fait ordinairement ; car il n'est point d'action un peu illustre qui ne trouve à portée quelqu'une des meilleures plumes qui pourroit s'en emparer et prendre peine à l'écrire. Mais l'homme, capable d'écrire une histoire complette, d'une manière qui réponde à son importance, faisant partie d'un bien petit nombre (comme on le voit assez par le petit nombre des historiens même médiocres) ; si du moins les actions particulières, dans le temps même où elles se sont passées, étoient consignées dans quelqu'écrit supportable, on pourroit espérer qu'il s'éleveroit tôt ou tard des écrivains qui, à l'aide de ces relations, pourroient composer une histoire complette. Elles seroient une sorte de pépinière dont on pourroit, au besoin, tirer de quoi planter un jardin ample et magnifique.

CHAPITRE VIII.

Division de l'histoire des temps en histoire universelle et histoire particulière. Avantages et inconvéniens de l'une et de l'autre.

L'HISTOIRE des *temps* est ou *universelle* ou *particulière*. La dernière n'embrasse que les actes de *tel royaume*, de *telle république*, de *telle nation*. La première, ceux de l'*univers entier*. Car il n'a pas manqué d'écrivains qui se sont piqués d'avoir écrit une histoire du monde depuis son origine; donnant pour une histoire un assemblage confus de narrations sommaires, un vrai fatras. D'autres se sont flattés de pouvoir embrasser, comme dans une histoire complette, tous les événemens de leur temps, tout ce qui s'est fait de mémorable dans le monde entier; entreprise magnanime sans doute, et dont l'utilité répond à sa grandeur. Car les choses humaines ne sont pas tellement séparées par les limites des régions et des empires, qu'elles n'aient entr'elles une infinité de relations. Aussi aime-t-on à voir rassemblées, et comme peintes dans un seul tableau, les destinées réservées à tout un siècle ou à tout un âge. De là il arrive aussi que grand nombre d'écrits qui ne sont pas à mépriser, écrits tels que sont ces *relations* dont nous avons déjà parlé, et qui sans ces histoires eussent péri, ou n'eussent pas été souvent réimprimés; ou que du moins des sommaires de ces relations, trouvant place dans ces vastes collections, se fixent ainsi et se conservent. Néanmoins, si l'on y fait plus d'attention, l'on reconnoîtra que les règles d'une histoire complette sont si sévères, qu'il est presqu'impossible, dans un si vaste sujet, de les observer toutes; ensorte que la majesté de l'histoire est plutôt diminuée qu'augmentée par la grandeur de sa masse. En effet, il ne se peut qu'un auteur, qui va recherchant tant de faits de toute espèce, ne perde peu à peu de son exactitude ; et que son attention, qui s'étend à tant de choses, se relâchant, par cela même, dans chacune, il ne se saisisse des bruits de ville, des contes populaires, et ne compose son histoire de relations très peu authentiques, et de matériaux légers de cette espèce. Ce n'est pas tout : forcé, pour ne pas donner à son ouvrage une étendue immense, d'omettre bien des choses qui méritent d'être rapportées, il retombe ainsi à la mesure étroite des abrégés. Il est encore un autre inconvénient qui n'est pas petit, et qui est diamétralement opposé au but d'une histoire universelle : c'est que, si une histoire de ce genre conserve telle narration, qui sans elle eût péri, au contraire, d'autres narrations assez utiles, qui sans elle eussent vécu, elle les étouffe, à cause de ce goût excessif qu'ont les hommes pour la brièveté.

CHAPITRE IX.

Division de l'histoire des temps en annales et en journaux.

On est fondé à diviser encore l'histoire des temps en *annales* et en *journaux*; et cette division, quoique tirée des périodes du temps, ne laisse pas d'avoir quelque rapport avec le choix des faits. Car, c'est avec raison que Tacite, lorsqu'il vient à parler de certains édifices magnifiques, ajoute aussi-tôt : *on a jugé convenable à la dignité du peuple romain, de ne confier aux annales que les grands événemens, et de renvoyer aux journaux de la ville les détails de cette espèce ;* affectant aux annales tout ce qui concerne l'état de la république, et aux journaux les actes et les accessoires de moindre importance. Mon sentiment sur ce sujet, est que nous aurions besoin d'une sorte d'art *héraldique*, pour régler le rang des livres comme celui des hommes; et de même que rien ne nuit autant à l'état civil, que la confusion des ordres et des grades, de même aussi ce n'est pas peu déroger à l'autorité d'une histoire grave, que de mêler à la politique de si frivoles détails; tels que les fêtes, les cérémonies, les spectacles et autres choses semblables. Et il seroit sans doute à souhaiter qu'on s'accoutumât à faire cette distinction-là même. Mais de notre temps on n'est dans l'usage de tenir des journaux que dans les voyages de mer et les expéditions militaires (1). Chez les anciens, on avoit soin, pour faire honneur aux rois, de rapporter dans des journaux les actes de leur palais; et nous voyons que cet usage étoit suivi sous Assuérus, roi

―――――――――

(1). Les temps sont bien changés à cet égard. De notre temps, non-seulement nous ne manquons pas de journaux, nous avons même le journal des journaux: il y en a peut-être trop; mais ils trouvent pourtant trois sots pour les écrire, trente sots pour les vendre, et trois cents pour les lire.

de Perse, qui, une certaine nuit, étant travaillé d'insomnie, demanda le journal qui le fit repenser à la conjuration des Eunuques (1). Les journaux d'Alexandre contenoient des détails si minutieux, que, si par hazard il avoit dormi à table, on consignoit cela parmi ses actes (2). Et qu'on ne s'imagine pas qu'on ait affecté aux *annales* les grands événemens, réservant les petits détails pour les *journaux*; mais et grandes et petites choses, on faisoit tout entrer, pêle mêle et à la hâte, dans ces journaux.

---

(1) Il s'agit ici du roman d'Esther et de Mardochée.

(2) Pourquoi pas? si un tel sommeil pouvoit influer sur son caractère et sur ses actions : plût à dieu qu'il eût dormi à table le jour qu'il assassina Clytus, et les autres jours où il brûla le palais des rois de Perse, à la prière d'une prostituée !

CHAPITRE X.

Division de l'histoire civile en pure et en mixte.

Enfin, soit divisée l'histoire civile en *pure* et en *mixte*. Il est deux espèces très connues de *mélanges* : l'une, qui se tire de la *science civile*; et l'autre, en grande partie, de la *science naturelle*. Quelques auteurs ont introduit un certain genre d'écrit où l'on trouve, non pas des narrations auxquelles un fil continu donne la liaison d'une histoire, mais des faits détachés que l'auteur choisit à son gré; puis il les médite, il les rumine, et prend occasion de ces faits pour disserter sur la politique : genre d'*histoire ruminée* que nous goûtons singulièrement, pourvu toutefois que l'auteur soit fidèle à son plan, et qu'il avertisse de son dessein. Mais qu'un homme qui écrit *ex-professo* une histoire complette, mêle par-tout des réflexions politiques, et que, dans cette vue, il interrompe à tout propos le fil de l'histoire, c'est quelque chose de déplacé et de fatigant. Nul doute que toute histoire, qui a quelque profondeur, ne soit comme *grosse* de préceptes et de remarques politiques; mais encore l'écrivain ne doit-il pas se faire, en quelque sorte, accoucher lui-même.

Une autre espèce d'histoire *mixte*, c'est l'histoire *cosmographique;* car il y entre une infinité de choses. Elle emprunte de l'*histoire naturelle* la description des régions mêmes, de leur situation et de leurs productions; de l'*histoire civile*, celle des villes, des empires, des mœurs ; des *mathématiques*, la détermination des climats, des configurations célestes auxquelles répondent ces régions : genre d'histoire, ou plutôt de science, par rapport auquel nous avons lieu de féliciter notre siècle. Car, de notre temps, le globe terrestre est singulièrement dévoilé à notre curiosité, et les fenêtres s'y sont, en quelque manière, multipliées. Nul doute que les anciens n'eussent connoissance des zônes et des antipodes, *dans ce même lieu où Phébus commençant sa course, de son souffle enflammé ranime ses chevaux hors d'haleine. C'est encore là que l'étoile du soir puise sa rouge et tardive lumière.*

Néanmoins c'étoit plutôt par des démonstrations que par des voyages. Mais que le plus frêle vaisseau ait pu faire le tour entier du globe terrestre par une route plus oblique et plus tortueuse encore que celle que suivent les corps célestes, c'est une prérogative qui étoit réservée à notre siècle. Ensorte que cet âge du monde peut prendre pour sa devise non-seulement ces mots, *plus ultrà* (plus avant), où les anciens prenoient celle-ci, *non ultrà* (pas plus avant); ou cette autre, *imitabile fulmen* (l'imitable foudre); ou ils prenoient cette dernière, *non imitabile fulmen* (l'inimitable foudre); de même que *nimbos et non imitabile fulmen*; mais cette autre encore qui passe toute admiration, *imitabile cœ-*

lum (l'imitable ciel), à cause de ces grandes navigations, par lesquelles nous faisons le tour du monde entier comme les corps célestes.

Or, ces succès, si heureux dans l'art de naviger et de découvrir les parties du globe, nous font concevoir les plus hautes espérances par rapport au progrès et à l'accroissement des sciences; sur-tout à nous, à qui il semble que, par un décret divin, il ait été arrêté que ces deux genres de succès seroient contemporains. Car c'est ainsi que s'exprime le prophête Daniël en parlant des derniers temps: *grand nombre d'hommes voyageront, et la science sera augmentée;* comme si cet avantage de parcourir le monde et de faire faire aux sciences les plus grands pas, étoit réservé à notre siècle; et c'est ce qui est déja en grande partie accompli, vu que, pour les connoissances, notre temps le cède de bien peu à ces deux premières périodes ou révolutions; savoir: celle des Grecs et celle des Romains, et qu'à certains égards il l'emporte de beaucoup.

CHAPITRE XI.

Division de l'histoire ecclésiastique en histoire ecclésiastique spéciale, histoire prophétique, et histoire de Némésis.

L'HISTOIRE *ecclésiastique* reçoit presque les mêmes divisions que l'*histoire civile*. Car il y a les *chroniques ecclésiastiques*, les *vies des saints pères*, les *relations des synodes*, et d'autres assemblées qui intéressent l'église. L'*histoire ecclésiastique*, proprement dite, se divise en celle qui retient le nom du genre, en *histoire prophétique* et *histoire* de *Némésis* ou de la *providence*. La première envisage les temps de l'*église militante* et son état de *variation*, soit qu'elle *flotte* comme l'*arche dans le déluge*, soit qu'elle *voyage* comme l'*arche dans le désert*, soit qu'elle *s'arrête* comme l'*arche* dans le *temple*; c'est-à-dire l'*église* considérée dans l'état de *persécution*, dans l'état de *mouvement* et dans l'état de *paix*. Je ne vois pas qu'il manque rien en ce genre ; je vois au contraire beaucoup plus de superfluités que de choses omises : je souhaiterois seulement qu'à sa masse énorme répondît le choix et la sincérité des narrations.

La seconde partie, qui est l'histoire *prophétique*, est composée de deux parties corrélatives ; savoir : la *prophétie* même et son *accomplissement*. Le plan d'une telle histoire doit être de réunir chaque prophétie tirée de l'Écriture, avec l'événement qui justifie la prédiction, et cela pour tous les âges du monde, tant afin d'affermir la foi, qu'afin de pouvoir donner des règles et former une sorte d'art pour interpréter les prophéties qui restent à accomplir ; mais il faut admettre dans ces choses-là cette latitude qui est propre et familière aux oracles divins (1), et bien comprendre que leur

---

(1) La plupart de ces prophéties sont si générales, si vagues et si obscures, que, prédisant pres-

accomplissement a lieu tantôt d'une manière continue, tantôt dans un temps précis; ils retracent la nature de leur auteur (1), *pour qui un seul jour est com-*

---

que tout, par cela même elles ne prédisent presque rien ; et à cet égard elles ont toute la perfection des oracles de Delphes ; comme elles ont à peu près la même destination, celle d'exciter les hommes à consulter plus souvent les prêtres que leur propre expérience et leur propre raison.

(1) Il semble que le langage d'un prophète, dieu ou homme, doive moins se proportionner à l'intelligence de celui qui *parle*, qu'à la portée de ceux qui l'*écoutent* ; vu que pour n'être *point entendu*, il n'est pas absolument nécessaire de *parler obscurément*, et qu'il suffit de *se taire*. S'il existoit un véritable prophète, il se garderoit bien d'employer un langage obscur et mystérieux, de peur que cette obscurité ne l'exposât à être confondu avec les faux prophètes, qui sont toujours énigmatiques, et ont un intérêt visible à l'être ; il prendroit peine au contraire à exprimer ses prophéties avec toute la clarté possible, afin qu'il ne restât aucun doute sur le parfait accord des événemens avec ses prédictions : voilà précisément pourquoi le langage des prophéties de l'écriture sainte est si obscur et si énigmatique.

me mille années, et mille années sont comme un seul jour. Or, quoique la plénitude et le plus haut point de leur accomplissement soient le plus souvent réservés à tel âge, ou même à tel moment, ils ont toutefois certains degrés, certaine échelle d'accomplissement dans les différens âges du monde. Or, ce genre d'ouvrage, je décide qu'il nous *manque absolument;* mais il est de telle nature, que ce n'est qu'avec beaucoup de sagesse, de réserve et de respect qu'il faut le traiter, autrement il faut l'abandonner toutà-fait.

La seconde partie, qui est l'histoire de *Némésis*, a exercé la plume de quelques pieux personnages, non sans que l'esprit de parti s'en soit mêlé, et son objet est d'observer la divine harmonie qui règne quelquefois entre la volonté révélée de Dieu et sa secrette volonté; car bien que les conseils et les jugemens de Dieu soient si obscurs qu'ils sont impénétrables pour l'homme *animal*, et que souvent ils se dérobent aux yeux mêmes de ceux qui, du tabernacle, tâchent de les découvrir, néanmoins il a plu de temps en temps à la sagesse divine, soit pour fortifier les siens, soit pour confondre ceux qui sont pour ainsi dire *sans Dieu en ce monde*, de les écrire en plus gros caractères, et de les rendre tellement visibles, que *tout homme*, suivant le langage du prophète, *pût les lire en courant;* c'est-à-dire, afin que ces hommes, purement sensuels et voluptueux, qui franchissent à la hâte les jugemens divins, et n'y arrêtent jamais leurs pensées, fussent, tout en courant, et en faisant autre chose, forcés de les reconnoître. Telles sont les vengeances tardives et inopinées, les conversions subites et inespérées, les conseils divins, qui, après avoir, pour ainsi dire, suivi les longs détours d'un labyrinthe tortueux, se montrent tout-à-coup à découvert, non pas seulement pour porter la consolation dans les ames des fidèles, mais encore pour convaincre et pour frapper les consciences des méchans.

CHAPITRE XII.

Des appendices de l'histoire, lesquels envisagent les paroles des hommes, comme l'histoire elle-même considère leurs actions. Leur division en épîtres *et en* apophthegmes.

OR, ce n'est pas seulement la *mémoire* des *actions* des hommes qui doit être conservée, c'est encore celle de leurs *paroles*. Nul doute qu'on ne donne quelquefois à ces paroles une place dans les histoires, en tant qu'elles peuvent servir à éclaircir les narrations des actions et leur donner plus de poids. Mais ces *paroles* des hommes, ces *dits humains*, ce sont les livres de harangues, d'épîtres et d'apophthegmes, qui en sont les vrais dépôts. Or, on ne peut disconvenir que les harangues des personnages d'une prudence consommée, sur les affaires et les causes importantes et difficiles, ne servent tant à augmenter ses connoissances, qu'à nourrir son éloquence. Mais, s'agit-il d'acquérir une certaine prudence dans les affaires, on tirera de plus grands services des lettres écrites par des hommes de marque sur des sujets sérieux. Car, parmi les paroles humaines, il n'est rien de plus sain et de plus instructif que les lettres de ce genre; elles ont plus de naturel que les discours publics, et plus de maturité que les entretiens subits. Que s'il s'agit d'une correspondance suivie selon l'ordre des temps; condition qui se trouve dans les lettres des lieutenans généraux, gouverneurs de provinces, et autres hommes d'état, aux rois, aux sénats ou autres supérieurs; et réciproquement des supérieurs aux subalternes; c'est, sans contredit, pour l'histoire un mobilier des plus précieux. Et l'utilité des *apophthegmes* ne se réduit pas au seul plaisir et à la simple utilité qu'ils peuvent procurer pour le moment; ils sont aussi susceptibles d'une infinité d'application à la vie active et aux usages de la société. Ce sont, pour me servir de l'expression d'un écrivain, *comme autant de haches* et de *stylets*, qui, à l'aide d'une sorte de *pointe* et de *taillant*, percent tout et tranchent les nœuds des affaires. Les occasions font le cercle, et ce qui un temps fut commode, peut encore être employé et redevenir utile, soit qu'on le donne comme sien, ou qu'on l'attribue aux anciens. Comment pourroit-on douter qu'un genre d'ouvrage, que César a honoré de son propre travail, puisse être utile dans la vie active ? Et ce livre, plût à dieu qu'il existât ! car ce que jusqu'ici on nous a donné en ce genre, nous paroît rassemblé avec bien peu de choix (1). En voilà assez sur l'histoire et sur cette partie de la science qui répond à l'une des loges, ou des cases de l'entendement.

---

(1) Il paroît qu'il n'en excepte pas même la collection d'Érasme ; et nous, qui l'avons actuellement entre les mains, nous sommes de son avis.

CHAPITRE XIII.

Du second des principaux membres de la science; savoir, de la poésie; division de la poésie en narrative, dramatique et parabolique. Trois exemples de la poésie parabolique.

Nous voici arrivés à la poésie. La *poésie* est un genre qui le plus souvent est gêné par rapport aux *mots*; mais fort libre quant aux *choses*, et même *licencieux*. Aussi, comme nous l'avons dit au commencement, il se rapporte à l'*imagination*, qui feint et machine, entre les choses, des mariages et des divorces tout-à-fait irréguliers et illégitimes. Or, ce mot de *poésie*, comme nous l'avons fait entendre ci-dessus, peut être pris en deux sens différens, dont l'un regarde les *mots*; et l'autre, les *choses*. Dans le premier sens, c'est un certain *caractère* de *discours*; et le vers n'est qu'un genre de style, qu'une certaine forme d'élocution ; et qui n'a rien de commun avec les différences des choses. Car on peut écrire en *vers* une *histoire vraie ;* et en *prose*, une *fiction*. Dans le dernier sens, nous l'avons, dès le commencement, constitué l'un *des membres principaux de la doctrine*. Et nous l'avons placé près de l'*histoire ;* vu qu'elle n'en est qu'une *imitation agréable*. Quant à nous qui, cherchant les véritables veines des choses, ne donnons presque rien à la coutume et aux divisions reçues, nous écartons de notre sujet les *satyres*, les *élégies*, les *épigrammes*, les *odes*, et autres piéces de ce genre, les renvoyant à la philosophie et aux artifices du discours. Sous le nom de *poésie*, nous ne traitons que d'*une histoire inventée à plaisir*.

La distribution la plus vraie de la *poésie*, et qui dérive le mieux de ses propriétés, outre ces divisions qui lui sont communes avec l'*histoire*, (car il y a des *chroniques feintes*, des *vies feintes*, des *relations feintes*) est celle qui la divise en *narrative*, *dramatique* et *parabolique* ; la *narrative* imite tout-à-fait l'histoire, au point de faire presqu'illusion, si ce n'est qu'elle exagère les choses au-delà de toute croyance.

La *dramatique* est pour ainsi dire une *histoire visible*, elle rend les images des choses comme *présentes* ; au lieu que l'histoire les représente comme *passées*. Mais la *parabolique* est une *histoire avec un type*, qui rend sensibles les choses intellectuelles. Quant à la poésie *narrative*, ou, si l'on veut, *héroïque* ; pourvu toutefois qu'on n'entende par là que la *matière*, et non le *vers*, cette poésie dérive d'une source tout-à-fait noble, plus que toute autre chose, elle se rapporte à la dignité de la nature humaine. En effet, comme le monde sensible est inférieur en dignité à l'ame humaine, la poésie semble donner à la nature humaine ce que l'histoire lui refuse, et contenter l'ame d'une manière ou de l'autre, par des fantômes de choses, au défaut de semblables réalités qu'elle ne peut lui donner. Car, si l'on médite attentivement sur ce sujet, l'on reconnoîtra dans cet office de la poésie une forte preuve de cette vérité : que l'ame humaine aime dans les choses plus de grandeur et d'éclat, d'ordre et d'harmonie, d'agrément et de variété, qu'elle n'en peut trouver dans la nature même, depuis la chûte de l'homme. C'est pourquoi, comme les actions et les événemens, qui font le sujet de l'*histoire* véritable, n'ont pas cette grandeur dans laquelle se complaît l'ame humaine, paroît aussi-tôt la poésie qui imagine des faits plus héroïques. De plus, comme les événemens que présente l'histoire véritable, ne sont point de telle nature que la vertu puisse y trouver sa récompense, ni le crime son châtiment ; la poésie redresse l'histoire à cet égard, et imagine des issues, des dénouemens qui répondent mieux à ce but, et qui sont plus conformes aux loix de la providence. De plus, comme l'histoire véritable, par la monotonie et l'uniformité des faits qu'elle présente, rassasie l'ame humaine ; la poésie réveille son goût, en lui présentant des tableaux d'événemens extraordinaires, inattendus, variés, pleins de contrastes et de vicissitudes. En sorte que cette *poésie* est moins recommandable par le plaisir qu'elle peut procurer, que par la grandeur d'ame ou la pureté de mœurs qui en peuvent être le fruit. Ainsi ce n'est pas sans raison qu'elle semble avoir quelque chose de divin ; puisqu'elle élève l'ame et la ravit, pour ainsi dire, dans les hautes régions ; accommodant les simulacres des choses à nos désirs, au lieu de soumettre l'ame aux choses mêmes, comme le font la raison et l'histoire. Ainsi, c'est par ces charmes et cette convenance qui flattent l'ame humaine, et en se mariant avec les accords de la musique, pour s'insinuer plus doucement dans les ames, que la poésie s'est frayé un passage en tous lieux, au point qu'elle fut en honneur dans les siècles les plus grossiers et chez les nations les plus barbares, lorsque tous les autres arts en étoient totalement bannis.

La *poésie dramatique*, qui a le monde pour théâtre, seroit d'un plus grand usage, si elle étoit saine. Car, le théâtre n'est pas peu susceptible de discipline et de corruption. Or, la corruption, en ce genre, n'est pas ce qui nous manque ; mais de notre temps, la discipline est entièrement négligée.

Cependant, quoique dans les républiques modernes on regarde l'action théâtrale comme une sorte de jeu, à moins qu'elle ne tienne beaucoup de la satyre et ne soit mordicante, néanmoins les anciens n'ont rien négligé pour en faire une école de vertu. Il y a plus : les grands hommes et les plus sages philosophes la regardoient comme l'*archet* des ames. Au reste, il est hors de doute, et c'est encore un secret de la nature, que dans les lieux où les hommes sont rassemblés, les ames sont plus susceptibles d'affections et d'impressions.

Mais la *poésie parabolique* tient un

rang distingué parmi les autres genres de poésie, et semble avoir quelque chose d'auguste et de sacré; d'autant plus que la religion elle-même emprunte son secours à chaque instant, pour entretenir un commerce continuel entre les choses divines et les choses humaines. Cependant elle a, comme les autres, ses taches et ses défauts, qui ont pour cause cette frivolité des esprits et cette facilité avec laquelle ils se paient d'allégories. Elle est d'un usage équivoque, et on l'emploie pour des fins opposées. Elle sert, tantôt à *envelopper*, et tantôt à *éclaircir*. Dans le dernier cas, c'est une espèce de *méthode d'enseignement*; dans le premier, c'est un certain art de *voiler*. Or, *cette méthode d'enseignement*, qui sert à éclaircir, fut fort en usage dans les premiers siècles; car les inventions et les conclusions de la raison humaine (même celles qui aujourd'hui sont triviales et rebattues) étant alors nouvelles et extraordinaires, les esprits n'avoient pas assez de prise sur ces vérités abstraites;

à moins qu'on ne les approchât des sens, à l'aide de similitudes et d'exemples de cette nature. Aussi, chez eux, tout retentissoit de fables de toute espèce, de paraboles, d'énigmes et de similitudes. De là les emblêmes de Pythagore, les énigmes du Sphinx, les fables d'Ésope, et autres fictions semblables. Ce n'est pas tout : les apophthegmes des anciens sages se développoient presque toujours par des similitudes. C'est ainsi que *Menenius Agrippa*, chez les Romains, nation qui n'étoit alors rien moins qu'éclairée, appaisa une sédition à l'aide d'une fable : enfin, comme les *hiéroglyphes* sont plus anciens que les *lettres*, de même aussi les *paraboles* ont précédé les *argumens*. Et les *paraboles* sont aujourd'hui même, comme elles l'ont toujours été, d'un grand effet; attendu que ni les argumens n'ont autant de clarté, ni les exemples réels, autant d'aptitude.

La *poésie parabolique* a un autre usage presque opposé au premier : elle sert, comme nous l'avons dit, à envelopper les choses dont la dignité exige qu'elles soient couvertes d'une sorte de voile ; c'est ainsi qu'on revêt de fables et de paraboles les secrets et les mystères de la religion, de la politique et de la philosophie. Mais est-il vrai que les fables anciennes des poëtes renferment un sens mystérieux ? c'est ce qui peut paroître douteux. Quant à nous, nous l'avouons hardiment, nous penchons pour l'affirmative. Et quoiqu'on abandonne ces fictions aux enfans et aux grammairiens, ce qui ne laisse pas de les avilir, nous n'en serons pas plus prompts à les mépriser ; vu qu'au contraire les écrits qui contiennent ces fables, sont, de tous les écrits humains, les plus anciens après l'écriture sainte ; et que les fables mêmes sont encore plus anciennes que ces écrits, puisque ces écrivains les rapportent comme étant déja adoptées et reçues depuis long-temps, et non comme les ayant eux-mêmes inventées. Elles semblent être une sorte de souffle léger qui, des traditions des nations les plus anciennes, est venu tomber dans les flûtes des Grecs. Mais, comme jusqu'ici les tentatives, pour interpréter ces paraboles, ont été faites par des hommes peu éclairés, et dont la science ne s'élevoit pas au-dessus des lieux communs; qu'enfin elles ne nous satisfont nullement; nous croyons devoir rapporter, parmi *les choses à suppléer,* la philosophie cachée sous les fables antiques. Ainsi nous allons donner un ou deux exemples de ce genre d'ouvrages ; non que la chose en elle-même soit d'un si grand prix, mais afin d'être fidèles à notre plan. Or, ce plan, par rapport à ces ouvrages que nous classons parmi les *choses à suppléer,* et lorsqu'il se rencontre quelque sujet un peu obscur, est de donner toujours des exemples et des préceptes sur la manière de le traiter ; de peur qu'on ne s'imagine que nous n'avons nous-mêmes qu'une très légère notion de ces sujets que nous proposons ; et que, contens de mesurer les régions par la pensée, à la manière des augures, nous ne connoissons pas assez bien ces routes que nous montrons aux autres, pour pouvoir y entrer nous-mêmes. Je ne sache pas qu'il manque aucune partie dans la *poésie*. Disons plutôt que la poésie est une plante qui a germé dans une terre excessivement active, sans qu'on en ait semé la graine qui n'est pas trop bien connue ; qu'elle a pris beaucoup plus d'accroissement que les autres genres, et que, s'étendant en tous sens, elle a fini par les couvrir tous. Mais nous allons en donner des exemples ; ce sera assez de trois. Le premier, tiré des *sciences naturelles* ; le second, de la *politique*; et le troisième, de la *morale*.

Premier exemple de la philosophie selon les paraboles antiques, dans les sciences naturelles. De l'univers représenté par la fable de Pan.

Les anciens laissent dans le doute la génération de *Pan*. Les uns le disent fils de *Mercure*; d'autres, lui donnant une autre origine, disent que tous les prétendans ayant eu commerce avec Pénélope, de ce commerce indistinct naquit Pan, qui est leur enfant commun. Voici une autre manière d'expliquer cette génération, qu'il ne faut pas oublier. Pan, disent-ils, est fils de *Jupiter* et d'*Hybrée*, c'est-à-dire, de l'*injure*. Mais quelque origine qu'on lui attribuât, on lui donnoit pour sœurs les Parques, qui se tenoient dans un antre. Pour lui, il demeuroit toujours en plein air. Voici le portrait qu'on faisoit de lui : son front est armé de cornes, qui se terminent en pointes et s'élèvent jusqu'aux cieux ; son corps est tout hérissé de poils et de soies ; sa barbe sur-tout est fort longue ; sa forme tient de deux espèces ; de l'espèce humaine quant aux parties supérieures, et de la bête, quant aux inférieures, qui se terminent par des pieds de chèvre. Pour marques de sa puissance, il porte, dans la main gauche, une flûte à sept tuyaux ; et dans la droite, une sorte de crosse ou de bâton recourbé par le haut :

une *peau de léopard* lui sert d'habillement. Quant aux pouvoirs et aux fonctions qu'on lui attribuoit, il étoit regardé comme le dieu des chasseurs et même des pasteurs, et en général des habitans de la campagne. Il présidoit aussi aux montagnes. Il étoit, messager des dieux, ainsi que *Mercure*; et pour la dignité, immédiatement après lui. On le regardoit comme le chef et le général des *nymphes*, qui dansoient perpétuellement autour de lui. Il avoit aussi pour cortège les *satyres*, et les *silènes* beaucoup plus âgés qu'eux. On lui attribuoit le pouvoir d'envoyer des *terreurs*, sur-tout des terreurs vaines et superstitieuses, qui de son nom ont été appellées *paniques*. Les actions qu'on rapporte de lui sont en assez petit nombre; on dit sur-tout qu'il défia à la lutte *Cupidon*, par lequel il fut vaincu; qu'il embarrassa le géant *Typhon* dans des filets, et le tint assujetti. On raconte de plus que *Cérès* étant triste et affligée de l'enlèvement de *Proserpine*, comme les dieux la cherchoient avec inquiétude, et s'étoient pour cela dispersés sur différens chemins, *Pan* fut le seul qui eut le bonheur de la trouver, étant à la chasse, et de la leur montrer. Il osa aussi disputer à *Apollon* le prix de la musique, prix que *Midas*, choisi pour arbitre, lui adjugea; ce qui valut à ce roi des oreilles d'âne, mais ces oreilles étoient cach.es. On ne suppose à *Pan* aucunes amours; du moins il en eut peu: ce qui peut paroître assez étonnant dans la troupe des dieux, qui, comme l'on sait, prodiguoit si aisément ses amours. On dit seulement qu'il aima *Écho*, qui fut aussi regardée comme sa femme; et une autre nymphe appellée *Syrinx*, dont Cupidon, pour se venger de ce qu'il avoit osé le défier à la lutte, le rendit amoureux. On prétend qu'autrefois il évoqua la Lune dans de hautes forêts, et qu'il n'eut pas non plus d'enfans; ce qui n'est pas moins étonnant, vu que les dieux, sur-tout les mâles, étoient merveilleusement prolifiques : si ce n'est qu'on lui donne pour fille une certaine femmelette, qui étoit servante, et se nommoit *Jambé;* femme qui ordinairement amusoit ses hôtes par des contes plaisans, et qu'on croyoit un fruit de son mariage avec Écho.

Pan, comme le dit son nom même (1), représente *l'univers* ou *l'immensité des choses.* Or, il y a, et il peut y avoir, sur l'origine du monde, deux sentimens différens : ou il est sorti de *Mercure,* c'est-à-dire, du *Verbe divin,* ce que l'Écriture sainte met hors de doute, et ce qu'ont vu les philosophes mêmes, du moins ceux qui ont été regardés comme les plus appliqués à la théogonie; ou il est provenu des *semences confuses des choses.* En effet, quelques philosophes ont prétendu que les semences des choses sont infinies même en *substance* (2), d'où est dérivée cette hypothèse des *Homoiomères,* qu'Anaxagore a ou inventée, ou rendue célèbre. Quelques-uns cependant,

---

(1) Qui, en grec, signifie *tout,* ou *le tout.*
(2) Je crois qu'il faudroit dire *infini en nombre.*

doués d'une plus grande pénétration, pensent que c'est assez, pour expliquer la variété des composés, de supposer que les principes des choses sont *identiques*, quant à la *substance*, et ne diffèrent que par leurs *figures*, mais par des figures *fixes* et *déterminées*, et que tout le reste ne dépend que de leurs situations respectives et de la manière dont ils se combinent; source d'où est émanée l'hypothèse des atomes qu'adopta Démocrite, après que Leucippe l'eût inventée. Mais d'autres n'admettoient qu'un seul principe, lequel, selon *Thalès*, étoit l'*eau*; selon *Anaximène*, l'*air*; et selon *Héraclite*, le *feu*; et néanmoins ce même principe, ils le croyoient *unique*, quant à l'acte, mais variable en puissance et susceptible de différentes modifications (1), et tel que les semences des choses

_____

(1) Cette différence apparente entre les trois philosophes, n'est au fond qu'une dispute de mots, comme l'a observé Hippocrate (*de dict*, *lib . 1.*) ;et ce ne sont que trois noms différens donnés à une seule

s'y trouvent cachées. Mais ceux qui, à l'exemple de Platon et d'Aristote, ont supposé une matière totalement dépouillée de qualités, sans forme constante et indifférente à toutes les formes, ont beaucoup plus approché du sens de la parabole. Car ils ont regardé la *matière* comme une sorte de *femme publique*; et les *formes*, comme les *prétendans*. Ensorte que toutes les opinions sur les principes des choses reviennent à ceci et se réduisent à cette distribution: le *monde* a pour *principe*, ou *Mercure*, ou *Pénélope* et les *pré-*

---

et même chose; car s'il est vrai qu'il n'y ait qu'un seul élément, qu'une seule substance, et dont toutes les parties sont identiques, comme il y a d'ailleurs de l'air, de l'eau, de la terre et du feu, il s'ensuit que cet élément unique a tantôt l'une de ces quatre formes, et tantôt l'autre, et l'on peut lui donner indifféremment l'un ou l'autre de ces quatre noms, ou plutôt il ne faut lui donner aucun de ces noms; car il ne faut pas *définir* ou *désigner* une chose par ce qui ne lui est qu'*accidentel*, c'est-à-dire, par ce qu'elle n'est que *quelquefois*; mais par ce qui lui est *essentiel*, c'est-à-dire, par ce qu'elle est *toujours* et *par-tout*.

tendans. Quant à la troisième génération de Pan, elle est de telle nature, qu'il semble que les Grecs, soit par l'entremise des Égyptiens, soit de toute autre manière, aient eu quelque connoissance des mystères des Hébreux (1). Elle se rapporte à l'état du monde, considéré, non tel qu'il étoit à son origine, mais tel qu'il fut après la chûte d'Adam; c'est-à-dire, lorsqu'il fut devenu sujet à la mort et à la corruption; et cet état fut, en quelque manière, *fils de Dieu* et de *l'injure*, c'est-à-dire, du *péché*; il subsiste même aujourd'hui, car le péché d'Adam tenoit de l'*injure*; vu qu'il vouloit se *faire semblable à Dieu*. Ainsi ces trois sentimens sur la *génération* de *Pan* sembleront vrais, si l'on distingue avec soin les temps et les choses. En effet ce

---

(1) Ou que les Hébreux, qui avoient été esclaves en Égypte, aient eu quelque connoissance des mystères des Égyptiens; mais d'ailleurs ces idées d'un état plus parfait de la chûte de l'homme, et de la dégradation qui en est la conséquence, remontent beaucoup plus haut, et viennent des Indiens.

Pan, tel que nous l'envisageons en ce moment, tire son origine du *Verbe divin*, moyennant toutefois la *matière confuse*, qui étoit elle-même l'ouvrage de Dieu, *la prévarication*, et par elle, *la corruption* s'y étant introduite.

Les *destins*, ou les natures des choses, sont avec raison regardées comme *sœurs*. Car, par ce mot de *destins*, sont désignés leurs commencemens, leur durée et leurs fins, ainsi que leurs accroissemens et leurs diminutions, leurs disgraces et leurs prospérités (a); en un

―――――――

(1) Tous ces termes figurés nous paroissent ici de trop; car, si nous traduisons des allégories par des métaphores, nous ne sortirons plus des figures, et il faudra expliquer les explications mêmes. Je pense qu'il faudroit y substituer les suivans, qui, par leur exactitude et leur sécheresse vraiment philosophique, conviennent mieux ici, puisqu'il s'agit ici de traduire des fictions poétiques dans la langue philosophique, *préparation*, *production*, *conservation*, *augmentation*, *diminution*, *destruction*, *altération*, *perfection*, *dépravation*.

mot, toutes les conditions de l'individu. Conditions pourtant qu'on ne peut reconnoître que dans quelque individu d'une espèce noble, tel qu'un homme, une ville, ou une nation. Or, c'est *Pan*, ou la nature des choses, qui fait passer ces individus par ces conditions si diverses. Ensorte que, par rapport aux individus, la chaîne de la nature et le fil des Parques ne sont qu'une seule et même chose. De plus, les anciens ont feint que Pan demeure toujours en plein air; que les Parques habitent un souterrain, et qu'elles volent vers les hommes avec la plus grande vitesse; parce que la nature et la face de l'univers est visible, et exposée à nos regards; au lieu que les destinées des individus sont cachées et rapides. Que si l'on prend ce mot *destinée* dans une signification plus étendue, et qu'on entende par là quelque espèce d'événement que ce puisse être, non pas seulement les plus frappans, néanmoins, en ce sens-là même, ce nom convient fort bien à la totalité des choses, au grand tout. Attendu que, dans l'ordre de la nature, il n'est rien de si petit qui n'ait sa cause; et au contraire rien de si grand, qui ne dépende de quelque autre chose. Ensorte que l'assemblage même, l'ensemble de la nature, renferme dans son sein toute espèce d'événement, le plus grand comme le plus petit, et le produit dans son temps, d'après une loi dont l'effet est certain : ainsi rien d'étonnant, si l'on a supposé que les *Parques* étoient les sœurs de *Pan*, et ses sœurs très légitimes. Car la *fortune* est *fille du vulgaire*, et ne plaît ordinairement qu'aux esprits superficiels. Certes, Épicure ne tient pas seulement un langage profane; mais il me paroît extravaguer tout-à-fait, lorsqu'il dit, *qu'il vaut mieux* croire *la fable des dieux, que supposer un destin :* comme s'il pouvoit y avoir dans l'univers quelque chose qui, semblable à une isle, fût détachée de la grande chaîne des êtres. Mais Épicure, comme on le voit par ses propres paroles, a accommodé et assujetti sa philosophie naturelle à sa morale, ne voulant admettre aucune opinion qui pût affliger, inquiéter l'ame, et troubler cette *Euthymie* dont *Démocrite* lui avoit donné l'idée. C'est pourquoi, plus jaloux de se bercer dans de douces pensées, que capable de supporter la vérité, il secoua entièrement le joug, et rejeta, tant la nécessité du destin, que la crainte des dieux. Mais en voilà assez sur la fraternité de *Pan* avec les *Parques*.

Si l'on attribue au monde des *cornes* plus larges par le bas, et plus aiguës à leur sommet, c'est que toute la nature des choses est comme aiguë et semblable à une pyramide. Car le nombre des individus qui forment la large base de la nature, est infini. Ces individus se réunissent en espèces, qui sont encore en grand nombre. Puis les espèces s'élèvent en genres ; lesquels, à mesure que les idées se généralisent, vont en se resserrant de plus en plus ; ensorte qu'à la fin la nature semble se réunir en un seul point. Et c'est ce que signifie cette *figure pyramidale* des *cornes de Pan*. Mais il ne faut pas s'étonner que ces cornes, par leurs extrémités, touchent au ciel; attendu que les choses les plus élevées de la nature, c'est-à-dire, les idées universelles, touchent, en quelque manière, aux choses divines. Aussi avoit-on feint que cette fameuse chaîne d'Homère, c'est-à-dire, celle des causes naturelles, étoit attachée au pied du trône de Jupiter. Et comme il est facile de s'en assurer, il n'est point d'homme, traitant la métaphysique et ce qu'il y a dans la nature d'éternel et d'immuable, et détournant un peu son esprit des choses variables et passagères, qui ne tombe aussi-tôt dans la théologie naturelle; tant le passage du sommet de cette pyramide à Dieu même, est rapide et facile.

C'est avec autant d'élégance que de vérité qu'on représente le *corps* de la *nature* comme *hérissé de poils*, vu ces rayons qu'on trouve par-tout; car les rayons sont comme les crins, comme les poils de la nature; et il n'est rien qui ne soit plus ou moins *rayonnant*. C'est ce qui est très sensible dans la faculté visuelle, ainsi que dans toute vertu magnétique et dans toute opération à distance. Mais la *barbe de Pan* sur-tout a beaucoup de *saillie*, parce que les rayons des corps célestes, et principalement ceux du soleil, exercent leur action de fort loin, et cette action pénètre fort avant ; et cela au point qu'ils ont travaillé et totalement changé la surface de la terre, et même son intérieur jusqu'à une certaine profondeur (1). Or, la figure qui concerne la *barbe de*

---

(1) Il paroît que Bacon n'alloit pas souvent dans les caves ; car s'il y eût été plus fréquemment, et y eût placé seulement le thermomètre de Drebbel, il eût reconnu que dans presque tous les souterrains, jusqu'à une certaine profondeur, la température est en tout temps à-peu-près la même, et qu'au-delà de cette profondeur, à mesure qu'on descend, la chaleur va en augmentant ; mais notre auteur n'avoit pas même le soupçon de l'existence d'un feu central. Voyez les notes et les additions aux *Époques de la nature*.

Pan, est d'autant plus juste, que le soleil lui-même, lorsque sa partie supérieure étant couverte par un nuage, ses rayons s'échappent par dessous, semble avoir une barbe.

C'est aussi avec raison que le *corps* de la nature est représenté comme *participant de deux formes*, vu la différence des corps supérieurs et des corps inférieurs. Car les premiers, à cause de leur beauté, de l'égalité, de la constance de leur mouvement, et de leur empire sur la terre et les choses terrestres, sont fort bien représentés par la figure humaine; la nature humaine participant de l'ordre et de la domination. Mais les derniers, à cause de leur désordre et de leurs mouvemens peu réglés, et parce qu'ils sont en bien des choses gouvernés par les corps célestes, peuvent être désignés par la figure d'un animal brute. De plus, cette *duplicité de forme* se rapporte à l'*enjambement réciproque* des *espèces*; car il n'est pas, dans la nature, d'espèce qui paroisse absolument *simple*. Mais chaque espèce participe de deux autres, et semble en être composée. L'homme, par exemple, tient quelque peu de la brute; la brute, quelque peu de la plante; la plante, quelque peu du corps inanimé. Et à proprement parler, tout participe de deux formes, tenant et de l'espèce inférieure et de l'espèce supérieure, dont elle n'est que l'assemblage. Or, la parabole *des pieds de chèvre* représente fort ingénieusement l'ascension des corps *ténues* vers les régions de l'atmosphère et du ciel, où ils demeurent ainsi suspendus, et de là sont précipités vers la région inférieure, plutôt qu'ils n'en descendent; car la chèvre est un animal qui aime à gravir, à se suspendre aux rochers, à s'attacher aux corps pendans sur des précipices. C'est ce que font aussi tous les corps, même ceux qui sont destinés au globe inférieur. Aussi n'est-ce pas sans raison que Gilbert, qui a fait de si laborieuses recherches sur l'aimant, et cela en procédant par la voie expérimentale, a fait naître ce doute ;

savoir : si les corps graves placés à une grande distance de la terre, ne perdroient pas peu à peu leur mouvement vers le bas.

On place dans les mains de *Pan* deux attributs : l'un est celui de l'*harmonie*; l'autre est celui de l'*empire*. Car il est manifeste que la *flûte à sept tuyaux* représente le *concert* et l'*harmonie* des choses, ou cette combinaison de la concorde avec la discorde, résultante du mouvement des sept étoiles errantes; car on ne trouve point dans le ciel d'autres *écarts* que ceux des sept planètes; écarts qui, tempérés par l'égalité des étoiles fixes, et la distance perpétuellement invariable où elles sont les unes des autres, peuvent bien être la cause, et de la constance des espèces, et de l'instabilité des individus. Mais, s'il existe quelques planètes plus petites qui ne soient point visibles ; s'il y a dans le ciel quelque changement plus considérable, tels que peuvent être ceux qu'y occasionnent certaines comètes plus élevées que la lune ; ce sont comme autant de flûtes, ou tout-à-fait muettes, ou dont le son est de peu de durée, attendu que leur action ne parvient pas jusqu'à nous, ou qu'elle ne trouble pas long-temps cette harmonie des *sept tuyaux de la flûte de Pan*. Ce *bâton recourbé*, qui est un attribut du commandement, est une élégante métaphore pour figurer les voies de la nature, lesquelles sont en partie droites, et en partie obliques. Et si c'est principalement à son *extrémité supérieure* que ce bâton ou cette verge est *recourbée*, c'est parce que les desseins de la providence s'exécutent par des détours et des circuits; ensorte que ce qui semble se faire, est toute autre chose que ce qui se fait. Signification toute semblable à celle de la parabole de *Joseph vendu en Égypte* (1). Il y a plus : dans tout gou-

---

(1) Ses frères, en le vendant, ne se doutoient guère qu'ils le lançoient dans une carrière dont le terme seroit d'être un jour la première personne de l'Égypte après le roi : non pas pour prix d'a-

vernement humain, ceux qui sont assis au gouvernail, lorsqu'il s'agit de suggérer et d'insinuer au peuple ce qui lui est utile, y réussissent mieux, à l'aide de prétextes et par des voies obliques, que par des voies directes (1). Et ce qui peut paroître étonnant, c'est que, dans les choses purement naturelles, on réussit mieux en trompant la nature, qu'en voulant la forcer. Tant il est vrai, que les choses qui se font trop directement, sont ineptes et se font obstacle à elles-mêmes;

---

voir été le plus patient et le plus doux de tous les mortels, mais pour avoir eu l'audace de prophétiser d'après un songe. Il fut le premier homme de l'Égypte pour avoir expliqué un rêve : s'il eût expliqué raisonnablement quelque chose de plus réel, il eût été le dernier.

(1) Il en est du peuple comme des enfans et des malades. Trop souvent, pour le sauver, il faut le tromper : et comme le peuple veut presque toujours le contraire de ce qu'exigent de lui ceux qui le gouvernent, il s'ensuit que pour tout obtenir de lui, il faut quelquefois en exiger tout le contraire de ce qu'on veut qu'il fasse.

au lieu que les voies obliques et d'insinuation, font que toutes choses coulent plus doucement, et obtiennent plus sûrement leur effet. Rien de plus ingénieux encore que la fiction qui suppose que le *manteau* et l'*habit* de *Pan* est *une peau de léopard;* vu ces espèces de taches qu'on trouve par-tout dans la nature. Car le ciel, par exemple, est tacheté d'étoiles; la mer est tachetée d'isles, et la terre l'est de fleurs. Il y a plus : les corps particuliers sont presque tous mouchetés à leur surface, qui est comme le *manteau*, l'*habit* de la chose.

Quant à l'*office de Pan*, il n'est rien qui l'explique mieux, et qui le peigne plus au vif, que de supposer qu'il est le *dieu des chasseurs*. Car toute action naturelle, et par conséquent tout mouvement et tout état progressif, n'est autre chose qu'une *chasse*. Par exemple, les sciences et les arts chassent aux *œuvres* qui leur sont propres ; les conseils humains chassent à leurs buts respectifs. Et toutes les choses naturelles chassent à leurs alimens, pour se conserver; et à leurs voluptés, à leurs délices, pour se perfectionner (1). Car toute chasse a pour objet une proie, ou un divertissement : et cela par des moyens ingénieux et pleins de sagacité.

La louve au regard menaçant chasse au loup,
Le loup lui-même chasse à la chèvre,
Et la chèvre lascive chasse au cytise fleuri.

Pan est aussi le dieu des *habitans de la campagne*; parce que les hommes de cette classe vivent plus selon la nature : au lieu qu'à la cour et dans les villes,

---

(1) Il en est d'un enfant de la cour ou de la ville, exposé aux chocs réitérés de notre éducation tracassière, comme de ces plantes que les enfans se mêlent de cultiver, et qu'ils empêchent de croître en y touchant à tous momens : et comme l'a observé Rousseau, à force d'accélérer le développement de l'esprit, on empêche celui du corps. L'excessive culture, soit d'une terre, soit d'un homme, fatigue et épuise le sol, parce qu'on lui demande toujours à proportion plus qu'on ne lui a donné.

la nature est corrompue par l'excessive culture. Ensorte que ce vers du poëte, qui peint si bien les effets de l'amour, s'applique aussi à la nature, à cause des raffinemens de cette espèce :

La pauvre enfant n'est plus que la moindre partie d'elle-même.

Pan est dit présider aux montagnes; parce que, sur les montagnes et autres lieux élevés, la nature se développant mieux, est plus exposée à nos regards et à nos observations. Or, que *Pan* soit, immédiatement après *Mercure*, le *messager des dieux*, cette allégorie est tout-à-fait divine; attendu qu'immédiatement après le Verbe divin, l'image même du monde est l'éloge le plus magnifique de la sagesse et de la puissance divine; et c'est ce que le poëte divin a ainsi chanté:

Les cieux mêmes chantent la gloire de Dieu, et le firmament annonce les œuvres de ses mains.

Ces *nymphes* qui divertissent le dieu

Pan, ce sont les *ames*; car les délices du monde sont comme les délices des êtres vivans. C'est avec raison qu'on le regarde comme leur chef; vu que, dansant, pour ainsi dire, autour de lui, chacune comme à la manière de son pays, et avec une variété infinie, elles se maintiennent ainsi dans un mouvement perpétuel. C'est aussi avec beaucoup de sagacité que certain auteur moderne a réduit au mouvement toutes les facultés de l'ame, et a relevé la précipitation et le dédain de quelques anciens, qui, envisageant et contemplant, d'un œil trop fixe, la mémoire, l'imagination et la raison, ont oublié la force cogitative qui joue le principal rôle. Car se souvenir et même n'avoir qu'une simple réminiscence, c'est penser; imaginer, c'est également penser; et raisonner, c'est encore penser. Enfin, l'ame, soit qu'on la suppose avertie par les sens, ou abandonnée à elle-même, soit qu'on la considère dans les fonctions de l'entendement, ou dans celles des affections et de la volonté, danse, pour ainsi dire, à la mesure de nos pensées : c'est ce qui est figuré par cette danse des nymphes. Ces *satyres* et ces *silènes* qui accompagnent perpétuellement le dieu *Pan*, ce sont la jeunesse et la vieillesse; car il est, dans toutes les choses de ce monde, un âge de gaieté et d'activité, et un autre âge où elles soupirent après le repos et aiment à boire (1). Or, aux yeux de tout homme qui se fait des choses une juste idée, les goûts de ces deux âges peuvent paroître quelque chose de difforme et de ridicule, comme le sont les *satyres* et les *silènes*. Quant à l'allégorie des *terreurs paniques*, elle renferme un sens très profond. Car la nature a mis dans tous les êtres vivans la crainte et la terreur, en qualité de conservatrice de leur vie et de

―――――――――――
(1) Ceci peut s'entendre de ce dessèchement et de ce racornissement qui accompagne, ou plutôt qui constitue la vieillesse; sorte d'état calcaire où les corps étant excessivement privés d'humidité, l'appètent et l'attirent avec beaucoup de force.

leur essence; et pour les porter à éviter et à repousser tous les maux qui les affligent ou les menacent. Cependant cette même nature ne sait point garder de mesure, et à ces craintes salutaires elle en mêle de vaines et de puériles. Ensorte que, si l'on pouvoit pénétrer dans l'intérieur de chaque être, on verroit que tout est plein de terreurs paniques, surtout les ames humaines, et plus que tout, le vulgaire qui est prodigieusement agité et travaillé par la *superstition* (laquelle au fond n'est autre chose qu'une *terreur panique*), principalement dans les temps de détresse, de danger et d'adversité. Et ce n'est pas seulement sur le vulgaire que règne cette superstition; mais des opinions de ce vulgaire, elle s'élance dans les ames des plus sages: ensorte qu'Epicure, s'il eût réglé sur un même principe tout ce qu'il a avancé sur les dieux, eût tenu un langage vraiment divin, lorsqu'il a dit: *que ce qui est profane, ce n'est pas de nier les dieux du vulgaire, mais bien d'appliquer aux dieux les opinions de ce même vulgaire.*

Quant à l'*audace* de *Pan*, et à cette présomption qu'il eut de défier Cupidon à la lutte, cela signifie que la matière n'est pas sans quelque tendance, sans quelque penchant à la dissolution du monde, et qu'elle le replongeroit dans cet ancien chaos, si la *concorde*, qui prévaut contre elle, et qui est ici figurée par l'*Amour* ou *Cupidon*, en mettant un frein à sa malice et à sa violence, ne la forçoit, pour ainsi dire, de se ranger à l'ordre. Ainsi, c'est par un destin propice aux hommes et aux choses, ou plutôt par l'infinie bonté de l'Être suprême, que Pan a le dessus dans ce combat, et se retire vaincu. C'est ce que signifie aussi cette allégorie de *Typhon*, embarrassé dans des rêts. Car, quoique toutes choses soient sujettes à des gonflemens prodigieux et extraordinaires, et c'est ce que dit ce mot de *Typhon*, soit qu'on voie s'enfler la mer, la terre ou les nuages; c'est en vain qu'en s'enflant ainsi, ils s'efforcent de sortir de leurs limites; la nature les embarrasse dans un rêts *inextricable*, et les lie, pour ainsi dire, avec une chaîne de diamant.

Or, quand on attribue à ce dieu le *bonheur* d'avoir *trouvé* Cérès, et cela en *chassant*; le refusant aux autres dieux, on nous donne en cela un avertissement très sage et très fondé; c'est que, s'il s'agit de l'invention de toutes les choses utiles, soit pour les nécessités, soit pour les agrémens de la vie, il ne faut nullement l'attendre des *philosophes abstraits* (qui sont comme les *grands dieux*), y employassent-ils les forces de leur esprit; mais de *Pan*, c'est-à-dire, de l'*expérience* unie à une certaine *sagacité*, et de la connoissance universelle des choses de ce monde, laquelle assez ordinairement rencontre des inventions de cette espèce, par une sorte de hazard et comme en *chassant*. Les plus utiles inventions sont dues à l'expérience, et sont comme autant de présens que le hazard a faits aux hommes.

Quant à ce combat *musical* et à son

issue, il nous présente une doctrine bien capable d'inspirer de la modération, et de donner des liens à la raison et au jugement de l'homme, lorsqu'il s'abandonne trop à ses goûts et à sa présomption. En effet, il paroît y avoir deux espèces d'harmonies et, pour ainsi dire, de *musiques*; savoir : celle de la sagesse divine et celle de la raison humaine. Car, au jugement humain et, en quelque manière, aux oreilles humaines, l'administration de ce monde et les jugemens les plus secrets de la divinité, ont je ne sais quoi de dur et de discordant : genre d'ignorance, qui est avec raison figuré par les oreilles d'âne. Mais ces oreilles, c'est en secret qu'on les porte, et non en public : ce genre de difformité, le vulgaire, ou ne l'apperçoit pas, ou ne le remarque point (1).

Enfin, il n'est pas étonnant qu'on n'attribue à *Pan* aucunes amours; si ce

---

(1) Cette explication est forcée; car ce que la fable de Pan, d'Apollon et de Midas figure visi-

n'est son mariage avec *Écho*. Car le monde jouit de lui-même, et en lui-même jouit de tout. Or, qui aime, veut jouir; mais au sein de l'abondance il n'est plus de place pour le désir. Ainsi le monde ne peut avoir ni amour, ni désir, vu qu'il se suffit à lui-même; à moins qu'on ne le dise amoureux des *discours*. Et c'est ce que représente la nymphe *Écho*, qui n'est rien de solide, et se réduit à un pur son : ou si ces discours sont un peu soignés, ils sont alors figurés par *Syrinx* ; je veux dire les paroles qui sont réglées par certains nombres, soit poétiques, soit oratoires, et qui forment une sorte de mélodie. C'est donc avec raison que, parmi les discours et les voix, l'on choisit Écho pour la marier avec le mon-

---

blement, c'est la lutte d'un homme d'un vrai talent, mais pauvre, avec un homme riche, qui se pique de ce même talent sans l'avoir ; ces deux adversaires choisissant pour arbitre un sot, avide d'argent, espèce de juge qui ne manque pas de décerner le prix au plus riche.

de. Car la vraie philosophie, après tout, c'est celle qui rend fidellement les paroles du monde même, et qui est, pour ainsi dire, écrite sous sa dictée; qui n'en est que le simulâcre, l'image réfléchie; qui n'y ajoute quoi que ce soit du sien, et se contente de répéter ce qu'il dit, et de faire entendre précisément le même son. De plus, lorsqu'on feint qu'autrefois Pan évoqua la lune dans de hautes forêts, cette fiction désigne le commerce des sens avec les choses célestes ou divines. Car autre est le commerce de la lune avec Endymion, autre son commerce avec Pan. Quant à Endymion, elle s'abaisse à venir d'elle-même le trouver durant son sommeil. C'est ainsi que les inspirations divines s'insinuent dans l'entendement assoupi et dégagé des sens. Mais si elles sont, pour ainsi dire, invitées et appelées par les sens (que Pan représente ici), alors elles ne nous donnent plus que cette foible lumière, *qui guide le malheureux forcé de faire route dans les forêts, à la lumière incertaine et trompeuse de la lune*. Que le monde se suffise à lui-même, et ait tout ce qu'il lui faut, c'est ce qu'indique la fable, en disant qu'il n'engendre point. En effet, le monde engendre par parties : mais comment par son tout pourroit-il engendrer; vu que, hors de lui, il n'est point de corps (1)?

Quant à cette *femmelette*, à cette *Jambé, fille putative* de *Pan*, c'est une addition fort judicieuse à la fable. Elle représente toutes ces doctrines babillardes sur la nature des choses, qui vont errant çà et là dans tous les temps : doctrines infructueuses en elles-mêmes, qui sont comme autant d'*enfans supposés* ; agréables quelquefois par leur babil, mais quelquefois aussi importunes et fatigantes.

---

(1) Il engendre par son accouplement avec le Verbe divin, selon les uns ; avec l'amour, selon les autres ; ou selon d'autres encore, avec l'esprit. Milton nous représente le Saint Esprit sous la forme d'un pigeon couvant un gros œuf qui renfermoit le monde entier, et dont il devoit éclorre.

Second exemple de la philosophie selon les paraboles antiques, en politique. De la guerre figurée par la fable de Persée.

La fable rapporte que *Persée* étant né en orient, fut envoyé par *Pallas* pour couper la tête à *Méduse*, vrai fléau pour un grand nombre de peuples situés à l'*occident*, et vers les extrémités de l'*Ibérie*. Ce monstre, d'ailleurs cruel et barbare, avoit de plus un air féroce et si terrible, qu'à son seul aspect, les hommes étoient changés en pierre. *Méduse* étoit une des *Gorgones*; mais la seule d'entr'elles qui fût mortelle, les autres n'étant nullement passives. On feint donc que *Persée* se préparant à ce grand exploit, emprunta de trois dieux des armes et des dons; savoir: de *Mercure*, des *ailes*; mais des ailes *au talon*, et non aux *épaules*; de *Pluton*, un *casque*; de *Pallas*, un *bouclier* et un *miroir*. Cependant, muni d'un si grand appareil, il n'alla pas d'abord droit à *Méduse*, mais se détournant de sa route, il alla trouver les *Grées*. Celles-ci étoient sœurs *utérines* des *Gorgones*. Dès leur naissance, elles portoient des cheveux blancs, et ressembloient à de petites vieilles. Elles n'avoient à elles trois qu'un seul *œil* et qu'une seule *dent*, que chacune d'elles prenoit à son tour, lorsqu'elle vouloit sortir, et qu'en rentrant elle déposoit. Elles prêtèrent donc à *Persée* cet *œil* et cette *dent*. Alors enfin se voyant suffisamment armé pour son dessein, il alla droit à *Méduse*, à grandes journées, et comme en volant. Il la trouva endormie: cependant il n'osa s'exposer à ses regards directs, craignant que par hazard elle ne s'éveillât. Mais tournant la tête, et fixant la vue sur le miroir de *Pallas*, pour diriger ses coups, par ce moyen, il coupa la tête à *Méduse*. De son sang répandu sur la terre, naquit aussi-tôt *Pégase*, cheval ailé. Or, cette tête ainsi coupée, il la plaça sur le bouclier de *Pallas*. Et ce visage, même après la mort, conserva sa force, au point que tous ceux qui y portoient la vue, devenoient roides d'étonnement et comme *paralysés*.

Cette fable paroît avoir pour objet la manière de faire la *guerre* et l'habileté en ce genre. Tout homme qui entreprend une guerre, doit y être envoyé par *Pallas*, et non par *Vénus*, comme le furent tous ceux qui allèrent à la guerre de Troie ; ou par quelqu'autre motif aussi frivole. Car, tout dessein de cette nature doit être fondé sur des motifs solides. Puis cette fable nous donne trois préceptes très sages et très importans sur le choix de l'espèce de guerre qu'on doit faire. Le premier, est de ne pas trop s'occuper de *subjuguer les nations voisines*. En effet, autre est la manière d'augmenter son patrimoine ; autre celle de reculer les limites d'un empire. Dans les possessions privées, le voisinage des terres est une circonstance à laquelle on a égard. Mais s'agit-il d'étendre un empire, alors l'occasion, la facilité qu'on peut trouver à faire la guerre, et les fruits qu'on en peut tirer, tiennent lieu du voisinage. C'est pourquoi *Persée*, quoique *oriental*, ne balança pas à entreprendre une expédition lointaine et jusqu'aux extrémités de l'*occident*. C'est ce dont nous avons un exemple frappant dans la manière très différente de faire la guerre de deux rois, père et fils, je veux dire de *Philippe* et d'*Alexandre*. Le premier, toujours occupé à faire la guerre à ses voisins, ajouta peu de villes à son empire: encore ne fut-ce pas sans de grands dangers et de grandes difficultés ; vu qu'en plus d'une occasion, et surtout à la bataille de *Chéronée*, il fut obligé de risquer le tout. Mais *Alexandre*, pour avoir osé entreprendre une expédition lointaine contre les *Perses*, subjugua une infinité de nations, plus fatigué par ses voyages que par ses combats. C'est ce qu'on voit encore plus clairement par la manière dont les Romains étendirent leur empire: les Romains, dis-je, qui, dans le temps même où, du côté de l'*occident*, leurs armées n'avoient guère pénétré au-delà de la *Ligurie*; avoient porté leurs armes et étendu leur empire dans les provinces d'*orient* jusqu'au mont *Taurus*: ainsi que par l'exemple de *Charles VIII*, roi de France, qui n'eut pas de fort brillans succès dans sa guerre contre la *Bretagne*; guerre qui fut enfin terminée par un mariage; mais qui vint à bout de cette expédition si lointaine contre le royaume de *Naples*, avec une facilité et un bonheur surprenans. Ces expéditions, dans les lieux éloignés, ont plus d'un avantage : d'abord ceux qu'on a en tête, ne sont nullement accoutumés aux armes et à la manière de faire la guerre de celui qui fait l'invasion; il n'en est pas de même à l'égard d'une nation voisine. On fait aussi, pour les expéditions de cette nature, de plus grands préparatifs, et on les fait avec plus de soin; sans compter que cette audace même et cette confiance qui les fait entreprendre, inspire la terreur aux ennemis. De plus, dans les expéditions lointaines, ces ennemis qu'on va trouver de si loin, ne sont pas à même de prendre leur revanche, par quelque diversion, ou invasion sur vos propres terres : moyen qu'on emploie si souvent dans les guerres avec des nations limitrophes. Mais le point capital, c'est que, lorsqu'on veut subjuguer des nations voisines, on est fort à l'étroit par rapport au choix des occasions ; au lieu que, si l'on ne craint pas de s'éloigner de son pays, on peut à son gré transporter la guerre dans les lieux où la discipline militaire est le plus relâchée ; où les forces de la nation qu'on veut attaquer, sont le plus épuisées ; où des dissensions civiles surviennent le plus à propos ; en un mot, dans ceux où se présente quelque facilité de cette espèce. Le second point est que la *guerre* doit toujours avoir une *cause juste*, honnête et de nature à faire honneur à celui qui l'entreprend, et à faire naître en sa faveur une prévention favorable. Or, de toutes les *causes* de guerre, la plus favorable est celle des guerres entreprises pour combattre la tyrannie sous laquelle un peuple est écrasé, et languit sans force et sans courage, comme à *l'aspect* de *Méduse*; ce fut à de tels motifs qu'*Hercule* dut les honneurs divins. Il n'est pas douteux que les Romains ne se soient fait une loi d'accourir, avec autant d'ardeur que de courage, au secours de leurs alliés, dès que ceux-ci étoient opprimés de quelque manière que ce fût. De plus, les guerres, qui ont eu pour but une juste vengeance, ont presque toujours été heureuses. Telle fut la guerre contre *Brutus* et *Cassius*, pour venger la mort de *César* (1); celle de *Sévère*, pour venger la mort de *Pertinax*; celle de *Junius-Brutus*, pour venger la mort de *Lucrèce*; en un mot, tous ceux qui font la guerre pour réparer des injures, ou pour adoucir des calamités, *militent sous Persée*. Le troisième point, c'est

---

(1) Comment une guerre contre les meurtriers d'un tyran peut-elle être juste ? c'est ce que je ne comprends pas.

qu'avant de se résoudre à la guerre, il faut bien *mesurer ses propres forces*, et bien considérer si cette guerre est de telle nature qu'on puisse espérer de la conduire heureusement à sa fin; de peur d'embrasser de trop vastes projets, et de se repaître d'éternelles espérances. Car c'est avec prudence que *Persée*, parmi les *Gorgones*, s'adressa à celle qui de sa nature étoit mortelle, et se garda bien de tenter l'impossible. Voilà donc ce que nous enseigne cette fable par rapport aux délibérations sur la guerre à entreprendre; le reste regarde la *guerre* considérée dans le temps même où on la fait.

Ce qu'il y a de plus utile dans la guerre, ce sont ces trois *présens des dieux*, et cela au point qu'ils maîtrisent et entraînent avec eux la fortune. Car *Persée* reçut de *Mercure* la *célérité*; de *Pluton*, l'*adresse à cacher ses desseins*; de *Pallas*, la *prévoyance*. Et ce n'est pas la partie la moins ingénieuse de cette allégorie, que ces *ailes*, instrument de *cé-*

lérité, dans l'exécution (vu qu'en guerre la célérité peut beaucoup); que ces *ailes*, dis-je, fussent au *talon*, et non aux *épaules*. En effet, ce n'est pas tant dans le commencement d'une guerre, que dans les opérations ultérieures, et destinées à appuyer les premières, que la célérité est nécessaire. Car c'est une faute assez ordinaire dans les guerres, que de ne se point soutenir après avoir bien commencé, et de se relâcher de manière que la suite ne répond point du tout à la vigueur des commencemens. Mais ce *casque de Pluton*, dont la propriété est de rendre invisibles ceux qui le portent, est une allégorie dont le sens est fort clair. L'*adresse à cacher ses desseins* est, après la *célérité*, ce qui peut le plus dans la *guerre*; et c'est un but auquel tend cette célérité même; elle a l'avantage de prévenir la découverte de vos desseins : ce que signifie encore ce *casque de Pluton*, c'est qu'il faut que la conduite d'une guerre ne soit confiée qu'à un seul homme, et qu'il ait carte blanche. Car toutes ces délibérations entre un grand nombre de personnes, ont je ne sais quoi qui tient plus du *panache de Mars*, que du *casque de Pluton*. Ce casque désigne encore les différens prétextes, les diverses feintes, et ces bruits qu'on sème devant soi, pour étonner ou dérouter les esprits, et mettre ses desseins dans l'obscurité, ainsi que les précautions soupçonneuses et les défiances à l'égard des lettres, des députés, des transfuges; et autres choses semblables, qui toutes garnissent et lient, pour ainsi dire, le *casque de Pluton*. Et, il n'importe pas moins de découvrir les desseins des ennemis, que de cacher les siens. C'est pourquoi, au *casque de Pluton* il faut joindre le *miroir de Pallas*, lequel sert à découvrir les forces des ennemis, leur disette, leurs secrets partisans, les dissensions, les factions qui règnent parmi eux, leurs marches, en un mot, leurs desseins. Or, comme il entre tant de hazard dans la guerre, qu'il ne faut faire trop de fonds ni sur son adresse à cacher ses propres desseins, ou à découvrir ceux de l'ennemi, ni sur la célérité même : il faut donc, avant tout, prendre le *bouclier de Pallas*, c'est-à-dire, celui de la *prévoyance*, afin de laisser le moins possible à la fortune. C'est à quoi tendent d'abord le soin de reconnoître toutes les routes avant d'y entrer, et celui de fortifier son camp; ce qui est presque tombé en désuétude dans la milice moderne : au lieu que les Romains avoient un camp qui sembloit une ville fortifiée, pour se ménager, en cas de défaite, une dernière ressource : puis une armée stable et bien rangée; car il ne faut pas trop compter sur les troupes légères, ni sur la cavalerie : enfin, toute la vigilance et toute la sollicitude nécessaire pour se préparer à une vigoureuse défense; attendu que, dans la guerre, on a plus souvent besoin du *bouclier de Pallas*, que de l'*épée de Mars*. Mais *Persée* a beau être muni de troupes et de courage, avant de commencer la guerre, il lui reste encore une autre chose à faire, qui est de la plus grande importance, c'est d'aller trouver les *Grées*. Ces *Grées*, ce sont les *trahisons*, qui sont les sœurs des guerres; non pas les sœurs de père et de mère; mais en quelque sorte d'une moins haute extraction. Car les *guerres* ont je ne sais quoi de noble et de généreux; mais la trahison a quelque chose de bas et de honteux. Rien de plus élégant que de supposer, en faisant leur portrait, que dès leur naissance elles portent des *cheveux blancs*, et ressemblent à de *petites vieilles*; cela peint les soucis et les inquiétudes où les traîtres vivent perpétuellement. Or, leurs forces, avant qu'elles fassent leur explosion et se terminent par une défection manifeste, sont ou dans leur *œil*, ou dans leur *dent*. Car toute faction aliénée d'un état et penchante à la trahison, *épie* et *mord*. Cet *œil* et cette *dent* sont, en quelque manière, communs à tous les factieux; tout ce qu'ils ont pu apprendre et découvrir, ils le font circuler, et se le passent, pour ainsi dire, de main en main. Et quant à ce qui regarde cette *dent*, ils semblent mordre tous avec une seule bouche, et s'entendent pour répandre les calomnies : ensorte que qui entend l'un, les entend tous. Ainsi *Persée* doit se concilier la faveur de ces *Grées*, et implorer leur secours ; sur-tout afin qu'elles lui prêtent leur *œil* et leur *dent*; l'*œil*, pour découvrir ; la *dent*, pour semer des bruits, exciter l'envie et solliciter les esprits. Mais, après avoir fait tous ses préparatifs pour la guerre, il faut, à l'exemple de *Persée*, tâcher de trouver *Méduse endormie*. Car tout prudent capitaine n'attaque jamais l'ennemi que lorsque celui-ci ne s'y attend pas, et qu'il est dans la plus grande sécurité. Enfin, quand il est question d'agir et d'attaquer, il faut jeter les yeux sur le *miroir de Pallas*. Il est beaucoup de gens qui, avant le danger, ne manquent pas d'attention et d'habileté pour pénétrer dans les desseins de l'ennemi; mais au moment du péril, ils l'envisagent trop à la hâte, ou le regardent trop de front : d'où il arrive qu'ils s'y jettent témérairement, uniquement occupés de la victoire, mais pas assez des coups à parer. Il faut éviter également ces deux extrêmes; regarder dans le *miroir de Pallas*, en tournant la tête, afin de mieux diriger ses attaques, et garder un juste milieu entre la crainte et la fureur.

La *guerre* une fois achevée, et la victoire une fois remportée, deux effets s'ensuivent; savoir d'abord : cette *génération* de *Pégase*, et sa faculté de *voler*, laquelle désigne assez clairement la *renommée* qui vole en tous lieux, célèbre la victoire, et rend le reste de la guerre plus facile et les événemens plus conformes à nos vœux. En second lieu, cet *avantage qu'il eut de porter la tête de Méduse* sur *son bouclier*; vu qu'il n'est point d'avantage comparable à celui-là. Car il suffit d'un *seul exploit brillant*, mémorable, et heureusement exécuté, pour emporter tout le reste; il roidit, en quelque manière, les membres des ennemis, et les rend comme paralytiques.

Troisième exemple de la philosophie selon les paraboles antiques, en morale. De la passion (1), *figurée par la fable de Bacchus.*

Sémélé, suivant la fable, ayant engagé *Jupiter* à jurer par le Styx qu'il lui accorderoit la première demande qu'elle lui feroit, et sans restriction, elle souhaita que ce dieu l'approchât avec tout cet éclat qu'il avoit en approchant *Junon*; mais elle ne put supporter cette approche et périt dans les flammes. Quant à l'enfant qu'elle portoit dans son sein, *Jupiter* l'en tira et le cacha dans sa cuis-

---

(1) A ce mot de *cupiditas*, qui est dans l'original, ne répondent, en français, ni celui de *cupidité*, qui, quoique toujours pris en mauvaise part, a un sens trop restreint, et ne s'applique qu'à certaines espèces de biens ; ni celui de *passion*, qui se prend quelquefois en bonne part : mais faute de mieux, et pour abréger, nous emploierons celui de *passion*, en lui faisant signifier, un *désir injuste ou excessif.*

se, qu'il recousut, jusqu'à ce que le nombre des mois nécessaires à l'accroissement du fœtus fût révolu. Cependant ce poids incommodoit le dieu, et le faisoit boiter un peu ; c'est pourquoi l'enfant, à cause de cette pesanteur et des picotemens qu'il faisoit éprouver à *Jupiter*, tandis que ce dieu le portoit dans sa cuisse, reçut le nom de *Dyonise*. Lorsqu'il fut venu au monde, il fut nourri, dans ses premières années, chez *Proserpine*; mais lorsqu'il fut devenu grand, il avoit l'air si féminin, que son sexe en paroissoit équivoque. On dit aussi qu'il mourut, et fut enseveli durant quelque temps ; mais qu'il ressuscita peu après. Durant sa première jeunesse, il fut le premier inventeur et le premier maître dans l'art de cultiver la vigne, de faire le vin et d'en faire usage. Devenu célèbre, illustre même par cette invention, il subjugua toute la terre, et poussa ses conquêtes jusqu'aux extrémités de l'Inde. Il étoit porté sur un char traîné par des tigres. Autour de lui dansoient certains *démons*, très difformes, appellés *Cobales, Acratus* et autres. Les *Muses* faisoient aussi partie de son cortège. Il prit pour femme *Ariadne*, après qu'elle eut été délaissée par *Thésée*. Le *lierre* lui étoit consacré. On le regardoit aussi comme l'inventeur de certaines cérémonies, de certains rits sacrés. Mais ces rits étoient d'un genre fanatique, pleins de dissolution, et de plus très cruels. Il y parut bien dans ses *orgies*, où les femmes, poussées par la fureur qu'il inspiroit, mirent en piéces deux personnages illustres ; savoir, *Penthée* et *Orphée* : le premier, en punition de la curiosité qu'il avoit eue de monter sur un arbre pour considérer leurs actions ; l'autre, à cause des sons harmonieux qu'il tiroit de la lyre. Enfin, on confond souvent les actes de ce dieu avec ceux de Jupiter.

Cette fable paroît avoir pour objet les *mœurs* ; et elle est si juste, qu'il seroit difficile de trouver quelque chose de mieux dans la *philosophie morale*. Sous le personnage de *Bacchus* est représentée la *nature de la passion ;* c'est-à-dire, des affections et des agitations de l'ame : 1°. donc s'agit-il d'expliquer la naissance de la *passion*, je dis que l'*origine* de toute *passion*, même de la plus nuisible, est le *bien apparent ;* car de même que l'image du bien réel est mère de la vertu, de même aussi l'image du bien apparent est mère de la passion. L'une est l'épouse légitime de *Jupiter*, sous la figure duquel est ici représentée l'ame humaine ; l'autre n'est que sa concubine ; laquelle pourtant envie les honneurs de *Junon*, comme *Sémélé*. En effet, la passion est conçue dans le vœu illicite auquel on s'abandonne, avant de l'avoir bien jugé et bien apprécié ; mais lorsqu'une fois il a commencé à s'allumer, *sa mère*, qui est la nature et l'apparence du bien, est consumée par ce *grand incendie*, et périt. Or, voici la marche que suit la passion, une fois qu'elle est conçue. *L'esprit humain* (1), qui en est le père, la nourrit et la cache principalement dans sa partie inférieure, qui est comme sa cuisse. Elle le picotte, le tiraille, et l'abat tellement, qu'elle gêne toutes ses actions et toutes ses résolutions, et le fait pour ainsi dire *boiter*. De plus: une fois qu'elle s'est fortifiée par notre consen-

---

(1) Toute passion a pour cause ou pour mère, l'idée ou plutôt l'image d'un bien réel ou apparent, passé, présent ou futur. Or, les idées et les images se rapportent à l'esprit. Voilà pourquoi je traduis, par le mot *esprit*, ce mot *animus* de l'original. Une autre raison qui me détermine à préférer ce mot d'*esprit* à celui d'ame, raison dont le lecteur judicieux sentira toute la force, c'est que j'ai besoin ici d'un substantif masculin ; car il n'y a pas moyen de dire que l'ame humaine est le père de la passion ; si nous disions qu'il en est la mère, ce seroit fait de l'explication de notre fable. D'ailleurs il n'y a pas dans l'homme deux êtres, dont l'un s'appelle *ame*, et l'autre *esprit*. Mais l'*esprit* et l'*ame* ne sont qu'une seule et même chose, considérée sous deux rapports, et désignée par deux noms différens.

tement et par sa durée, une fois qu'elle a fait son éruption en actes, et que les mois de la *gestation* étant pour ainsi dire révolus, elle est tout-à-fait née et mise au monde : elle est d'abord élevée chez *Proserpine* durant quelque temps ; c'est-à-dire, qu'elle *cherche à se cacher*, qu'elle est clandestine et comme souterraine, jusqu'à ce qu'ayant tout-à-fait rompu le *frein de la honte et de la crainte*, et que son audace étant portée à son comble, elle se couvre du prétexte de quelque vertu, ou méprise l'infamie même. Il est également certain que toute affection violente tient *des deux sexes*; qu'elle a tout-à-la-fois l'*énergie d'un homme* et la *foiblesse d'une femme*. C'est une très belle allégorie que celle qui feint Bacchus *mort*, puis *ressuscité*; les passions semblent quelquefois assoupies, éteintes ; mais il ne faut pas s'y fier, fussent-elles même ensevelies ; car si-tôt qu'on leur fournit l'aliment et l'occasion, elles ressuscitent.

La parabole de l'art de *cultiver la vi-*

gne, renferme un sens profond ; car toute affection est singulièrement adroite et ingénieuse à chercher tout ce qui peut la nourrir et la fomenter ; mais de tout ce qui est parvenu à la connoissance des hommes, le *vin* est ce qu'il y a de plus puissant et de plus efficace pour exciter et allumer les passions, et il est leur *commun aliment*. C'est avec beaucoup d'élégance qu'on représente la passion comme une *grande conquérante*, et comme entreprenant une expédition sans fin ; car jamais elle ne se repose sur les acquisitions déja faites ; mais aiguillonnée par un appétit sans fin et sans mesure, elle veut toujours aller en avant, et halète sans cesse après de nouvelles conquêtes. C'est avec autant de jugement qu'on feint que les tigres *parquent*, pour ainsi dire, avec les passions, et sont quelquefois attelés à leur char ; car une fois que la passion cessant d'être *pédestre*, est devenue *curule* (1), qu'elle est vic-

---

(1) Allusion aux chaises *curules* que, chez les

torieuse de la raison, et devenue, en quelque manière, *triomphatrice;* elle est cruelle, indomptable, impitoyable envers tous ceux qui la contrarient et qui lui font quelque résistance. C'est une fiction assez plaisante que celle qui représente ces démons si laids et si ridicules, gambadant autour du *char de Bacchus;* toute affection très vive occasionne dans les yeux, dans le visage même, et dans le geste, certains mouvemens indécens et irréguliers, des mouvemens à soubresauts et tout-à-fait choquans. Ensorte que tel qui, dans une affection, comme la colère, l'orgueil, l'amour, s'imagine avoir un air très noble et très agréable, et se complaît en lui-même, ne laisse pas de paroître aux autres si laid et si ridicule, qu'ils en rougissent pour lui.

Romains, les magistrats qualifiés de *curules*, avoient droit de mettre dans leurs charriots, tandis que les magistrats inférieurs étoient obligés de marcher à pied, d'où leur venoit le nom de *pédestres*.

On voit aussi les *muses dans le cortège de la passion;* car il n'est point d'affection, si vile et si dépravée qu'elle puisse être, qui n'ait trouvé quelque doctrine toute prête pour la flatter : c'est ainsi que la basse complaisance ou l'impudence de certains esprits a si prodigieusement rabaissé la majesté des muses, et cela au point que ces muses qui auroient dû être les guides et comme les porte-enseignes de la vie, ne sont trop souvent, pour nos passions, que des suivantes, des complaisantes.

Mais ce qu'il y a de plus beau dans cette allégorie, c'est de feindre que *Bacchus* prodigue ses amours à une femme *délaissée* et dédaignée par un autre. Car il est hors de doute que les affections appètent et briguent ce que dès longtemps l'expérience a rebuté. Et que tous sachent que ceux qui, s'assujettissant et s'abandonnant à leurs passions, attachent un prix si exorbitant aux jouissances (soit qu'ils soupirent après les honneurs, les femmes, la gloire, la science ou tout autre bien), ne désirent que des objets de rebut, qu'une infinité de gens, et cela dans tous les siècles, ont, d'après l'épreuve, rebutés et comme répudiés. Que le *lierre* soit consacré à *Bacchus*, cela n'est pas sans mystère. Cette fiction s'applique de deux manières aux *passions*. La première consiste en ce que le *lierre conserve sa verdeur durant l'hiver;* la seconde, en ce qu'il *serpente* et s'entortille en s'élevant, autour d'une infinité de corps, comme arbres, murs, édifices. Quant au premier point, toute *passion* croît en vertu de la *résistance* même et des défenses qu'on lui oppose, et par une sorte d'*antiperistase* (1) et d'ef-

---

(1) *Antipéristase* : ce mot *antipéristase*, si souvent employé par les philosophes grecs, signifie la *réaction*, la *résistance*; ou *morte*, comme celle qui naît de la force d'*inertie;* ou *vive*, comme celle qui naît du *ressort*, de la *force de gravité*, ou de l'opposition des *êtres vivans*. Je crois pouvoir appeler *force vive*, celle qui tend à *produire, à conserver*, ou à *augmenter le mouvement;* et *force morte*, celle qui ne tend qu'à le *détruire*

fet semblable à celui que produit sur le *lierre* le *froid de l'hiver*, elle n'en ver-

ou à le *diminuer*. Mais il est ici une distinction à faire. Physiquement parlant, non-seulement la *réaction est égale à l'action,* comme l'a dit Newton, mais même la réaction est une condition tellement nécessaire pour que l'action ait lieu, que, sans cette réaction, il n'y auroit point d'action. Pour qu'une force quelconque puisse s'exercer, il faut qu'elle ait à vaincre quelque résistance, quelque autre force; car, si rien ne lui résistoit, sur quoi s'exerceroit-elle, quel seroit son effet, et en quoi consisteroit cette action? Mais, parmi les *êtres moraux*, ou, si l'on veut, les *êtres vivans*, la *réaction* ne fait pas seulement que l'*action a lieu,* mais de plus elle l'*augmente;* parce qu'elle *irrite l'agent* et l'*excite à redoubler ses efforts*. La première n'augmente que l'*effet* de la puissance, en lui fournissant l'*occasion de s'exercer* et un *point d'appui*; au lieu que la dernière augmente, et l'*effet* et la *puissance* même. Cette question n'est rien moins que frivole; car voici la conséquence pratique de notre principe. S'il est vrai que l'homme ne puisse être heureux, ni même vivre sans agir, et qu'il ne puisse agir sans avoir quelque résistance à vaincre, donc ces besoins qui l'éveillent, ces maux qui l'affligent ou le menacent, et

dit que mieux, et n'en acquiert que plus de vigueur. En second lieu, dès qu'une *affection* prédomine dans l'ame humaine, elle s'*entortille* comme le *lierre, autour* de toutes ses actions et de toutes ses résolutions; et il n'est alors presque rien de pur à quoi elle n'attache ses filamens. Et il n'est point étonnant qu'on attribue à *Bacchus* des rits *superstitieux*, vu que presque toute *affection désordonnée* est une source inépuisable de *fausses religions :* ensorte que cette engeance des hérétiques a enchéri sur les bacchanales des païens; et leurs superstitions n'étoient pas moins cruelles que honteuses (1). Doit-on s'étonner que ce soit *Bacchus* qui envoie les *fureurs*, quand on voit que *toute affection*, dans son excès, est une *courte fureur*; et que, s'il sur-

---

ces vues ou ces défauts qui l'arrêtent, sont, sinon *nécessaires*, du moins *nécessités :* donc il faut savoir mourir ou patienter.

(1) Il est bon d'observer que cet homme si sévère qui parle ici, étoit lui-même, chez les catholiques, regardé comme hérétique.

vient quelque redoublement, elle dégénère trop souvent en vraie folie ? Quant à ce qui regarde la *catastrophe* de *Penthée* et d'*Orphée*, mis en piéces durant les *orgies de Bacchus,* cette parabole a un sens fort clair; vu que toute *affection* très violente se montre très âpre et très acharnée contre deux choses, dont l'une est la *curiosité* de ceux qui l'épient; et l'autre, toute *réprimande* salutaire. Il ne sert de rien que cette recherche dont elle est l'objet, soit purement contemplative, de pure curiosité, semblable à celle de ce *Penthée* qui monte sur un *arbre*, et sans aucune teinte de malignité. Il ne sert de rien non plus que cette réprimande soit faite avec douceur et dextérité; mais de quelque manière que ce puisse être, les orgies ne peuvent endurer *Penthée* ni *Orphée*. Enfin, cette habitude où l'on est de *confondre* les personnages de *Jupiter* et de *Bacchus,* peut aussi avoir un sens allégorique ; car les actions grandes et illustres ont pour principe, tantôt la vertu, la droite raison,

DES SCIENCES, L. II. CH. XIII. 403

la grandeur d'ame; tantôt une *secrette* affection, une passion cachée; attendu que l'une et l'autre mènent également à la gloire et à la célébrité : ensorte qu'il n'est pas facile de distinguer les *faits de Bacchus* de ceux de *Jupiter*.

Mais nous demeurons trop long-temps sur le théâtre, passons au palais de l'ame; palais dont il faut toucher le seuil avec plus de respect et d'attention sur soi-même.

Fin du premier volume.

www.ingramcontent.com/pod-product-compliance
Lightning Source LLC
Chambersburg PA
CBHW071716230426
43670CB00008B/1025